프로파간다 파워

한국어판 ⓒ 공존, 2015, 대한민국

2015년 12월 12일 1판 1쇄 펴냄
2016년 6월 10일 1판 2쇄 펴냄

지은이 데이비드 웰치
옮긴이 이종현
펴낸이 권기호
펴낸곳 공존
출판 등록 2006년 11월 27일(제313-2006-249호)
주소 (04157)서울시 마포구 마포대로 63-8 삼창빌딩 1403호
전화 02-702-7025, 팩스 02-702-7035
이메일 info@gongjon.co.kr, 홈페이지 www.gongjon.com

ISBN 979-11-955265-1-2 03340

■ 일러두기: 본문의 괄호 병기 중 글자 크기가 본문과 같은 것은 저자의 부가 설명이고, 본문보다 작은 것은 대부분 번역자와 편집자의 부가 설명입니다.

인간과 세상을 조종하는 선전의 힘

프로파간다 파워

데이비드 웰치 지음 | 이종현 옮김

PROPAGANDA: POWER AND PERSUASION

David Welch

공존

북한의 유치원 교육용 포스터. "미제를 몰아내고 조국을 통일하자"라는 강렬한 구호가 보인다.

북한 인권 향상에 노력해 온 서울평화상 수상자(2008년 제9회)인 내가 왜 데이비드 웰치가 지은 이 책에 추천사를 쓰는지 의아할 수도 있습니다. 그것은 지난 수십 년간 북한 사람들과 북한의 자유화를 위해 노력하면서 살펴본 바, 북한이야말로 선전(propaganda)의 부정적 측면을 최대한으로 활용한 현대 선전 국가의 전형이기 때문입니다. 그 결과 북한은 주민들을 예속화하고 외부 세계와 단절시켰습니다.

이 책에서 데이비드 웰치는 과거와 현재에 어떤 선전이 어떻게 사용됐는지, 그 공(功)과 과(過)는 무엇인지 명쾌히 밝히고 있습니다. 그는 고대 그리스부터 현대에 이르기까지 기록에 의해 입증된 선전의 흥미진진한 역사를 기술하고 있습니다. 자신의 주장을 뒷받침하는 방대한 양의 삽화를 곁들이며, 역사적인 맥락 속에서 흑색선전과 회색선전과 백색선전의 실체, 선전과 검열의 관계, 선전이 선(善) 또는 악(惡)의 목적을 달성하는 데 활용된 방식, 그리고 현대 선전의 주요 개척자들에 대해 상세하게 설명하고 있습니다.

웰치는 '교육'이 사람들에게 '생각하는 방법'을 가르치는 반면 '선전'은 사람들이 의식하지 못하는 사이에 '무엇을 생각할지' 조종한다고 적시했습니다. 내가 가장 좋아하는 영화 중 하나는 무솔리니의 파시스트 독재 치하 이탈리아의 어느 작은 마을을 무대로 한 「인생은 아름다워(Life is Beautiful)」입니다. 이 영화에는 여러 사람들이 모여 독일에서 가르치고 있는 수학 문제에 대해 의논하는 장면이 나옵니다. 여교장은 베를린이 아닌 시골 마을 가르페네크의 3학년 교실을 방문한 이야기를 떠벌리며, 그곳 학생들이 풀고 있는 수학 문제에 대해 설명합니다.

"들어보세요. 너무 감동을 받아 기억이 생생해요. '정신병자는 국가에 하루 4마르크의 손해를 끼칩니다. 불구자는 하루 4.5마르크, 간질병 환자는 3.5마르크의 손해를 끼칩니다. 평균은 4마르크이고, 300,000명의 환자가 있습니다. 그렇다면 이들을 모두 제거하면 국가가 얼마를 절약할 수 있을까요?'"

문제의 내용을 듣고 여주인공 '도라'만 공포에 질려 소스라치게 놀랍니다.

"난 정말 믿을 수가 없어요."

도라가 이렇게 말하자 여교장은 도라의 공포와 불신을 엉뚱하게 오해하고는 7세 독일 학생들에게 이탈리아 학생들에 비해 훨씬 수준이 높은 그런 복잡한 수학 문제가 주어진 것에 놀라지 않을 수가 없었다고 대답합니다.

"내 말이 그 말이에요, 도라! 정말, 믿을 수 없는 일이에요! 일곱 살짜리 아이들이 이런 문제를 풀어야 한다니요. 이건 어려운 계산이에요. 비례와 백분율 그리고 약간의 대수까지 알아야 풀 수 있는 방정식이잖아요. 우리나라에선 고등학교에서나 푸는 문젠데, 정말 아리아족은 특별한 민족이에요."

심지어 도라의 약혼자인 로돌포조차 이 계산의 이면에 숨겨진 끔찍한 함의를 깨닫지 못하고 이렇게 이야기합니다.

"아뇨, 곱하기만 할 줄 알면 풀 수 있어요. 300,000×4. 그들 모두를 죽이면 하루 1,200,000마르크를 절약할 수 있어요. 쉽군요!"

영화 속의 이 짧은 장면은 국가가 제거하고자 하는 사람들의 인간성을 말살하는 데 선전이 얼마나 큰 위력을 발휘하는가를 단적으로 보여주고 있습니다.

이와 마찬가지로 북한에선 김일성 일가의 독재를 미화하는 선전이 어릴 때부터 주입되기 시작합니다. 그래서 모든 교육 과정이 김일성 일가의 독재를 찬양하고 적들을 악마로 묘사하는 데 이용됩니다. 수학이건 예술이건 역사건 모든 과목이 김일성 일가의 독재를 미화하기 위한 주제를 다룹니다. 북한 주민들은 미국인들을, 한국 전쟁을 일으켰고 잔혹하게 남한을 점령하고 있고 어린 여자아이부터 임신부까지 잔인하게 찔러 죽이는 "양키 제국주의 승냥이"로 증오하도록 교육받으며 자랍니다.

미군을 공격하는 북한군의 모습을 묘사한 전형적인 유치원 포스터에는 "미제를 몰아내고 조국을 통일하자"라고 적혀 있습니다. 각급 학교에 내걸린 포스터에 미국인은 큰 코와 악마같이 길고 뾰족한 이빨을 가진 모습으로 묘사됩니다. 북한 주민들에게 물어보면 그들이 '미제 종간나 새끼들'을 미워하도록 교육받으며 자랐음을 알게 될 것입니다.

이 책에서 웰치는 김일성 숭배를 마오쩌둥 숭배를 모방한 것으로 서술하고 있습니다. 그리고 그들의 주체사상은 "다른 공산권 국가들과도 완전히 단절된 채, 김일성을 '위대한 지도자'이자 '민족의 태양'으로 형상화하는 기묘한 형태로 변했다"고 말합니다. 오늘날 북한은 세계에서 가장 암울한 곳이 됐습니다. 그것은 무자비한 군사 정권의 지원 아래 가능한 모든 선전 방법을 동원한 결과입니다.

끊임없는 선전과 더불어, 북한 주민들을 외부 세계의 정보와 차단하려는 북한 정권의 노력도 이에 일조했습니다. 김일성 정권이 들어선 이후 단지 외국 라디오 방송을 듣거나 외국 신문을 읽는 것조차 해당자와 그 가족들을 정치범 수용소에 가둘 수 있는 중범죄가 됐습니다. 원천적으로 북한 주민들은 공산 정권이 제공하는 선전 이외의 어떤 정보에도 접근할 수 없게 됐습니다.

2007년 북한에서 20년 동안 철학 교수로 지내다 탈북한 여성을 만나 인터뷰를 했습니다. 무심결에 그녀에게 "어떤 철학자를 좋아하시나요, 로크, 루소, 아리스토텔레스……?"라고 물었습니다. 그러자 그녀는 나를 못 믿겠다는 표정으로 쳐다보며 "나는 마르크스주의와 주체사상을 가르쳤습니다. 1982년 이후로는 오직 주체사상만요"라고 담담하게 말했습니다. 그 즉시 내가 어리석은 질문을 했음을 깨닫고, 이제 당신은 자유로운 남한에서 이화여대에 다니고 있으니 '진짜' 철학을 공부할 것을 제안했습니다. 그러나 그녀는 "나는 사고의 한계를 느낍니다. 내가 그 틀을 깨는 것은 쉽지 않을 것 같아요"라고 대답했습니다. 나는 소스라치게 놀랐습니다. 오랜 세월 동안의 선전과 세뇌교육이 그녀에게서 자유롭게 생각할 수 있는 능력을 앗아가 버린 것입니다.

웰치의 책은 이러한 상황을 전체적인 맥락 속에서 잘 설명하고 있습니다. 각 장마다 김일성 정권이 활용한 것과 같은 선전의 방법과 목적에 대해 국내외 사례를 들어 설명하고 있습니다. 알렉산더 왕부터 시작해 지금은 이용되지 않는 미국 공보위원회의 심리전에 이르기까지 선전의 간략한 역사를 소개함으로써 독자들이 현대의 선전과 비교할 수 있는 배경지식을 제공하고 있습니다. 국가 지도자, 전쟁, 공공 정보 등 특정 주제를 여러 장에 걸쳐 다양한 사례들과 함께 상세히 설명함으로써 전체적인 시야로 모든 문제를 파악할 수 있도록 돕고 있습니다. '21세기의 선전'을 다루는 마지막 장은 개인의 소셜 미디어 능력이 확장되고 사이버 전쟁이 격화되는 미래에 더 확대해서 기술해야 할 것입니다.

현재 한반도에서 전개되고 있는 상황을 고려하면, 이 책의 출간이 특별히 시의적절하다는 생각이 듭니다. 북한 역사상 매우 중요하고 커다란 변화 중 하나는 북한 내부에서 정보시대가 폭발적으로 도래했다는 사실입니다. 그 변화는 북한의 대규모 기근 사태를 피해 1990년대에 목숨을 걸고 국경을 넘은 용감하고 굶주린 탈북자들로부터 비롯됐습니다. 북한 정권은 선전을 통해, 중국은 내란 상태여서 북한보다 상황이 더 나쁘기 때문에 중국으로 가서는 안 된다고 속였으나, 굶주림에 지친 북한 주민들은 국경을 넘어 중국으로 탈출했습니다. 그리고 그곳 중국에서 그들이 자신의 눈으로 직접 확인한 것은 안정적인 전력 공급, 놀라운 교통 수단, 그리고 무엇보다 먹을 것이 풍족한 중국의 번영이었습니다. 곧이어 수십만 명의 북한 주민들이 불법적으로 국경을 넘어가서 소중한 정보들을 북한으로 보냈습니다.

중국과 북한 당국이 국경 봉쇄를 철저히 하려고 애쓰고는 있지만, 정보의 유입은 끊이지 않고 있습니다. 현재 적어도 60퍼센트 이상의 북한 주민들이 북한 정권의 선전 이외의 다른 정보들을 접하고 있는 것으로 추정됩니다. 그들은 불법적으로 외국 라디오 방송을 듣고, 남한의 연속극을 즐겨볼 뿐 아니라 서양의 영화들도 시청하고 있습니다. 실제로 북한 내에서 영화 「타이타닉(Titanic)」이 선풍적인 인기를 끌자, 북한 선전원들은 전략을 바꿔 「타이타닉」을 멜로 영화가 아니라, 김일성이 태어난 1912년 4월 15일 바로 그 날 타이타닉호가 침몰했다는 점을 들어 자본주의의 실패를 묘사한 영화라고 선전해야 했습니다.

자유세계에 사는 우리는 이제 자유북한방송(Free North Korea Radio, www.fnkradio.com) 라디오나 풍선을 이용해 국경 너머 북한에 정보를 보내는 탈북자 시민단체들을 도와서 외부 세계의 정보가 북한으로 흘러들어갈 수 있도록 최선을 다할 의무가 있습니다. 이에 더하여, 우리는 탈북 어린이들에게 참된 교육의 기회를 제공하는 학교들을 지원해야만 합니다. 고맙게도 이 책의 번역자인 내 친구 이종현 씨는 책값의 10퍼센트인 번역 인세 전액을 탈북자들의 교육 지원을 위해 기부함으로써, 김일성 일가에 의해 자행된 선전의 부정적인 효과를 바로잡기 위해 노력할 것입니다.

북한자유연합 대표 겸 디펜스포럼재단 대표
수잔 숄티(Suzanne Scholte)

대중은 '작은 거짓말'보다 '큰 거짓말'에 더 쉽게 속는다.

아돌프 히틀러(『나의 투쟁』. 1925)

선전은 '진실을, 오직 진실을, 가급적 있는 그대로의 진실을' 말해야 한다.

존 리스(영국 정보부 장관. 1940)

심하게 왜곡되고 오인된 말

선전의 간략한 역사

1

선전(propaganda)의 역사는 수천 년에 이른다. 그런데 선전이 대중매체(최근에는 멀티미디어 통신)의 발달로 폭발적 전파력을 갖추고 세계 곳곳의 분쟁에 이용되면서 급성장하게 된 것은 20세기에 들어서였다. 또한 많은 사회에서 유권자와 표적청중(target audience, 선전 대상)의 지적 수준이 높아짐에 따라 그들은 과거와 현재에 이용된 선전의 본질과 용도에 관심을 가지게 됐다.

선전의 오랜 역사를 알고자 한다면 우선 말 자체의 의미부터 알아야 한다. 사실 선전이라는 말은 다양한 의미로 해석될 수 있는 다의어(多義語)로 변했기 때문에, 특히 오늘날과 같이 메시지를 확산시키는 방법이 빠르게 변하는 시대에는 '선전'이 결코 고정된 개념일 수 없다. 그럼에도 불구하고 몇 가지 기본적인 설명은 가능하다. 순수하게 종교적이거나 상업적인 선전(광고)을 제외하면, 선전은 확실히 정치적인 행위이다. 정보 전달과 교육 같은 유관 행위와는 궤를 달리한다. 그 차이는 선전가의 의도에 달려 있다. 간단히 말하면 선전은 사람들을 특정한 방식으로 생각하고 행동하게 만들어 모종의 목적을 이루기 위해 고안해낸 개념을 전파하는 것이다.

선전은 무의식적 행위일 수도 있지만, 대부분은 특정 목적에 맞는 설득의 기술을 구사하기 위한 의식적이고 의도적인 행위이다. 보다 엄밀하게 말하면, 선전은 '직간접적으로 선전가의 이익에 부합하게 의식적으로 생각해내고 계획한 모종의 목적을 달성하기 위해, 모종의 개념과 가치관을 전파함으로써 표적청중의 여론에 영향을 미치고자 하는 의도적인 행위'라고 정의할 수 있다. '정보 전달'은 표적청중에게 사실을 있는 그대로 제시하는 것인 반면, 선전은 의도한 반응을 유도하기 위해 그런 사실들을 '가공'해서 제시하는 것이다. 자유주의 전통을 따르는 교육은 사람들에게 '어떻게' 생각해서 '어떻게' 판단해야 하는지를 가르치는 데 반해, 선전은 사람들에게 '무엇'을 생각해야 하는지를 알려주려고 한다. 정보 전달과 교육은 표적청중의 시야를 넓혀서 열린 마음을 갖게 하는 데 역점을 두지만, 선전은 표적청중의 시야를 좁혀서 가급적 마음을 닫게 만들려고 애쓴다. 핵심적 차이는 바로 '목적'에 있다. 이러한 정의에는 선전의 광범위한 범주가 모두 망라돼 있다.

하지만 선전의 평판 문제는 따로 살펴봐야 한다.

"선전은 심하게 왜곡되고 오인된 말이다. 일반인들은 이 말을 저급하거나 아주 비열한 것을 의미하는 데 사용한다. 선전이라는 말은 항상 뒷맛이 쓰다."

파울 요제프 괴벨스(Paul Joseph Goebbels)가 아돌프 히틀러(Adolf Hitler) 정권 초기 '국민계몽선전부(RMVP) 장관'으로 임명된 직후인 1933년 3월에 한 이 말은 매우 적절했다. 이견이 있을 수 있지만, 그는 자신의 역할을 지나치게 잘해내는 바람에 그 쓰디쓴 '뒷맛'을 강화해서 고착시키고 말았다. 그런데 괴벨스는 이어서 다음과 같이 말했다.

…… 만약 선전의 아주 은밀한 동기들을 조사해 본다면 각기 다른 목적을 발견하게 될 것이다. 그런데 그러고 나면 선전가들이 인간의 정신을 아주 깊이 이해하고 있음을 확신하게 될 것이다. 나는 상대의 정신을 이해하지 못하면, 다시 말해 음악 소리를 들려줘야 하는 상대의 '정신이라는 하프'를 연주하는 법을 알지 못하면, 그에게 뭔

---

1 폴란드 작가 안제이 크라우제(Andrzej Krauze)가 그린 만화. '진실'과 '선전'의 틈새가 너무 벌어져, 그 틈을 메우려 애쓰는 인물(폴란드 장군 보이치에흐 야루젤스키)이 그 속

에 빠질 지경에 처해 있다. 이것은 '선전'으로 규정된 모든 것들은 필연적으로 사건의 진실로부터 멀어진다는 우리의 일상적인 추측을 반영하고 있다. 현실 속에서 선전은 보다

교묘하고, 보다 다양하고, 보다 풍성해질 수 있으며, 그것은 진실이 될 수도 있다!

1

가의 필요성을 납득시킬 수 없다.

선전이라는 말에 대한 부정적 오해를 벗기는 일을 나치 정권의 선전 설계자가 자임했다는 것은 정말 아이러니가 아닐 수 없다.

물론 선전이라는 말이 이토록 경멸적인 의미와 결부된 것은 주로 나치 정권이 한 선전의 결과에서 비롯되긴 했지만, 선전을 괴벨스가 만들어낸 것은 아니다. 대부분의 사람들의 마음속에서 이 말은 언제나 음흉한 뭔가를, 아니면 적어도 의심스러운 뭔가를 의미한다. 종종 '거짓말', '기만', '세뇌'와 동의어가 되기도 한다. 최근에는 정치적 사안을 몇 마디 말로 무마함으로써 정치인과 유명 인사의 이미지를 (소위) 관리해주는 '스핀닥터(spin-doctor, 홍보 전문가)'들의 업무가 선전과 비판적으로 비교되기도 했다. 그래서 대중들은 이따금 기업들이 '홍보(public relations: PR)'와 '커뮤니케이션(communication)' 형태로 펼치는 우회적 선전에 대해서도 경계하게 됐다. 선전은 우리의 사고를 조종하기 때문에 '정치 체제(body politic)'에 암적인 존재이며, 따라서 반드시 피해야 할 대상이라는 생각이 널리 퍼져 있다.

이것이 정말 사실일까? 우리는 선전이라는 말을 피해야만 할까? 여기서 나는 그런 생각이 재고돼야 하고 선전이 역사적으로 대개 나쁜 의도로만 실시되지는 않았다고 주장하려 한다.

■ 설득 수단으로서의 선전

고대 그리스에서는 설득술을 수사학의 한 형태로 여겼으며, 논리와 추론을 원활한 생각 전달의 필수 요소로 인식했다. 플라톤의 『대화』 가운데 세 편인 「고르기아스(Gorgias)」, 「파이드로스(Phaidros)」, 「메넥세노스(Menexenos)」는 수사학 문제를 다루고 있다. 그런데 아리스토텔레스의 저서 『수사학』은 그 이름에서 알 수 있듯이 수사학의 기능을 설득 수단의 한 형태로 매우 상세히 설명하고 있다.

역사적으로 통치자들은 통치 대상들의 세계관에 영향을 미치려고 했다. 기원전 4세기 그리스의 역사가와 철학자들은 처음으로 국가 운영에 선전이 필요함을 역설했다. 건축과 조각에는 점점 더 정교해지는 설득술이 구현됐다. 신과 인간의 조각상을 더 크게, 그리고 실제 정치인들과 똑같이 만듦으로써 정치인들과 그들의 업적을 국민 앞에 부각시키려고 했다.

한편 아테네인들은 도시국가의 영광을 드높이는 데 건축을 가장 잘 이용했다. 특히 기원전 5세기 아테네에서 그리스 민주주의가 발달하는 데에는 모든 신들을 인격화하는 과정이 동반됐다. 이것은 만물을 국가와 개별 시민 간의 관계로 설명하기 위한 것이었다.

펠로폰네소스 전쟁 시절에 스승 소크라테스와 토론하던 플라톤은 이런 인격화 과정으로 인해, 그때까지 인간 행동에 영향을 미친 신들의 '선전가' 역할이 약화될까 봐 우려했다. 그래서 그는 특히 내세를 끔찍하게 묘사한 당시의 서사시들을 검열해야 한다고 주장하기도 했다. 『국가』에서 플라톤은 통치자들이 무릇 진실한 면모를 보여야 한다고 말하면서도, 민주주의를 실시하자면 때로는 검열(그리고 기만)도 필요하다

2 알렉산더 왕의 휘하에 있었던 장군이자 후계자로서 소아시아 일부와 트라키아를 지배한 리시마코스 치하의 기원전 4세기 후반 혹은 기원전 3세기 초반경에 발행된 은화의 양면. 한 면에는 이집트 신 아멘(아몬)의 뿔을 머리에 단 알렉산더의 모습이 새겨져 있다. 다른 면에는 아테네 여신이 새겨져 있으며, '리시마코스 왕령(王領)'이라고 적혀 있다. 알렉산더의 이미지가 너무 강렬해서 그의 제국을 분할 통치한 후계자들은 한결같이 자신의 이미지를 알렉산더와 결부시키고자 노력했다.

고 보았다.

플라톤의 제자인 아리스토텔레스도 『수사학』에서 생각의 궤를 같이했다. 이 책에서 그는 진실에 기초해 설득을 펼쳐야 하는 연설가들이 따라야 할 일정한 지침을 제시했다. 그럼으로써 아리스토텔레스는 현대 민주주의 국가에서 선전이 성공할 수 있는 기본 원리를 수립했다.

그런데 전시(戰時)의 사기(士氣)와 선전에 관해 처음으로 상세한 연구를 한 인물은 소크라테스의 제자인 크세노폰(Xenophon)이다. 기원전 4세기 초에 집필한 『아나바시스(Anabasis)』에서 그는 "전쟁에서 승리를 가져다주는 것은 병사의 숫자나 체력이 아니다. 어느 군대든 강한 정신력으로 전쟁에 나서면 그들을 당해낼 적이 없다"

고 단언했다.

선전의 초기 역사에서 선전을 가장 잘 구사한 인물은 기원전 336년에 마케도니아의 왕좌에 오른 알렉산더 왕일 것이다. 그가 지닌 군 지휘관으로서의 명성은 모두가 인정하는 바지만 선전가로서의 능수능란함은 별로 언급되지 않는다. 페르시아 제국과의 전쟁에서 승리한 후 몇 년 동안 알렉산더는 자신을 제우스의 아들로 신격화했다. 그에 따라, 이미 제우스의 아들로 널리 알려진 헤라클레스 대신 알렉산더의 얼굴이 새겨진 동전이 주조됐다. 이러한 정치적 선전 행위는 정복한 도시들을 자신의 이름을 따라 명명하고(오늘날까지 남아 있는 대표적인 도시는 이집트의 알렉산드리아) 예술가와 공예가들을 고

1장 • 심하게 왜곡되고 오인된 말 | **15**

용해 그림과 청동상으로 자신과 자신의 업적을 묘사하게 하는 조치로 이어졌다.

알렉산더 왕은 선전의 중요한 특성을 간파했다. 선전이 그의 '실제' 존재를 대신했기 때문에 그의 형상이 새겨진 동전, 조각상, 건축물, 도자기, 온갖 예술품 등이 그의 제국 전체에 존재하게 했다. 그는 모든 통치자들의 관행이면서 근대 정치 리더십의 주요 특징인 '개인숭배'를 능숙하게 전개했다.

확실히 선전의 역사는 오랜 옛날로 거슬러 올라간다. 이집트의 피라미드들은 눈으로 보기만 해도 위엄이 느껴지는 '시각적 찬양물'의 일종이다. 이것들은 각 통치자와 왕조의 권능과 위엄을 형상화하기 위해 설계된 아주 오래된 기념용 건축물이다. 기원전 6세기 말경 중국의 장군 손자(孫子)는 『손자병법』을 저술했는데, 그는 '정신 무기'인 설득력을 간파하고 있었다.

"백 번 싸워 백 번 이기는 것이 최선이 아니라, 싸우지 않고 적을 굴복시키는 것이 최선이다."

이처럼 다양한 목적에서 알 수 있듯이, 선전을 유용한 개념으로 만들자면 우선 경멸적인 어감부터 벗겨내야 한다. 자신이 하면 '정보 전달'이나 '퍼블리시티(publicity, 공표)'이고 남이 하면 '선전'이라고 해서는 안 된다. 아이러니컬하게도 나치의 '국민계몽선전부'와 소련의 '공산당 선전위원회'라는 당당한 명칭에서 드러나듯, 선전이라는 말에 더 개방적인 태도를 취한 것은 현대의 독재자들이었다. 이에 반해, 영국은 '정보부(Ministry of Information: MOI)', 미국은 '전시정보국(Office of War Information: OWI)'이라는 명칭만 사용했다. 그리고 제1, 2차 세계대전 내내 연합국은 적국의 여론 형성 행위를 '선전'으로 몰아세우면서 선전이라는 말의 부정적 어감을 적극 활용했다. 반면 자신들은 진실만을 전달한다고 우겨댔다.

■ 선전이라는 말의 역사

'선전(propaganda)'이라는 '말' 자체의 어원은 기독교 유럽에서 정신적, 교회적 일체성이 와해되고 중세 로마 가톨릭 교회가 이탈리아 북쪽 국가들에 대한 통제력을 상실한 종교개혁 시대로 거슬러 올라간다. 종교개혁에 이어진 정치적, 종교적 분쟁 기간 동안 반종교개혁 진영의 로마 가톨릭 교회는 어떻게 자기네 위치를 유지하고 강화할 것인가 하는 문제에 직면했다. 16세기 후반 교황 그레고리우스 13세는 가톨릭교를 확산하고 이교국(異敎國)에서의 교회 업무를 주관할 추기경 위원회를 설치했다. 한 세대가 지난 1622년, 유럽의 대부분이 '30년 전쟁'으로 황폐해진 시기에 교황 그레고리우스 15세는 추기경 위원회를 선교성성(宣敎聖省, Sacra Congregatio de Propaganda Fide, 흔히 '포교성성')으로 만들었다. 선교성성은 해외 선교를 관리했고 새로 임명되는 추기경에게 부과되는 '반지세(ring tax)'로 재원을 충당했다. 그러다 1627년에는 교황 우르바누스 7세가 새로운 선교사(선전가)들을 위한 훈련장을 제공하고 선교 사역을 맡을 젊은 사제들을 교육시키기 위해 '우르바누스 대학(선교 대학)'을 설립했다.

따라서 최초의 선전가 조직은 종교 교리 전

i *Collegio de Propaganda Fide ampliato da N. S. Papa Alesandro Settimo.*
2 *Chiesa dell'Adoratione de Magi in detto Collegio fatta da N. Sigᵗ*

COLLEGIO DE PROPAGANDA FIDE.
Per Gio Iacomo Rossi in Roma alla Pace · 16 P. del S.P.

3 *Chiesa di S. Andrea delle Fratte.*
4 *Cuppola, e Campanile di detta Chiesa.*

9

Gio Batta Falda di et f.

3 17세기 중반 건축가 잔 로렌초 베르니니(Gian Lorenzo Bernini)와 프란체스코 보로미니(Francesco Borromini)가 설계한 바로크 양식의 포교 대학. 로마의 스페인 광장에 세워진 이 대학은 교리를 확산시키기 위해 교황 그레고리우스 15세에 의해 설립된 조직인 선교성성의 본부로 지어졌다(추기경 안토니오 바르베리니가 의뢰한 판화).

파를 증진하기 위한 기구였다. 그런데 얼마 지나지 않아 '선전'이라는 말은 독트린(doctrine, 교의·교리·주의·학설 등)을 전파하기 위해 구성된 모든 조직을 지칭하게 됐다. 그 뒤 '선전'은 독트린 자체도 의미하게 됐고, 종국에는 독트린 전파에 이용되는 방법까지 통칭하게 됐다.

17세기와 20세기 사이에는 '선전'이라는 말이 비교적 드물게 사용됐다. 선전은 제한적으로 이용됐다. 그리 호감 가는 말이 아닌 데다 대체로 익숙지 않았다. 그렇지만 자신의 권력을 태양에 비유해 스스로를 '태양왕'이라 칭한 프랑스의 루이 14세처럼 권력자들의 선전 행위는 끊임없이 이어졌다. 영국에서는 내전(1642~51, 청교도 혁명)이 일어나, 튜더 왕조와 초기 스튜어트 왕조 때 제정된 검열과 허가 제도가 붕괴됐다. 그래서 이 시기에는 소책자와 소식지를 이용하는 선전이 군사행동의 일상적인 보조 수단이 됐다. 특히 올리버 크롬웰(Oliver Cromwell)의 의회군은 전쟁터에서의 승리 못지않게 급진적인 종교 및 정치 독트린의 전파를 중요하게 여겼다.

Der Bapstesel zu Rom

4 1523년 루카스 크라나흐(Lucas Cranach)가 제작한 목판화 「로마의 당나귀 교황」. 루터교도들의 우의적 선전의 한 예인 이 그림에는 교황이 당나귀와 신화적 동물인 그리폰(혹은 독수리와 사자가 결합된 「그리핀」)이 합쳐진 모습으로 그려져 있다. 당나귀의 엉덩이로부터 모습을 드러내고 있는 악마가 보인다. 형식적으로는 거칠고 내용적으로는 불경한 이런 삽화들은 마르틴 루터(Martin Luther)가 교황을 상대로 전개한 일련의 비난 공격에 이야깃거리를 제공할 목적으로 제작됐다.

5 1650년대 호국경(護國卿)으로서의 통치 말기에 지지자들에 의해 제작된 올리버 크롬웰 판화. 그의 도덕성을 보여주는 이미지와 개념들이 묘사돼 있다. 두 기둥은 영적이고 세속적인(정치적이고 군사적인) 권능을 상징한다. 시온산과 노아의 방주 이미지가 예시하듯 그림 전체에 강한 신앙심과 청교도적인 분위기가 배어 있다. 여러 회화적 요소들이 그림 아래에 묘사된 것과 같이 평화, 정의 그리고 번영을 강조하고 있다.

6

7

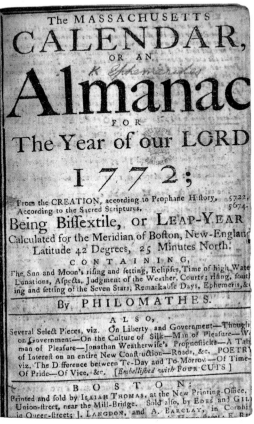

선전 활용은 18세기와 19세기에, 특히 미국 독립전쟁(1775~83)과 프랑스 혁명전쟁(1792~1802) 같은 이념 투쟁 시기에 꾸준히 증가했다. 미국의 혁명 선전가들은 역사상 가장 감동적인 활약을 펼쳤는데, '인간의 권리'를 위한 그들의 노력은 오늘날까지도 공감을 얻고 있다. 그들 중 가장 중요한 인물은 영국 출신의 급진주의자 토머스 페인(Thomas Paine)이다. 그는 미국 독립에 뛰어든 뒤 1776년 『상식(Common Sense)』이라는 제목의 50쪽짜리 선전 소책자를 출판했다. 이 책은 몇 주 만에 10만 부가 팔려 미국 역사상 최초의 베스트셀러가 됐다. 영국 왕 조지 3세를 "왕실의 짐승(Royale Brute)"이라 지칭하며 페인은 다음과 같이 역설했다.

"이 대륙(미국)에 대한 영국의 지배권은 조만간 종식되고 말 정권에 지나지 않는다.…… 정당하고 합당한 모든 것들이 '이번이야말로 분리해야 할 때'라고 하면서 독립을 갈망하고 있다."

1791년 페인은 『인간의 권리(Rights of Man)』를 출간했는데, 이 책에서 그는 정부가 국민과, 국민의 기본권과, 국익을 수호하지 못할 경우 대중은 정치 혁명을 일으킬 수밖에 없다고 주장했다. 페인은 프랑스의 혁명 열기를 지지하는 자

신의 이런 생각들을 옹호하면서 에드먼드 버크(Edmund Burke)가 『프랑스 혁명에 관한 성찰(Reflections on the Revolution in France)』(1790)에서 펼친 주장들을 반박했다. 나중에 페인은 『인간의 권리』에서 영국 체제 전복을 주장한 혐의로 피소돼 영국에서 열린 결석 재판을 프랑스에 머물며 받았고, 유죄가 선고됐다.

프랑스에서 기존 군주주의 선전이 새로운 공화주의 형상화로 대체됨에 따라 혁명가들은 프랑스 군대와 외국인 군대에다 혁명에 동참할 것을 요구하면서 전향에 대한 보상을 약속하는 홍보 전단을 살포했다("용감한 군인들이여, 동지들 속으로 가서 그들의 포옹을 받으라. 그대들은 더 이상 폭군의 앞잡이가 아니며 동지들을 감금하는 교도관도 아니다"). 혁명 선전에 고양된 프랑스는 순식간에 무장 국가로 변했다. 평범한 시민들이 (기존 군주의 병사가 아니라) 새로운 '조국'의 전사가 됨에 따라 전쟁에 전 국민이 동참했다. 그래서 프랑스는 1792년 발미에서 오스트리아-프로이센 연합 침략군에 대승을 거둘 수 있었다.

혁명을 지지하고 심지어 확산하기 위한 프랑스 사회의 이러한 결집이 있었기에 혁명은 거

6 크롬웰을 찰스 1세 정권을 붕괴시킨 원흉으로 매도하는 매우 효과적인 정치적 선전. 1649년에 제작됐으나 찰스 2세에 의해 왕정으로 복귀한 1660년에 책 속의 삽화로 출간됐다. 크롬웰이 공화주의 군사들에게 군주제의 상징인 로열 오크(royal oak. 찰스 2세가 1651년 우스터 싸움에 패했을 때 숨어서 목숨을 건진 나무)를 자르도록 명령하고 있다.

로열 오크에는 왕관과 홀 그리고 문장이 보인다. 그리고 처형당하기 전 찰스 1세의 사상이 담긴 것으로 추정되는 『왕의 성상(聖像)』이 성경, 마그나카르타, 성문법, 그리고 판례집과 함께 가지에 매달려 있다. 크롬웰은 '미끄러운 곳'이라고 적힌 공 모양의 물체 위에 있다. 크롬웰의 신앙심에 타격을 주기 위해 지옥문 입구에 서 있는 모습으로 그렸다.

7 영국군이 시민 5명을 죽이고 6명을 다치게 한 보스턴 학살(1770. 3. 5)을 기록한 1772년 『매사추세츠 연감(Massachusetts Almanac)』에 실린 목판화. 판화 설명에 '살인'으로 언급된 보스턴 학살은 식민지인들의 민심을 등 조지 3세와 영국 의회의 권위에 등 돌리게 만든 결정적 사건 중 하나로 꼽힌다.

Cas du Manifeste du Duc de Brunswick

8 프랑스 왕실 가족을 다치게 한다면 파리를 잿더미로 만들겠다고 위협하는 내용을 담은 프로이센-오스트리아군 사령관 브런즈윅 공작의 선언문(Brunswick Manifesto, 1792)에 대해 노골적으로 상스럽고 외설적인 반응을 묘사한 혁명군의 캐리커처. 명예를 상징하는 인물(트럼펫을 든 천사)이 혁명군의 정치적 성향을 명확히 나타내는 '프랑스 공화국(Republique Francaise)'이라는 표지판을 들고 사람들의 머리 위로 날고 있다.

9 나폴레옹이 원치 않는 모습이겠지만, 스페인에서의 나폴레옹의 실패를 묘사한 풍자적 동판화(1809). 여기서 나폴레옹은 로시난테(친프랑스 성향의 수상인 고도이)에 올라 앉아 땅을 빼앗긴 산초판사(나폴레옹의 스페인 주둔군 사령관 조아생 뮈라)를 달래는 세르반테스의 소설 주인공 돈키호테로 그려지고 있다. 뮈라에게 아메리카를 보상으로 주겠다고 약속하지만, 아메리카는 "나는 결코 당신이 가질 수 없는 마법에 걸린 둘시네아(돈키호테의 이상형)가 될 거야"라고 선언한다.

의 20세기 '총력전'이나 다름없었다. 선전이 큰 성공을 거두었다고 볼 수 있다.

그런데 프랑스가 최초의 진정한 근대 선전 국가가 된 것은 나폴레옹 보나파르트(Napoleon Bonaparte) 치하에서였다. 나폴레옹은 역사상 가장 유능한 '자기 선전가(self-propagandist)' 가운데 한 명임이 틀림없다. 프랑스인들의 사고에 대한 그의 통제는 국민 생활 전반에 영향을 미쳤다. "천 명의 적군보다 세 개의 적대적 신문이 더 무섭다"고 주장한 그는 1801년에 프랑스 신문 73개 중 64개를 폐간시켰다. 노트르담 성당에서 휘황찬란하고 성대하게 열린 1804년의 황제 대관식에서 그는 교황 비오 7세로부터 왕관을 직접 넘겨받아 자기 손으로 자기 머리에 씌웠다. 이 행동은 그가 자력으로 황제가 됐으니 누구에게도 충성하지 않는다는 것을 상징했다. 프랑스에 4개의 신문만이 존속한 1810년에 그는 '인쇄출판총국'을 설치해 프랑스인들의 문화 활동을 통제하면서 다른 한편으로는 자기 제국의 영광을 드높이기 위해 예술가, 건축가, 문인들을 동

El Quijote de ntros. tpos.(Napoleon) caballero sobre su rocin (Godoy) y puestos los ojos en la encantada Dulcin America.) consuela à su buen escudero Sancho (Murat) de la perdida del Gobierno de la Insula Barataria (España

원했다.

　나폴레옹 전쟁(1803~15) 종전 후부터 1914년 제1차 세계대전 발발 전까지 유럽은 많은 변화를 겪었다. 혁명과 독립을 위한 소규모 분쟁들, 1870년 프랑스를 격파해 치욕을 안겨준 프로이센이 주도한 강력한 독일 통일, 그리고 약화된 오토만제국이 유럽의 변방으로 밀려나면서 시작된 발칸 반도의 일촉즉발 긴장 상태가 있었다. 하지만 프랑스 혁명전쟁이나 미국 독립전쟁 같은 대규모 전쟁은 없었다. 그럼에도 정치 만화나

풍자 유인물 같은 새롭게 급증한 시각 매체들은 선전전(宣傳戰)에서 중요한 역할을 했다. 지역 분쟁에서도 그러했다. (정치적이거나 혹은 정치적이지 않은) 독트린에 관한 격렬한 논쟁에 무력 행사가 동반된 긴장과 혼란의 시기일수록 선전이 점점 더 활발하게 이루어진 것이 분명하다.

　산업화 또한 선전의 성장에 일조했다. 경제적으로 발전한 대부분의 사회에서 문맹이 줄어들면서 18세기 말과 19세기에 발행 부수가 대규모로 늘어난 매체들은 새로운 표적청중을 대상

NAPOLEON BONAPARTE
Painted by J.B. Bosio, 1813.

으로 온갖 메시지를 전달했다. 소비자 사회가 발전하면서 더 많은 정치적, 경제적 권리를 요구하는 목소리 또한 선전의 성장에 일조했다. 선전의 성장을 위한 비옥한 토양이 마련된 것이다.

■ 선전의 세기

그런데 근대 전쟁에서 선전을 조직적 공략 수단으로 대규모로 사용해서 대중이 선전을 음흉한 의미로 인식하게 된 것은 1914년과 1918년 사이의 일이다. 이제 일간지와 주간지 그리고 새롭게 등장한 영화 같은 매체들로 인해 '일반청중(mass audience)'이라는 새로운 개념이 등장했다. 즉 정부가 선전을 이용해 산업 사회 전체를 전쟁에 동원하고 비교적 짧은 시간 안에 많은 사람들에게 정보(또는 선전)를 전파했다. 일단 전쟁이 총력전이자 장기전으로 인식되자(1914년 초반에는 이런 인식이 강하지 않았다) 참전국의 정부와 군인들은 후방과 전선의 사기를 북돋우고 적의 전의를 꺾고 비참전국의 참전을 독려하기 위한(처음엔 영국, 나중엔 미국까지) 지속적인 선전전의 필요성을 느꼈다. 이에 따라 공식적으로 승인된 주제를 선전하기 위해 신문과 전단, 포스터, 그리고 새로운 매체인 영화 등을 제작하고, 검열하고, (처음에는) 통합 운영했다. (1870년부터 1939년까지는 줄곧) 대중매체들이 부상

하여 세계 어디서나 국제 문제에 대한 관심이 점점 높아졌으며, 각국 정부는 더욱 강력해진 언론의 힘을 무시할 수 없게 됐다. 그런데 이제는 인쇄 매체 말고도 신경 써야 할 게 많아졌다. 1920년대와 1930년대에는 정치적 목적으로 특히 라디오와 영화를 활용하는 일이 보편화됐다. 이러한 경향은 소련, 파시스트 이탈리아, 나치 독일 같은 신흥 권위주의 체제에서 더욱 두드러졌다. 한편 1938년에 수립됐다가 단명한 레옹 블룸(Léon Blum)의 프랑스 사회주의 정권이 '선전부'를 만들었다는 사실도 주목할 필요가 있다. 그리고 새로운 세계대전이 임박함에 따라 에두아르 달라디에(Édouard Daladier) 총리의 프랑스 정부는 1939년 7월에 의도적으로 '선전부'를 덜 노골적인 '정보위원회'로 명칭을 바꾸었다.

주된 선전 도구가 점차 유선 매체에서 무선 매체로 바뀌어 간 것은 중요한 발전이었다. 정치에 대한 대중의 관심이 커진 시대에 라디오 방송의 국제적 전파력은 모든 정권에게 정치 선전의 이상적인 도구로 떠올랐다. 무선 기술은 제1차 세계대전 중에 사용됐으나, 전송 내용이 대체로 모스 부호에 한정되어 그 영향력도 제한적이었다. 1920년대에 들어 라디오는 많은 국제 분쟁에서 선전 목적으로 사용됐다. 예를 들면 1923년 프랑스-벨기에 연합군은 독일의 전쟁 배상금 지불 이행을 강제한다는 명분을 내세워 독일

10 나폴레옹 보나파르트가 그려지고 싶어 했던 자신의 모습. 황제의 옷을 입고 옥좌 앞에 서 있어서 황제의 권능이 넘치는 그림(1813년경 몽펠리에 시를 위해 볼리(M. Borly)가 제작함). 머리에는 황금 월계수로 장식된 왕관을 쓰고, 오른손에는 샤를마뉴 대제의 홀(笏)을 들고 있다. 나폴레옹 역시 자신의 이상적 모습을 형상화하기 위해 대형 메달을 사용 했는데, 치세 말기에는 루이 15세와 루이 16세 두 사람이 주문한 것보다 더 많은 양의 대형 메달을 주문해 사용했다.

Tommy's Tagebuch

Aufzeichnungen eines gefallenen Engländers

Gefunden, bearbeitet u. herausgegeben v. Willy Norbert

VITA·DEUTSCHES·VERLAGSHAUS·GMBH·BERLIN-CH

11 독일의 반(反)영국 선전 출판물인 『토미의 일기: 어느 죽은 영국 병사의 기록(Tommy's Diary: Record of a Dead Englishman)』. 책 표지가 영국 선전에 전통적으로 자주 등장하는 '수호성인 조지와 용' 그림을 연상시킨다. 그러나 여기서 '수호성인 조지'는 스코틀랜드 연대 병사의 모습을 한 '용'을 죽이는 독일 기병 장교로 그려져 있다.

12 프랑스군과 영국군이 함께 독일군에게 체벌을 가하는 「볼기 치기!(La Fessée!)」라는 제목의 프랑스 선전 엽서(1916). 영불 평화 협정의 전쟁 중 효력을 홍보하고 있다. 대부분의 제1차 세계대전 엽서는 최대한의 선전 효과를 얻기 위해 스튜디오에서 연출되고 제작돼서 매우 정형화된 형태를 띠었다.

La Fessée!

의 최대 공업 지역인 루르 지방을 점령했다. 그러자 독일 정부는 베르사유 조약 때문에 조국과 분리된 (단치히 '자유시' 같은) 이들 지역에 사는 독일인들이 조국 소식을 계속 접하고 정체성을 유지할 수 있도록 하는 수단으로 라디오가 지닌 가치를 금방 알아차렸다.

1930년 들어 BBC는 "나라와 나라는 서로에게 평화를 호소해야 한다(Nation shall speak peace unto Nation)"라는 방송사 모토에 담긴 숭고한 이상을 접고, 더 큰 세계 속에서 보다 공격적인 형태의 국수주의적 라디오 방송을 내보냈다. 이러한 라디오 방송의 발달은 소련이 1922년 세계 최초의 단파 방송국인 '모스크바 라디오(Radio Moscow)'를 설립하면서(1925년에 크게 확장됨) 비로소 명확해졌다. 볼셰비키 지도자 레닌(Vladimir Lenin)에게 라디오는 "종이 없는 신문이자 국경을 초월한 신문"이었다. 1933년 정권을 장악한 나치는 팽창주의 외교 정책을 시행하기에 앞서, 국가사회주의 이념을 전파하고 외국의 호감을 사는 데 라디오 선전을 활용했다. 또한 라디오는 국제연맹의 감독 하에 있던 자를란트에서 1935년 실시된 주민 투표에 큰 영향을 미치는 데도 사용됐다. 자를란트 주민들은 독일에 귀속되는 쪽에 표를 던졌다. 1934년에 시작돼 1938년 '오스트리아 합병(Anschluss)'으로 끝난 독일의 오스트리아 선전전에서도 라디오는 그 위력이 입증됐다. 1936년 베를린 올림픽을 위해 나치는 세계 최대의 단파 라디오 송신기를 설치했는데, 1938년 말에는 25개 이상의 언어로 매주 5,000시간 넘게 방송했다. 1930년대 중엽에는 라디오의 비중이 엄청나게 커졌다. 이를테면 영국은 민주주의에 대한 전체주의의 공격에 맞서기 위해 1934년 '영국문화원(British Council)'을 설립해 영국 문화를 해외에 선전했고, 1938년에는 BBC 외국어 방송을 시작했다.

알려진 바에 따르면 1938년 유럽에는 30개의 전국망 방송국이 있었는데, 그중 14개는 국가가 소유하면서 운영했고, 9개는 정부 독점 하에 자치적인 공공 기관이나 부분적으로 정부의 통제를 받는 기업이 운영했으며, 4개는 (겉보기와 달리) 사실상 정부가 운영했다. 민간에서 소유하거나 운영한 것은 단 3개뿐이었다. 라디오가 국제적 선전에 이토록 효과적인 도구가 된 데에는 몇 가지 특별하고 단순한 이유가 있었다. 라디오는 구어(口語)를 사용하기 때문에 다른 어떤 유용한 매체보다도 알아듣기 쉽고 어조가 친근했다. 또한 즉시적이어서 전파 방해로 차단하기도 매우 어려웠다. 더욱이 라디오는 지리, 국경, 문해력, 정치적·이념적 성향, 사회적 지위에 관계없이 수많은 대중이 들을 수 있었다. 라디오를 통해 선전가들은 한 나라에서 다른 나라의 수많은 사람들에게 직접 그리고 즉시 말하는 것이 가능해졌다.

당시 라디오가 국제적 선전 목적으로 사용된 유일한 매체는 아니었지만, 확실히 가장 중요한 매체였다. 그래도 신문은 여전히 강력한 매체였다. 히틀러는 1937년 11월 영국 외무부 장관 핼리팩스(Lord Halifax)를 만난 자리에서, 국제 분쟁 중 9할은 신문 때문에 일어난다고 주장했다. 제3제국(히틀러가 권력을 장악한 1933~45년의 독일)의 억압된 신문들은 (사실이 아닐 수도 있는) 공식적인 국가 정책을 점점 많이 반영했다. 반면 표현

13 "모든 독일인은 국민의 라디오를 통해 '총통'의 말을 경청한다"고 선전하는 나치 포스터. 나치 정권 치하에서 독일 라디오는 '국가의 목소리'가 됐다. 청취자의 수를 늘리기 위해 나치는 유럽에서 가장 저렴한 무선 라디오인 VE30131, 일명 국민 라디오(Volksempfänger)를 생산했다. 개전 무렵에는 70퍼센트 이상의 독일 가정이 무선 라디오를 보유하고 있었는데, 이는 당시 세계 최고 수준의 보유율이었다. 이 라디오는 독일 국민들이 외국 방송을 들을 수 없도록 단파로 제작됐다는 단점이 있다.

14 흑해의 항구 도시인 오데사의 '오데사 계단'에서 벌어진 제정 러시아 코사크 기병의 러시아 시민 학살은 세르게이 아이젠슈타인의 영화 「전함 포템킨(Battleship Potemkin)」(1925)에 나오는 유명한 장면이다. 역사적으로 확인된 사건은 아니지만, 이 장면과 이 영화는 강력한 선전 효과를 불러왔다. 이것은 시민 탄압과 해방 그리고 부활이라는 볼세비키의 메시지를 전달하는 데 있어서 잊을 수 없는 영상미학을 만들어냈으며, 영화의 힘을 보여준 초기 사례라 할 수 있다.

의 자유라는 모호한 개념을 중요하게 여기는 민주주의 국가들에서는 직접적인 신문 통제가 어려웠다. 그래도 프랑스 신문들은 외국 정부로부터 지원금을 받는 등 정치적 영향을 너무 쉽게 받아 악평이 자자했다. 영국에서는 신문들이 정부의 영향에 아주 순응하긴 했지만 상황이 (프랑스보다는) 덜 심각했다. 하지만 1930년대 영국 신문 소유권의 본질을 고려해 볼때, 영국 신문들은 대체로 외교 정책 문제에 대해 정부와 이해를 같이했다. 독일의 요구에 대해 프랑스와 영국이 '유화 정책'을 폈을 때 특히 그러했다. 놀랍게도 양국의 신문 중 영국의 대중지 한 개만이

네빌 체임벌린(Neville Chamberlain) 총리의 외교 정책과, 체코의 수데텐란트를 독일에 할양한 1938년 뮌헨협정을 비판하는 기사를 내보냈다(그 대중지는 중하류층이 주로 봤고 132만 부가 발행됐으며 캐드베리 가문이 소유한《뉴스 크로니클(News Chronicle)》이었다). 하지만 대부분의 국가들은 외국 언론의 비판에 분개하면서도 그런 비판을 맹목적 애국주의로 일축해버리는 경향이 있었다.

제1차 세계대전 때 막 태동기에 있었던 영화는 양 대전 사이에 대중매체로 성장했다. 영화는 확실히 국제적 선전을 하는 데 효과적인 수단이었다. 신문과 마찬가지로 영화사들은 자국의 생활양식을 선전하는 장사꾼 역할을 했다. 볼셰비키들은 재빨리 영화에 달려들었다. 레온 트로츠키(Leon Trotsky)는 영화를 "과거에 경험하지 못한 놀라운 속도로 인간의 삶에 파고든 대단히 혁신적인 것"으로 언급하면서 영화관을 "없어서는 안 될 시설로서 맥주집과 교회에" 필적한다고 했다. 그리고 레닌은 "우리가 이용하는 모든 예술 중에서 영화가 가장 중요하다"고 주장했다.

양 대전 사이에 국제적 선전에서 장편 극영화(그리고 이보다 길이가 짧은 뉴스영화와 다큐멘터리)의 역할은 미국의 문화와 상업성과 정치 기조를 해외에 널리 전파한 할리우드의 예에서 가장 잘 알 수 있다. 1923년 프랑스에서 상영된 영화의 85퍼센트가 미국 영화였다. 1914년 영국의 극장에서 상영된 영화의 25퍼센트가 영국 영화였으나, 1925년에는 그 비율이 2퍼센트로 하락했다. 1939년 미국 영화는 전 세계 영화의 약 40퍼센트를 차지했다. 이런 세계적인 배급망을 통해 미국의 사회와 문화가 할리우드의 눈에 보이는 대로 전달됐으며, 이것은 중대한 상업적 영향을 끼쳤다. "무역은 영화를 따라간다"는 말은 1920년대와 1930년대에 경제적 팽창주의를 의미하는 유행어가 됐다. 그 결과 영화 산업이 상대적으로 덜 발달한 유럽 국가들은 이내 할리우드가 만들어낸 불공정한 것들에 우려를 나타내기 시작했고, 양 대전 사이에 쿼터제를 도입하고 나중에는 수입 허가제까지 실시해 미국의 우세에 맞서고자 노력했다. 또한 같은 시기에 늘 성과가 좋진 않았지만 자국의 영화 산업을 육성하려는 노력도 했다.

1920년대와 1930년대의 영화와 라디오 같은 기술 및 매체의 발달은 악화돼 가는 국제 정세 속에서 이루어졌다. 당시 국제연맹이 제1차 세계대전의 여파 속에서 평화와 집단 안보를 수호하기 위해 실시한 빈약한 보호 조치들은 정치적 분열 때문에 점점 힘을 잃어 갔다. 국제연맹은 1936년 7월 스페인 내전의 발발을 막는 데 아무 역할도 할 수 없었다. 그 후 1년도 지나지 않은 1937년 4월 바스크 지방의 도시인 게르니카는 프랑코(Francisco Franco) 장군의 민족주의 반군을 지원하기 위해 독일이 보낸 전폭기들에 의해 파괴됐다. 뉴스영화 카메라에 생생하게 담기고 나중에 파블로 피카소(Pablo Picasso)의 그림을 통해 오래도록 기억된 이 사건은 총력전의 참상을 생생히 보여줬을 뿐만 아니라, 런던과 파리 같은 도시들이 현대 폭격기의 공격에 그와 똑같이 취약하다는 사실을 여실히 깨닫게 했다. 일부 역사가들은 이런 잔혹한 영상들 때문에 민주 국가 정부들이 자국민이 그런 고통과 고난을 겪지 않도록 하기 위해 유화 정책을 서두르게 됐다고 보았다.

물론 그런 유화 정책은 실패했고, 역사학자 필립 M. 테일러(Philip M. Taylor)가 말한 "전쟁 역사상 최대의 선전전"을 동반한 전 세계적 재앙이 임박했다. 제2차 세계대전의 모든 참전국들은 기존의 어떤 전쟁보다도 훨씬 큰 규모로 선전을 활용했다. 전쟁의 모든 국면에서 정부의 공식 선전과 상업 매체가 중요한 역할을 했다. 이 전쟁은 (산업화되고 도시화된) 대중사회들 간의 싸움이었으며, 많은 면에서 선전이 주요한 무기로 등장한 정치 이념 전쟁이었다.

국가의 지원을 받아 제작된 포스터, 소책자, 라디오 방송, 영화(뉴스영화 포함)부터 상업 신문, 만화, 군사 신문까지 전쟁 중에 새로운 매체가 어마어마하게 급증했다. 1945년에 소련은 757종이나 되는 군사 출판물을 펴냈으며, 영국의 BBC는 외국어 라디오 방송을 1939년 10개 국어에서 1943년 45개국어로 늘렸다. 1942년 미국 정부는 대외 다언어 방송인 '미국의 소리(Voice of America: VOA)'를 시작했다. 아울러 국민 10명 중 9명이 하루에 4시간이나 청취하는 미국 내 라디오 방송에서는 뉴스 할당 시간이 5퍼센트에서 20퍼센트로 늘어났다. 전쟁 말기에 나치 정부는 한정된 독일 표적청중을 대상으로 텔레비전 시험 방송을 실시하기도 했다.

제2차 세계대전 중의 이례적으로 높은 선전 활용 수준은 1945년 이후 오랜 냉전 기간에도 지속됐다. 1950년 미국 대통령 해리 트루먼(Harry S. Truman)은 공산주의와 자본주의의 이념적 분열인 냉전을 "인간의 정신을 장악하기 위한 다른 무엇보다 중요한 투쟁"으로 묘사했다. '선전'의 부정적 어감에 얽매이지 않은 이오시프 스탈린(Iosif Stalin)이 이끄는 소련 지도부는 팽창주의 정책에 정당성을 부여하고 국민을 동원하는 것이 매체의 역할이라고 보았다. 제2차 세계대전 종전 무렵 소련군에 의해 '해방된' 국가들을 통제하라는 스탈린의 결정에 따라 무기 생산이 확대되고 공격적인 반자본주의 선전이 실시되자 냉전의 긴장이 고조됐다. 소련 공산당중앙위원회 산하 선동선전부는 당국의 검열을 거쳐 면밀히 검토된 공식 선전을 매체에 배포했다. 한편 1947년 9월부터는 제3세계 신생독립국들을 소련의 영향권 안으로 끌어들이고 서구에 맞서 모스크바를 향한 국제적 지지를 결집하기 위해 공산주의정보국(Communist Information Bureau), 일명 코민포름(Cominform)이 선동선전부의 지휘 아래 조직적인 선전 활동을 시작했다.

그러자 미국에서는, 미국에 대한 신뢰를 떨어뜨리기 위해 KGB(국가안보위원회)가 모스크바에서 시작한 대규모 허위 정보 작전에 대응하고자 1948년 스미스먼트법(Smith-Mundt Act)을 제정하

15 후안 안토니오 모랄레스(Juan Antonio Morales)의 작품으로 추정되는 스페인 내전 포스터(1936)에 국가주의자인 프랑코 장군과 그들의 해외 지지자들인 이탈리아 파시스트, 추기경, 나치 사업가, 북아프리카 주둔군의 전형적 모습이 담겨 있다. 고통 받는 스페인 지도가 교수대에 걸려 있고, 부르고스와 리스본이라는 지명은 각각 스페인 국가주의자들과 포르투갈 친국가주의자들의 근거지를 나타낸다. 스페인 내전과 그 선전을 통해 유럽을 분열시킨 좌우 간의 뿌리 깊은 반목을 확인할 수 있다.

Los Nacionales

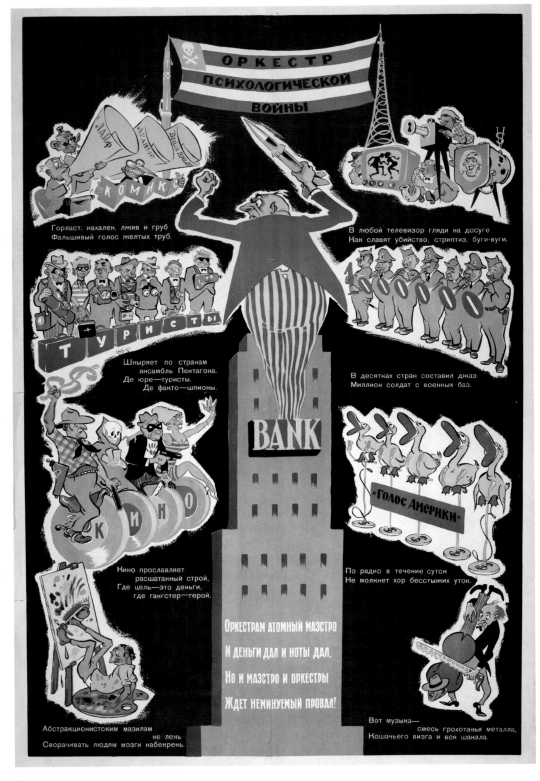

16 말 그대로 선전을 지휘하는 미국 자본주의자를 묘사한 음악을 주제로 한 소련 포스터(1960년대). 지휘자가 지휘대 대신 은행 건물에 올라서서, 지휘봉 대신 미사일을 휘두르고 있다. 매우 다양한 희극적 이

미지들은 다양한 계층으로 이루어진 미국 백인 사회를 나타내고 있다. 이들로 이루어진 '심리전 오케스트라(Orchestra of Psychological Warfare)'가 지휘자에 맞춰 노래하고 있다.

17 '냉전의 전사'로 유명한 로널드 레이건 대통령이 '미국의 소리' 라디오에서 방송을 하고 있다. 창립 60주년이었던 2002년 무렵 '미국의 소리'는 세계 약 9100만 명의 청취자들을 대상으로 53개국어로 주당

900시간의 라디오, 텔레비전, 인터넷 방송을 제공했다.

여 매체, 문화 교류 프로그램, 전시회를 활용한 상시 해외 정보 활동을 실시할 수 있는 법적 근거를 마련했다. 그리고 1950년대 중반부터 미국의 정책 입안자들은 '심리전'을 충분히 보완할 수 있는 문화적 외교가 장기적으로 더 효과적일 것이라 확신했다. 그래서 이때부터 미국의 문화와 생활양식은 미국 정부의 막대한 보조금을 받으며 해외로 전파됐는데, 1953년부터 1999년까지 운영된 미국해외공보처(United States Information Agency: USIA)가 그것을 주관했다. 문화 교류 프

로그램, 국제 무역 박람회, 전시회 그리고 할리우드 영화 배급은 미국의 생활양식, 특히 대중문화와 물질적 성취를 부각시켜 선전 효과를 얻으려는 활동들이었다.

1960년대부터 '미국의 소리'는 미국의 위상을 높이기 위해 '철의 장막' 뒤편의 표적청중들에게 인기 있는 미국 록 음악을 이용하기 시작했다. 냉전 기간 중에도 라디오는 여전히 중요한 무기였고, 방송 또한 미국 정부 당국자들에게는 장기적 문화 선전 전략의 일환이자, 전 세계인의

Sol.764

OPIS AMATORSKIEJ ANTENY KIERUNKOWEJ
/PRZECIWZAGŁUSZENIOWEJ/

1. Przeznaczenie anteny

Antena służy do polepszenia jakości odbioru programów radiowych nadawanych na falach krótkich w pasmach od 16 do 41 m w warunkach ich zagłuszania. Antena taka sprawdza się szczególnie w dużych miastach i umożliwia czytelny dla ucha odbiór audycji w tych miejscach, gdzie zagłuszanie czyni odbiór całkowicie niemożliwym, oraz umożliwia znaczną poprawę jakości odbioru w tych miejscach, gdzie odbiór /bez dodatkowej anteny/ był możliwy, ale zniekształcony zagłuszaniem.

2. Materiały potrzebne do wykonania anteny

- kabel telewizyjny okrągły współosiowy /tzw. koncentryczny/ - ck. 2 m plus odległość /przewidywana/ anteny od odbiornika;
- listewki /drewniane lub z materiału izolacyjnego/ o orientacyjnych wymiarach 2x3x48 cm oraz 2x3x65 cm plus materiały na podstawkę do anteny;
- kondensator nastawny 200 pF z dielektrykiem stałym;
- płytka/cienka, z materiału izolacyjnego/ o wymiarach ok. 3x6 cm / do zamocowania kondensatora/;
- pałeczka /lub rurka/ z materiału izolacyjnego o orientacyjnej długości 10 cm /do przedłużenia osi pokrętła kondensatora/.

3. Ogólny opis anteny

Schematyczny widok ogólny anteny przedstawiono na rysunku 1. Na konstrukcji podtrzymującej w kształcie krzyża rozpięte są dwa obwody kabla koncentrycznego uformowane w okręgi i leżące na płaszczyźnie krzyża. Większy obwód /okrąg o śre-

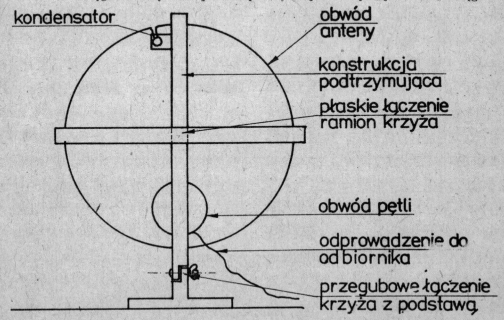

RYS.1

18 소비에트 블록의 청취자들이 '자유 유럽 라디오'나 '미국의 소리' 같은 서구의 방송을 들을 수 있도록 전파 방해 해제 안테나를 만드는 방법을 알려주는 폴란드어 설명서. 이런 특별한 문서들은 폴란드 지하 단체 내부에서 손에서 손으로 전해졌다.

19 D-데이(1944. 6. 6) 공격 소식을 작성하고 있는 정보부의 뉴스국. 제2차 세계대전 동안 영국에서는 선전 목적 달성에 효과적인 것으로 입증된 '자발적' 사전 검열이 실시됐다. 때로는 검열을 의무화하겠다는 위협도 있었지만, 그런 일은 결코 일어나지 않았다.

를 보도할까 봐 엄격한 검열을 정당화했다. 그러나 이 두려움은 근거가 없는 것이었다. 왜냐하면 '공영' 볼프전신국(Wolff Telegraph Bureau)이 독일의 유일한 통신사였기 때문이다. 전쟁 발발 때부터 이 통신사는 독일 외부무의 검열을 먼저 거친 모든 민감한 정보들을 공급하는 독일 신문들의 유일한 공식 전쟁 뉴스 제공자였다.

영국에서는 1914년에 제정된 국토방위법(Defence of the Realm Act: DORA)에 따라 매우 엄격한 검열 제도가 마련돼 지금의 영국 사회에까지 계속 영향을 미치고 있다. 엄밀히 말하면 모든 신문 검열은 자발적이었다. 신문 편집자들에게는 국토방위법을 위반할 소지가 있는 모든 정보를 사전 심의에 제출할 권한이 있었다. 신문국(Press Bureau)이 공식 전쟁 뉴스를 제공했고, 종군기자들은 신문국의 공식 전쟁 뉴스를 논평 없이 보도했다. 신문사 소유주들은 자발적으로 자기 검열을 수용해 선전을 확산시키는 데 협조했다. 그 결과 신문에 대한 대중의 신뢰가 땅에 떨어졌다. 그래서 전쟁터의 군인들과 전우 의식을 가졌던 영국 종군기자들은 군사상 실패에 대한 보도를 자제하고 참호 속에서 생활하는 군인들의 전우애에 초점을 맞춤으로써 정부와 군대의 지도력을 향한 대중의 비난을 막아 주었다. 1917년에 참전한 미국은 검열을 책임지는 자체 선전 조직인 공보위원회(Committee on Public Information: CPI)를 설치했다.

양 대전 사이에 상업 영화 산업의 인기가 올라가면서 검열도 늘어났다. 미국과 여타 국가들에서 영화의 설득력이 불순한 목적에 사용되지

20a

20b

20a-b 히틀러의 이미지를 이중성과 '큰 거짓말'과 결부시킨 영국 정보부의 그림엽서 두 장. 한 엽서에서는 천사의 허울이 발 아래 짓밟혀 내팽개쳐진 채, 독일의 선의의 약속이 나치의 압제라는 현실 속에서 사라져버렸다. 다른 엽서에서는 BBC 방송에 귀 기울이는 독일 가족들의 모습을 통해 '진실한' 뉴스가 '독일의 엉터리 주장'에 쉽게 승리한다는 것을 보여주고 있다.

21 영국과 독일 전함들 간에 벌어졌던 포클랜드 해전(1914) 50주년을 기념해 발행된 포클랜드섬 우표(1964). 우표에 그려진 전투 기념비는 1927년 제막된 이후 우표와 엽서에 폭넓게 사용됐는데, 포클랜드섬의 정체성을 나타내는 중요한 수단이자 민족 주체성을 고양하는 데 기념비가 얼마나 중요한 역할을 하는가를 보여주는 사례라 할 수 있다. 비록 틀에 박힌 모습이지만 엘리자베스 여왕의 얼굴이 포클랜드에 대한 영국의 주권을 말없이 단호히 나타내고 있다.

법은 아니며, 대중사회 시대에는 특히 그러하다. 그래서 선전 메시지를 전파하는 것이다. 예를 들면 최근 영국 (데이비드 캐머런) 정부는 국민들에게 '됭케르크' 정신과 '포클랜드' 정신을 상기시키며(둘 다 전쟁에서 유래한 위기 극복 정신. 옮긴이) 경제 불황기에 "누가 영국을 통치하는가" 생각해보라고 했다(노조가 아니라 국민이 영국의 통치자임을 강조하기 위해). 또 물가 상승률을 "단숨에 낮출" 수 있다는 자신감을 심어주고, "큰 사회(Big Society)" 혹은 "하나의 국가(One Nation)"의 일원이라는 생각을 가지도록 고무했다.

선전은 전체 정치 과정에서 필수적인 요소로 기능하고 있다. 현대의 정부(그리고 이익 집단과 조직)들은 대중매체와 결탁하려고 했을 뿐만 아니라, 특히 위기 때는 대중매체를 통제하거나 이용하려고 했으며, 가급적 수시로 '국익'에 협조하게 만들려고 했다.

오늘날 선전과, 선전이 여론에 미치는 영향의 중요성이 커지는 가장 명확한 이유는 정치의 저변이 확대되고 있기 때문이다. 정치 저변 확대로 정치 참여의 본질이 완전히 바뀌었다. 물론 통신 수단도 그에 상응해 급격히 증가했다. 지금 우리는 '정보고속도로(information superhighway)'와 디지털 데이터 네트워크의 폭발적 증가를 목도하고 있다. 그래서 매체의 소유권과 접근권의 본질에 대해, 그리고 (1980년대부터 에드워드 허먼(Edward S. Herman)과 에이브럼 놈 촘스키(Avram Noam Chomsky)가 말한) '합의 조작(Manufacturing Consent)'의 수단을 결집시킬 수 있는 시대에 정보의 흐름이 얼마나 자유로울 수 있

FM(Afghan FM)'이라고 불렸는데, 활기찬 아프간 음악들 사이에 「고귀한 아프가니스탄 국민께 고합니다」를 방송했다. 아나운서는 미군이 아프간 지역을 지나갈 것이며, 미군의 목표는 아프간 사람들을 해치는 것이 아니라 알카에다 지도자 오사마 빈 라덴(Osama bin Laden)과 그를 지원한 세력들을 체포하기 위한 것이라고 설명했다.

● 심리전

'적(敵) 표적청중에게 영향을 미치기 위한 계획적인 선전 이용'은 제1차 세계대전 중에 영국이 개척한 개념인 심리전(psychological warfare)의 본질이다. 1950년 한 공문서에서는 심리전을 "실제 전투와 달리, 적의 사기와 전의(戰意)를 꺾기 위해 적의 마음과 감정, 행동에 영향을 미치는 생각과 정보를 전달하는 행위"로 정의했다.

심리전은 중립국이나 우방국의 국민을 대상으로 하는 것이 아니라 적국을 대상으로 한다는 점에서 다른 형태의 국외 선전과 구별된다. '전투 선전(combat propaganda)'으로도 알려진 심리전은 공식적인 전쟁 상황에만 국한되지 않고 전략적이고 정치적인 측면에까지 점차 확대 적용되어 왔다. 그래서 현재는 '심리작전(psychological operation: psyop)'이라는 말이 더 널리 통용되고 있다. 일반적인 선전처럼 심리전도 흑색, 백색, 회색의 형태를 띠며, 지난 세기의 열전(무력 전쟁)뿐만 아니라 냉전 그리고 1950년대 케냐와 말라야에서 영국이 벌인 반란 진압 활동까지 심리전은 20세기 분쟁의 특징이 됐다. 그러나 그 특성은 시대를 거슬러 올라간다.

문자가 발명되기 이전의 시대에는 적의 사기를 약화시키기 위해 위협적인 소리와 이미지, 그리고 입소문으로 전파되는 유언비어를 이용했다. 미국 독립전쟁 중에는 미군이 메시지를 적은 종이를 돌에 말아 영국군 전열의 후방으로 던져서 영국군이 탈영하도록 부추겼다. 영국을 위해 싸우는 독일 용병을 대상으로 제작된 전단은 특히 효과가 좋아서 이들의 탈영률을 높였다(일부 추정에 따르면, 정예 병력 30,000명 중 5,000~6,000명이 탈영했다).

제1차 세계대전 때 적진에 풍선과 비행기를 이용해 수백만 장의 전단을 투하한 사실에서 보듯(3장 참고), 현대는 '종이 전쟁(paper war)'과 함께 시작됐다고 말할 수 있다. 제1차 세계대전을 끝내면서 승자와 패자 모두 심리전이 매우 효과적이었다고 주장했다. 1919년 《타임스(Times)》는 "훌륭한 선전 덕분에 종전을 1년 앞당겨서 수십억 파운드의 돈을 아끼고 적어도 100만 명가량의 목숨을 보전했다"고 전했다. 독일 육군 참모총장이었던 에리히 폰 루덴도르프(Erich von Ludendorff) 장군은 "우리는 마치 뱀 앞의 토끼처럼 적의 선전에 혼이 빠졌다"고 말했다. 독일군 총사령관이었던 파울 폰 힌덴부르크(Paul von Hindenburg) 장군은 "육신을 죽이는 폭탄과 더불어 적 공군은 영혼을 죽이려는 목적으로 전단까지 투하했다.…… 필시 수천 명이 전단에 든 독을 마셨다"고 적었다. 두 사람은 심리전이 1918년 11월 독일의 최종 패배를 야기한 주요 요인이었다고 주장했는데, 이에 대해 히틀러도 의견을 같이했다. 물론 그들 각자가 독일의 패배를 군사 작전이나 독일군의 전투력이 아닌 다른 원인 탓으로 돌린 데에는 나름 그럴 만한 이유가 있었다.

1920년 일부 군사 역사가들은 미래에는 실제 전투가 완전히 심리전으로 대체될 것이며, 따라서 무기도 사용되지 않을 것이고, 전쟁터도 찾아볼 수 없을 것이라고 예측했다. 1918년 이후 새로운 변수는 파시스트 이탈리아와 나치 독일의 뒤를 이어 심리전의 새로운 시대를 열고 냉전의 시대를 거쳐 1989년까지 존속한 소련의 등장이었다. 이런 환경 때문에 심리전은 국제 관계의 지속적인 특징이 됐으며, 새롭게 등장한 비밀 정보기관들에 의해 자주 발생했다. 영국은 심리전을 "정보기관이 순전히 지적인 방법으로 여론을 조작해서 특정한 조건을 조성하는 데 정보를 공격적으로 이용하는 것"이라고 일컬었다. 독일은 '정신전(Geistige Kriegsführung)'이라는 용어를 선호했다.

제2차 세계대전 중인 1941년 미국이 참전함에 따라 미국이 선호하는 '심리전'이라는 말로 바꾸기 전까지 영국 정부는 계속해서 (영국 정치전운영국에 기초한) '정치전(political warfare)'이라는 용어를 사용했다. 연합국 심리전사단은 다양한 작전 지역에 지부를 설치했는데, 그중 가장 큰 것은 1942년 11월 북아프리카에 설치한 것이었다.

'심리전사단(PWD)'은 유럽 탈환을 위한 준비의 일환으로 연합국파견군최고사령부(SHAEF)에 만들어졌다. 이 명칭에서 과거보다 연합국 간의 협조가 잘 이루어졌음을 알 수 있는데, 실제로 영국과 미국은 백색선전과 흑색선전의 구분에 기초한 심리전의 전반적인 접근 방법에 있어서로 협조했다.

당시 심리전에서 가상의 라디오 방송국들은 표면상 독일 반정부 군인들로 구성된 지하조직들 간의 대화를 방송했다. 이것들은 사실 '엽란(葉蘭, Aspidistra)'이라는 암호명으로 불린 영국 소재 비밀 송출기를 통해 방송됐는데, 이는 연합국이 사용한 주요 흑색선전 기법이었으며, 비밀 첩보원들이 퍼뜨린 유언비어에 의해 그 효과가 더욱 강화됐다. 이것들은 독일이 점령한 유럽 내에서 방송되는 것으로 추정됐으므로, 거짓말이나 허위 전망으로 여겨질까 봐 걱정할 필요 없이 흑색선전을 하는 것이 가능했다. 예를 들면 1943년 카사블랑카 회담(연합국 정상회의)에 따라, 연합국의 정책은 '무조건 항복'을 요구하는 것이었다. 이는 독일 국민들이 나치 지도자들에 저항해 봉기하더라도 협상의 여지가 없음을 의미했다. 그래도 연합국의 흑색선전가들은 만약 '우리'(독일 국민)가 '히틀러 일당'을 제거하면 '우리'의 입장이 당연히 좋아질 것이라는 암시를 주었다.

1945년 이후에는 심리전을 대체로, 국제적 공산주의 때문에 점증하는 정치적, 군사적, 이념적 위협에 대처하는 데 필요한 적합한 방식으로 보았다. 1950년 북한이 남한을 침략하자, 해리 트루먼 대통령은 공개 작전과 비공개 작전을 폭넓게 조율하기 위해 백악관에 '심리전략위원회(Psychological Strategy Board: PSD)'를 두었다. 백색선전 기구를 강화하기 위한 조치는 우선 국무부 내에서 국제정보처(International Information Administration: IIA)라는 형태로 나타났다. 유럽의 전장에서 심리전의 위력을 지켜본 아이젠하워(Dwight Eisenhower) 대통령은 1953년에 '미국의 소리' 방송을 백색선전 무기로 활용하는 독립 기관인 미국해외공보처(USIA)를 설립했다. CIA는 회색선전 방송 기관인 '자유 유럽 라디오(Radio Free Europe)'와 '자유 라디오(Radio Liberty)'에 자금을 지원했다. 한편 이런 조직들이 저마다 독자적 방식으로 운용되면서 얼마나 효율적으로 공조하는지 의문이었는데, 1961년 쿠바의 피델 카스트로(Fidel Castro) 정권을 무너뜨리기 위한 '피그스 만(Bay of Pigs) 침공'이 실패하자 심리전 공조라는 신화의 진상이 백일하에 드러났다.

심리전(psywar)은 베트남 전쟁에서 단편적으로 사용되긴 했지만 미국이 패배하면서 서구 군사사상(軍事思想)에서 그 평판이 추락했다. 하지만 소련은 이에 아랑곳없이 심리전을 '적극적 수단'이라고 하면서 심리전에 대한 믿음을 잃지 않았다. 특히 (1981년 미국의) 중성자탄 개발에 반대하는 선전 활동을 펼치고, 나중에는 미국이 생물학전 실험실에서 에이즈(AIDS) 바이러스를 만들어냈다고 비난하는 등 냉전에서 괄목할 만한 성과를 거두었다. 1980년대에 레이건(Ronald Reagan) 대통령은 국무부의 1985년 '심리작전 종합계획'이라는 형식으로 미국의 심리전을 부활시켰는데, 이후 심리작전(psyop)은 미국의 파나마 개입, 걸프 전쟁, 보스니아, 코소보 그리고 '테러와의 전쟁'(6장 참고)에서 제 역할을 했다.

하나의 국민, 하나의 국가, 하나의 지도자

국민의식과 지도자에 대한 선전

국가 정체성(national identity)이라는 의식을 만들어 지속시켜 나가는 것은 대부분 국가들의 중요한 목표이다. 선전의 역사는 바로 그들이 이 목표를 달성하고 자국의 국민과 역사에 대한 홍보 메시지를 전파하는 데 이용하는 방법들로 이루어진다.

그렇다면 과연 국가란 무엇일까? 국가에 대한 근대적 개념은 서구에서 계몽주의 사상과 혁명 운동이 군주제와 위계적 권력을 무너뜨린 18세기에 생겨났다. 실제로 이 문제에 대해 저술을 펴낸 에른스트 겔너(Ernst Gellner)와 에릭 홉스봄(Eric Hobsbawm) 같은 많은 '역사주의' 학자들은 국가와 국가주의라는 개념을 정치적이고 경제적인 목적을 위해 만들어진 근대화의 산물로 보았다(에른스트 겔너가 말한 nation은 '민족', nationalism은 '민족주의'로 번역하는 것이 옳겠으나, 이 책의 저자는 한국어로 '국가', '국가주의'에 해당하는 의미로 사용했다. 옮긴이).

그들은 국가를 '가상의 정치 공동체'로, 국가주의를 '개인 집합체와 국가의 일체화에 기초한 애국주의의 한 형태'로 정의했다. '가상의 공동체'라는 이 개념은 그 구성원들이 매일 얼굴을 맞대고 상호작용을 하지 않는다는 점에서 실제 공동체와 다르다. 대신 구성원들은 각자를 공동체와 결속시키는 정신적 이미지와 상징물, 규범과 가치관을 공통으로 마음속에 지니고 있다. 학술적 연구에 따르면, 개인의 국가 정체성은 사람들이 일상생활에서 접하는 국가 상징물, 언어, 국가 상징 색깔, 국가 역사, 국민성, 혈연, 문화, 음악, 요리, 라디오, 텔레비전 등과 같은 수많은 '공유점'에서 비롯되는 것으로 나타났다.

개인이 다른 구성원들과 함께 느끼고 공유하는 소속감과 정체성(국민의식)은 대개 '가상의 공동체'가 전쟁이나 스포츠처럼 다른 공동체와 싸우거나 위협을 당할 때 최우선 가치가 된다. 이런 경우 정치 성향, 다양한 민족 정체성, 불평등, 그리고 여타 내적 분열 요소 등은 뒤로한 채 개인들은 '국가'라는 큰 우산 아래 일치단결한다. (전통적으로 매체들 또한 불특정 '일반청중'을 선전 대상으로 삼거나 혹은 시민들을 '일반국민'으로 지칭하고 일반화함으로써 가상의 공동체를 만들어왔다.)

국가 정체성을 부각시키는 선전의 종류는 다양하다. 그중 대표적인 것은 국기와 국가(國歌) 그리고 기념물 같은 명시적 국가 상징들이다. 과학기술이나 우주 개발 혹은 스포츠 분야에서 뛰어난 능력을 나타내어 큰 업적을 이룬다면 이 역시 선전에 도움이 된다. 물론 국가 역사 속의 위대한 지도자도 선전 역할을 한다. 어느 국가든

세금 징수처럼 저항을 유발하는 정치적, 경제적 정책을 국민들에게 정당화하기 위해서는 반드시 국민의식과 소속감을 만들어내야 한다.

그러므로 국민의식이라는 개념은 사람들을 국가에 결합시키는 접착제 같은 중요한 역할을 한다. 기존에 존재했던 국가가 무시되는 식민 통치 하에 있는 나라들이나, 독재자가 통치하는 나라들에서는 대부분 국가 정체성을 '억지스럽게' 만들어내야 한다. 소련(소비에트연방)이 붕괴된 러시아나, 인종차별 정책이 철폐된 남아프리카 공화국 같은 나라들에서는 국가 개념을 고쳐서 다시 만들어야 한다. 아울러 그 과정에서 '화해'가 중요한 원칙이 되어야 한다.

국가는 국민의식을 고취하기 위한 선전에,

22 프랑스의 국가적 상징이자 프랑스 공화국의 가장 유명한 상징물들 가운데 하나인 마리안. 하지만 그녀는 자유와 이성의 우의적 상징일 뿐이다. 마리안의 어깨에 드리워진 삼색기인 프랑스 국기만이 프랑스 헌법에서 유일하게 인정하는 공식 상징물이다.

22

역사와 신화에 기댄 과거 이야기나 유토피아적인 미래 이야기도 이용한다. 국가는 통치 행위를 정당화하거나, 새로운 제도나 변화에 대한 지지를 이끌어내기 위해 국가 정체성과 인물, 역사에 관한 대중의 인식을 이용하거나 형성하려고 노력한다. 이것은 정치적 혁명이나 탈식민지화에 따른 권력 이양 같은 국가적 대변혁 혹은 급진적 변화의 시기에 가장 활발하게 진행된다. 또 경제 위기 때나 국제연맹(League of Nations), 국제연합(United Nations), 유럽연합(European Union) 같은 새로운 초국가적 기구를 만들 때도 활발해진다.

■ 국가 상징을 이용하는 선전

국가가 국가 정체성의 특정 요소를 강화하기 위해 사용할 수 있는 전략 중 하나는 우상의 활용이다. 그 우상은 윌리엄 셰익스피어(William Shakespeare)나 체 게바라(Che Guevara)처럼 국가적 영웅으로 신화화된 실제 인물일 수도 있고, 혹은 오래된 신화나 민담 속의 가상 인물일 수도 있다. 가상 인물의 예로는, 영국의 존 불(John Bull)이나 미국의 '엉클 샘(Uncle Sam)' 혹은 프랑스의 국가적 상징이자 자유와 이성의 표상인 마리안(Marianne) 등이 있다. 이것은 또한 20세기에 공산주의 정권과 사회주의 정권이 선전한 가상 노동자 숭배의 예처럼 국가가 완전히 새로 만들어낸 것일 수도 있다.

이에 상응하는 다른 전략으로 국민의식의 물질적 상징을 이용할 수도 있다. 실제로 국가는 얼마든지 이야기를 만들어내서 그중 입맛에 맞는 국가적 이야기에 어울리는 이미지를 마음대로 유포할 수 있다. 그런 이미지가 형상화된 것에는 동전, 지폐, 우표 같은 일상 물품과 조각상, 기념비, 기념 건축물 같은 상징적 구조물이 있다.

그런데 국민들이 국가와의 친밀감을 표현하게 만들 수 있는 가장 확실하고 강력한 상징 두 가지는 국기와 국가(國歌)이다.

● 국가

음악은 애국심을 호소하는 데 유용하게 쓰인다. 애국심을 호소하는 것은 근본적으로 감정적 반응을 이용하는 것이고, 음악은 원래 감정적 반응을 불러일으키는 데 매우 적합하기 때문이다. 그래서 당연히 '국가'는 국장(國葬)부터 스포츠 경기까지 광범위한 행사에 등장한다. 정의로 보자면, '국가'는 국가의 역사를 환기시키고 찬양하고 수호하려는 의도가 담긴 음악이다.

서구 역사에서 가장 선동적인 국가는 프랑스의 국가 「라 마르세예즈(La Marseillaise)」다. 이 곡은 1792년 4월 프랑스의 라인군(軍) 장교인 클로드 조세프 루제 드 릴(Claude Joseph Rouget de Lisle)이 작사하고 작곡했다. 파리의 새 혁명 정부

23 조르주 클레망소(Georges Clemenceau) 수상이 국민들을 결집시키기 위해 '우리 국민들의 자유를 성취하기 위해 일어나라, 조국의 아들들이여'라는 내용의 프랑스 국가 「라 마르세예즈」에 대해 설명하는 모습을 담은 제1차 세계대전 당시의 프랑스 포스터(1918). 단결을 촉구하는 이 모습은 「라 마르세예즈」를 작곡한 루제 드 릴이 처음으로 이 국가를 부르는 장면을 묘사한 그림에서 유래한 것이다.

24 식민지에서 독립한 가나가 발행한 첫 번째(1957) 우표는 새로운 국가 건설에 대한 약속으로 가득하다. 새로운 국기와 초대 수상이자 대통령인 콰메 은크루마(Kwame Nkrumah)를 묘사한 조각상의 당당한 모습이 그려져 있고, 희망 찬 일출이 밝은 미래를 나타내고 있다.

는 이제 막 오스트리아와의 전쟁을 선포했고, 독일 도시국가들로 진격하기 위해 라인 강 부근 스트라스부르(프랑스 동북부의 도시)에서 군인들이 소집됐을 때, 스트라스부르 시장은 적당한 행진곡이 없음을 알았다. 시장은 자신이 음악적 재능을 칭송했던 루제 드 릴에게 알맞은 곡을 만들어 달라고 했다. 그래서 탄생한 곡의 원래 제목은 「라인군의 군가(War Song of the Army of the Rhine)」였다. 그런데 1792년 8월 마르세유(프랑스 동남부의 도시)에서 소집된 부대가 파리에 입성해 이 노래를 우렁차게 부르면서 튀일리 정원을 행진해 간 뒤 제목이 바뀌었다. 이 곡은 단순한 선율과 선동적인 가사("가자, 조국의 아들들이여, 영광의 날이 왔도다!") 때문에 프랑스 혁명 정신의 열기를 확산시키는 선전 도구가 됐다. 이 곡은 1942년에 개봉된 유명한 영화 「카사블랑카(Casablanca)」에도 등장해 제2차 세계대전 중 프랑스 레지스탕스의 투혼을 상징했으며, 1967년 31개국 4억 명이 시청한 최초의 세계 실황중계 텔레비전 방송인 「우리의 세계(Our World)」에서 비틀스가 노래한 「우리에게 필요한 것은 사랑뿐(All You Need is Love)」의 도입부에도 삽입되어 울려퍼졌다.

「라 마르세예즈」에 직접적인 반응을 보인 프란츠 요제프 하이든(Franz Joseph Haydn)은 1797년 오스트리아의 국가를 작곡했는데, 그 곡조가 너무 훌륭해 독일 도시국가들이 하나의 국가로 통일됐을 때 「독일, 최고의 독일(Deutschland, Deutschland über Alles)」이라는 제목의 국가로 채택됐다.

미국에서는 「성조기(星條旗, The Star-Spangled Banner)」(직역하면 '별이 번쩍번쩍 수놓인 깃발'이며, 흔히 '성조기여 영원하라'라고 잘못 번역하는데 사실 이 제목(Stars and Stripes Forever)에 해당하는 행진곡은 따로 있다. 옮긴이)가 1931년에 공식 국가가 됐다. 이 곡은 19세기 법률가이자 시인인 프랜시스 스콧 키(Francis Scott Key)의 선동적인 가사에, 존 스태퍼드 스미스(John Stafford Smith)가 지은 영국의 통속적인 술자리 노래 「천국의 아나크레온에게(To Anacreon in Heaven)」의 곡조가 합쳐진 것이다. 영국 국가 「하느님 여왕을 보우하소서(God Save the Queen)」는 선율이 단조로워 수백만 명이 쉽게 부를 수 있는 반면, 미국 국가의 선율은 음이 너무 높아 제대로 부를 수 있는 사람이 별로 없다. 많은 스포츠 행사 개막식에서 노래하는 아마추어 독창 가수들도 부르기 어렵기는 마찬가지다.

● 국기

국민의식의 가장 대표적인 상징은 국기이다. 예를 들면 미국에서 국기에 대한 관념은 충성 선서(Oath of Allegiance, 이민자가 시민권을 획득할 때 암송하는 문구. 옮긴이)의 기초를 이루고 있다. '국기에 대한 맹세(Pledge of Allegiance)'는 다음과 같다.

"나는 미국 국기와 그것이 대표하는 공화국에, 하느님의 가호를 입어 분리될 수 없고 모두에게 자유와 정의를 베푸는 단일 국가에 충성을 맹세합니다."

전쟁이나 위기 시에 국민들은 '국기를 중심으로 결집하라'는 독려를 받는다. 스포츠 행사처럼 국가적으로 분위기가 고양되는 경우에도 국기는 뛰어난 기량을 대표하는 자랑스러운 상징이 된다.

국기는 국민들을 하나로 묶는 강력한 힘을 지녔지만, 반대로 그 힘의 영향을 받지 않는 사람들에게는 소외감과 '분열감'을 조장할 수 있다. 그런 상징들은 한편으로는 단순한 국가 정체성의 표현이면서 수용 가능한 애국심의 시각적 형상에 지나지 않을 수 있지만, 다른 한편으로는 나치의 '만(卍)자 십자(swastika)'의 예에서 명확히 알 수 있듯이 위험한 이데올로기 정책이나 정권 선전의 강력한 무기로 악용될 수도 있다.

국가가 탄생할 때 국기 선택은 매우 중요한 일이 됐다. 독립 당시의 인도를 보면 특히 잘 알 수 있다. 1947년에 독립하기 전까지는 식민지 지배자였던 영국이 제정한 것 외에는 국기나 여타 국가 상징들이 없었으므로, 아(亞)대륙 인도에서는 독립 투쟁에 이용된 호랑이 상징이 이따금씩 차용됐다. 1921년 집권파인 인도국민회의(Indian National Congress)에 국기 제정을 처음 제안한 마하트마 간디(Mahatma Gandhi)는 다음과 같이 말했다고 한다.

"인도가 모국(母國)인 힌두교도, 회교도, 기독교도, 유대교도, 파시교도를 비롯한 우리 모든 인도인들이 생사를 다짐할 공통의 국기를 제정할 필요가 있습니다."

독립에 즈음한 1947년 7월 22일 그러한 국기가 채택됐고, 그것은 특별한 의미를 지닌 요소들로 구성됐다. 주황색(사프란), 흰색, 초록색의 긴 직사각형이 순서대로 놓인 삼색기의 중앙에 24개의 바퀴살로 이루어진 군청색의 아소카 차크라(Ashoka Chakra)가 자리하고 있다. 주황색은 용

25b

25a-b 인도의 상징물. 제2차 세계 대전 소책자에 실린 위⒜의 그림에서 인도는 연합국을 돕는 용맹스런 호랑이가 되어 독일과 일본의 국기를 짓밟고 있다. 아래⒝는 독립 후 처음으로(1947. 11. 21) 발행한 우표로 새로운 국기를 기념하고 있다. '영국 왕 겸 인도 황제'의 얼굴이 사라진 자리를, 새로운 정체성을 나타내는 원형의 아소카 차크라가 중앙에 위치한 주황색과 흰색, 초록색의 삼색기가 대신하고 있다.

26 제2차 세계대전 당시의 애국적 미국 포스터. 일본의 진주만 습격 후 미국 국민들이 느낀 분노를 행동으로 연결시키기 위해 미국 정부는 가장 인상적인 선전 포스터 중 하나로 꼽히는 이 포스터를 제작했다. 이 포스터는 미국 국민들이 '12월 7일을 기억하도록' 링컨의 게티즈버그 연설에 나오는 결의의 표현을 사용해 미국 국민들의 의지를 결집시키고 있다. 불타는 검은 연기로 뒤덮인 하늘을 배경으로 휘날리는 찢겨진 성조기의 강렬한 이미지는 미국 국민들의 마음을 완전히 사로잡았다.

. . . we here highly resolve that these dead shall not have died in vain . . .
REMEMBER DEC. 7th!

27 아폴로 11호(1969) 임무 수행 중 미국 국기에 경례하는 우주비행사 버즈 올드린(Buzz Aldrin). 달 착륙은 과학, 공학, 인간 인내력에서 뛰어난 업적을 달성했을 뿐 아니라, 소련과의 우주 경쟁에서 미국의 우위를 확인시켜 주었다. 연속 5번의 성공적인 달 착륙에서 업적 달성에 대한 국가적 자긍심의 상징적 표현으로 이와 같이 성조기를 달 표면에 꽂았다.

28 소련 포스터 '모든 땅에 자유의 깃발을 펼치자'(1921). 볼셰비키 러시아의 적기(赤旗)가 새로운 추종자와 그들의 충성을 이끌어내는 상징 혹은 숭배 대상으로 묘사되어 있다. 이 포스터는 이듬해인 1922년에 공식적으로 건국이 선포된 '소련'의 일부로 편입된 중앙아시아 지역의 회교도들을 대상으로 하고 있다.

기와 희생을, 흰색은 진리와 평화와 순수를, 그리고 초록색은 번영을 나타낸다. 아소카 차크라는 국가의 영원한 발전과 24가지 삶의 미덕을 의미한다. 인도의 국부인 초대 총리 자와할랄 네루(Jawaharlal Nehru)는 이 국기에 대해 "우리의 자유뿐 아니라 만인의 자유를 대표하는 상징'이라고 말했다.

역사적으로 국기는 군기에서 비롯됐으며, 적군과 아군을 식별하고 군인과 민간인을 구분하기 위해 군복에 부착하는 야전용 표식으로 사용됐다. 전쟁과 상관없이 국적을 나타내기 위해 국기를 게양하는 관례는 17세기 초반에 선박의 등록 국가를 나타내기 위해 선박에 국기를 매단 것에서 시작됐다. 서양에서는 18세기 후반 민족주의 정서가 부상함에 따라 국기의 위상에 변화가 와서 시민 활동 영역에서도 등장 빈도가 높아졌다. 미국 국기인 성조기(Stars and Stripes)는 원래 1777년 해군기로 채택됐는데, 독립전쟁 후에는

새로워진 미국의 포괄적 상징으로 등장하기 시작했다. 성조기는 미국 안팎에서 미국과 미국적 가치에 대한 매우 강력한 상징이 됐다. 성조기는 전시에도, 평시에도 효과적으로 이용됐다. 1941년의 진주만 공습이나 9·11 테러 공격 같은 재난이 발생할 때마다 국민을 결속시켰고, 미국의 성취를 보여주는 데에도 활용됐다. 아폴로 11호의 우주 비행을 시작으로 달에 성공적으로 착륙할 때마다 미국 우주인들은 달 표면에 성조기를 반드시 꽂아야 한다고 느꼈다. 한편 미국과 미국의 정책에 반대하는 외국인들이나 미국 내의 반대자들에게는 성조기를 불태우는 행위가 분노를 상징적으로 표현하는 흔한 방법이 됐다. 실제로 미국을 비롯한 여러 국가들은 시민들이 국기를 모독하지 못하도록 하는 법률을 제정하기도 했다.

미국의 예에서 보듯, 국기에 대한 국가주의 선전의 공통 목표는 국기를 널리 노출시켜서 국민들이 '국기'에 애착을 느끼게 만들고, 기념 축제와 국가 장례식 그리고 군대 열병식 같은 엄숙한 의식이나 축하 의식 모두에 사용케 하는 것이다. 그런데 시대와 장소에 따라 이러한 '국기 숭배'는 지나치게 강화되거나 도를 넘기도 했다. 이를테면 나치 독일과 소련 그리고 김일성의 북한이 그러했다. 이런 예들을 보면 국기에 대한 '애착심'과의 상관관계를 생각하게 되는데, 여기에는 국기에 대한 애착심이 없는 사람들을 암묵적으로 배척한다는 의미가 담겨 있다.

● 국가 기념물

기념비와 조각상 그리고 기념 건축물은 고대부터 위대한 승리나 발견을 축하하기 위해, 위인들의 삶을 기리기 위해, 혹은 엄청난 역경이나 슬픔 또는 손실의 순간을 기념하기 위해 국가 역사 의식과 애국적 자긍심을 고취하는 데 사용되어 왔다. 실제로 기념비는 폭넓은 메시지를 전달할 수 있는 매우 중요한 선전 수단이다. 그런데 놀랍게도 그 본질적 구조와 기능은 수십 세기 동안 거의 변하지 않았다.

고대 이집트 문명과 아시리아 문명에서도 기념비가 만들어졌으며, 그 특성들은 다른 초기 문명들의 기념비에서도 찾아볼 수 있다. 로마인들은 전투를 묘사하고 위대한 승리를 축하하기 위해 열정적으로 기념 건축물을 세웠다. 원주(圓柱, column)는 전쟁 무용담을 들려주는 데 적합한 수단이었다. 일부 원주들은 현재까지 남아 있는데, 그중 가장 주목할 만한 것은 로마 황제 트라야누스(Marcus Ulpius Trajanus)의 승리를 기념하기 위해 2세기에 건립된 로마의 '트라야누스 원주'이다. 로마인들은 중요한 사건을 기리기 위해 '아치'와 '문'도 건립했다. 그들은 '원주'처럼 개선문도 황제나 장군들의 업적을 기리기 위해 서

29 **29** 트라야누스 황제의 다키아 전쟁(서기 101~2년과 105~6년) 승리를 기리기 위해 로마에 건립된 거대한 대리석 트라야누스 원주. 113년에 완공된 이 원주는 군인과 전쟁 물자로 가득한 서사적 부조가 30미터 높이까지 전체를 휘감고 있다. 트라야누스 원주의 양식은 고대와 현대의 수많은 승리를 기념하는 원주의 전형이 됐다.

30 지도자에 대한 존경의 표시. 북한 주민들이 영원한 지도자로 추앙받는 북한 정권의 설립자 김일성의 동상에 절하고 있다. 북한에는 500개가 넘는 김일성 동상이 있는데, 이는 김일성의 장기 집권(1948~94)에 대한 증표일 뿐 아니라 현대사에서 가장 집요하게 구축된 개인숭배를 보여주는 것이기도 하다.

31 1961년 4월 12일 우주선 보스토크 호를 타고 지구 궤도를 도는 비행에 성공함으로써 인류 최초로 우주를 여행한 유리 가가린(Yuri Gagarin)의 성취를 기리는 소련의 풍자 잡지 《크로코딜(Krokodil)》의 표지. 소련 사회의 모든 계층이 유리 가가린의 성취를 축하하는 모습을 그렸다.

제2차 세계대전이 끝난 후에도 소련, 중국, 북한 같은 일부 공산주의 국가들은 노동자, 농민, 군인의 인물상이나 무기에 둘러싸인 대형 기념물을 포함한 공공 장소 조각물에 강하게 집착했다. 소련은 지도자와 노동자를 비롯한 혁명 영웅들의 조각상을 건립하는 데 유난히 열의를 보였다. 1930년대 전체주의 국가들도 국가 역사를 유리한 대로 끌어다 갖다붙이고, 필요에 따라서는 역사를 신화화하거나 조작하면서, 기념비를 특정한 이념을 주입하고 전파하는 도구로 이용했다. 더 최근을 보면, 사담 후세인이 지배하는 이라크에는 기념비가 도처에 즐비했었다. 사담 후세인의 거대한 동상이 파괴되는 장면은 텔레비전 생방송을 통해 전 세계에 중계됐고, 이는 2003년 이라크 전쟁에서 미국이 승리했음을 명확히 각인시키는 이미지가 됐다(6장 참고). 이처럼 기념물을 쓰러뜨리는 이미지들은 1990년대 초 소비에트 블록(Soviet Bloc, 소련과 주변의 공산주의 동맹국들)에서 공산주의 권력의 붕괴를 명백히 보여주기도 했다.

■ 국가적 성취를 이용하는 선전

성취에 대한 이야기는 개인 차원이나 조직 차원에서 사기를 진작하고 유지하는 데 중요할 뿐 아니라, 국가 정통성을 지속하는 데에도 매우 중요하다. 이것은 국제적 지지를 이끌어내는 데 도움이 될뿐더러, 반대로 다른 성취 부진 국가들에 대한 우월성을 확립하는 데도 기여한다. 그래서 많은 국가들이 이러한 목적에 맞는 자기네 성취를 이용해 이야기하려 노력한다. 고로 성취에 관한 발표와 성취 기념은 국가 선전의 가장 일반적인 형태에 속하며, 분쟁과 고난의 시기에는 특히 긴급하게 진행된다.

냉전 중에는 과학 혁신과 기술 진보가 미국과 소련이라는 두 초강대국의 힘과 번영을 나타내는 상징적 지표로 받아들여졌는데, 특히 우주 공학 분야에서 가장 두드러졌다. 소련이 1957년 최초의 인공위성 스푸트니크(Sputnik)를 발사했을 때, 미국이 세계 제일의 기술 초강대국이라는 생각이 산산조각 나면서 미국은 엄청난 충격에 빠졌다. 이로 인해 미국은 이제 막 시작된 우주 경쟁에 더욱더 박차를 가하게 됐고, 이 경쟁은 미국이 1969년 달 착륙에 성공함으로써 절정에 이르렀다.

자국의 성취를 자랑하고 경쟁국들을 압도하고 싶어 하는 국가들에게는 국제 행사가 절호의 선전 기회다. 현대에 들어서는 특히 두 종류의 국제 행사가 주목을 받아왔다. 냉전 중에 올림픽 경기는 자국 시청자들은 물론이고 냉전 동맹국과 중립국들에게 초강대국의 힘을 과시하는 데 스포츠 기량을 이용할 수 있는 거의 의례적인 무대였다. 그리고 무역을 활성화하고 기술 혁신을 보여주기 위한 국제 박람회들 또한 다양한 분야에서 국가적 성취를 과시할 수 있는 기회이다.

● 국제 박람회와 전시회

1851년 런던에서 열린 만국박람회(Great Exhibition)가 성공을 거둔 이래, 국제 박람회와 전시회는 무역 영향력, 산업, 예술, 지식을 과시하여 국가의 자긍심과 성취를 널리 알리는 중요한 계기가 되어 왔다. 그래서 이것들은 역사적 사건

THE
EMPIRE
IS YOUR
GARDEN
EMPIRE
VITAMINS!
MORE
FRUIT!
HOME
APPLES
GROWN
AT
HOME!
S.AFRICAN
ENGLISH
T.3 ISSUED BY THE EMPIRE MARKETING BOARD.

32 대영제국 내에서 생산된 여러 가지 농산품을 파는 식료품 가게를 보여주는 대영제국 마케팅 위원회의 전형적인 포스터(H. S. 윌리엄슨 제작, 1928). 확장된 제국의 경제 시장이 갖는 잠재적인 군사적 이점에 대해 특별히 언급하지는 않았지만, 포스터는 가게의 창문에 적힌 "제국은 당신의 정원입니다"라는 주장에 요약된 것처럼 모두를 위한 평화로운 조화와 풍요의 이미지로 가득 채워져 있다.

34 쾰른 국제인쇄박람회에 출품된 소련 전시물들의 이미지로 구성한 콜라주(1928). 참가국들은 혁신적인 그래픽 디자인과 대중매체 출력물들을 선전하기 위해 박람회장 내에 전시관을 세웠다. 엘 리시츠키(El Lissitzky)의 러시아 전시관은 포토몽타주와 영화, 플렉시 유리와 셀로판 같은 새로운 건축 자재를 선보이며 역동적이고 획기적인 볼거리를 제공했을 뿐 아니라 스탈린 정권을 선전하는 효과도 누렸다.

부의 지원을 받아 모스크바에서 열린 미국전(American National Exhibition)에서 미국 부통령 리처드 닉슨(Richard Nixon)과 러시아 서기장 니키타 흐루쇼프(Nikita Khrushchev)는 오명으로 남은 '부엌 논쟁(kitchen debate)'에 휘말리게 됐는데, 두 지도자는 미국 부엌 모형 안에서 각자 자국의 정치 체제와 경제 체제의 우수성에 대해 자랑했다. 미국의 아이젠하워 행정부는 이 전시회를 문화 외교의 형식을 빌려 소련의 생활방식을 비판하는 중요한 선전 도구로 생각했다. 반면에 소련 정권은 이 행사를 우주 경쟁에서의 우위를 과시하는 기회로 삼고자 했다. 소련의 뉴스 통신사인 타스(Tass)는 미국의 전시물에 대해 "이것을 미국 노동자의 전형적인 집이라고 보여주는 것은 말하자면 타지마할을 봄베이 직물 노동자의 전형적인 집이라고 보여주는 것이나 다름없다"고 논평한 것으로 유명하다. 이것은 한 세기 전 만국박람회를 처음 선전할 때 내걸었던 숭고한 이상과는 아주 큰 차이가 있다.

● 올림픽 경기

전쟁과 마찬가지로 국제적 스포츠도 언제나 국가주의 정서를 고양시킨다. 특히 올림픽 경기는 다른 어떤 행사보다 많은 나라들을 서로 대결하게 만든다. 근대 올림픽 경기는 대중오락, 특히 대중 스포츠 문화의 등장과 함께 시작됐는데,

그와 더불어 대중 정서가 표현되고 볼거리가 제공될 수 있는 공공 장소와 건축물의 수도 늘어났다. 이는 향후 선전을 위한 기름진 토양이 됐다.

첫 근대 올림픽 경기는 1896년 그리스 아테네에서 열렸다. 이는 대부분 프랑스의 피에르 드 쿠베르탱(Pierre do Coubertin) 남작의 생각을 따른 것인데, 그는 확실히 마음속에 정치적 의도를 가지고 있었다. 그는 고대 올림픽을 부활시키면 스포츠 친선 경기를 통해 국가 간의 평화를 증진할 수 있다고 보았다. 그의 생각에는 여러 가지 19세기 이상이 합쳐져 있었다. 그중 대표적인 것은 국가 간의 자유롭고 격의 없는 대화가 세계 전역에 평화, 행복 그리고 진보를 가져오리라는 희망찬 자유주의 신념과, '기독교 신사'들은 건강한 육체를 갖기 위해 노력해야 한다는 '강건한' 독실함이라는 개념을 전파하면서 성장한 '강건한 기독교주의(Muscular Christianity)'이다. 그리하여 올림픽 경기는 당시 서구 세계의 지배적 이상들이 반영된 상징적 의미로 가득 채워졌다.

초기 몇 회의 올림픽 경기는 모양새가 상당히 어중간했다. 참가 선수들이 명목상으로는 국가 대표팀에 속하긴 했지만, 오늘날보다는 선수 개인 차원의 활동과 경쟁으로 인식됐다. 1908년 런던 올림픽에 이르러서야 비로소 국가 대표팀이라는 개념이 구체화됐다. 이제 올림픽 경기는 중요한 선전의 무대가 됐고, 각국이 자기네 장점을 부각시키려고 경쟁하는 바람에 더욱 심하게 정치화됐다. 국제올림픽위원회(International Olympic Committee: IOC)와 국가별 올림픽위원회는 항상 스포츠와 정치의 결탁을 부인해 왔으나, 사실 이 둘이 서로 상관없다고 보기란 어렵다.

전 세계에 걸쳐 '일반청중'을 만들어내는 텔레비전 위성 통신의 영향으로 올림픽의 정치력과 선전 능력은 더욱 강해졌다.

1920년 올림픽 경기는 앤트워프에서 열려 벨기에가 제1차 세계대전의 폐허로부터 회복됐음을 알렸다. 그러나 전쟁의 후유증이 여전히 강하게 남아 있어서 국제올림픽위원회는 전쟁의 주축국들이었던 독일, 오스트리아, 헝가리, 불가리아의 참가를 금지시켰다. 그러나 독일은 1928년 암스테르담 올림픽에서 복귀했다. 제2차 세계대전 후에 국제 정치와 올림픽은 더욱 긴밀히 연결됐다. 1964년 올림픽 경기는 도쿄에서 열렸는데, 이를 통해 일본은 국가 재건을 알렸고 전 세계에 일본의 경제 기적을 보여주었다. 또한 이 해에는 남아프리카공화국이 인종차별법 때문에 올림픽 출전이 금지되기도 했다. 이어서 1968년 멕시코, 1972년 뮌헨에서 열린 올림픽 경기 역시 공개적인 선전의 장으로 이용됐다.

아마 현대에 들어 가장 공개적으로 정치적이고 선전적이었던 올림픽은 1936년 베를린에서 열린 경기일 것이다. 나치 정권은 올림픽 경기가 나치의 인종 이론을 훌륭하게 증명할 기회라는 확신 아래 올림픽에 막대한 투자를 했다. 선전 능력을 극대화하기 위해 철저하게 연출된 베를린 올림픽은 중요한 혁신을 가져왔다. 베를린 올림픽 개최를 주도한 행정가이자 체육학자인 카를 딤(Carl Diem) 박사는 올림픽 성화를 그리스 올림포스 산에서 직접 채화해 가져오는 방식을 생각해냈다. 그래서 1936년 7월 고대 올림피아 여사제의 복장을 연상시키는 짧은 튜닉을 입은 15명의 그리스 처녀들이 새벽에 올림포스 산근처의 평원에 모였다. 오목 거울에 반사된 새벽 광선이 성화에 불을 붙였고, 이후 성화는 주자들에게 전달되어 베를린까지 운반됐다. 이러한 형상화를 통해 나치 독일은 자기네가 서구 이상의 수호자이자 새로운 문명의 발원지로서 고대 그리스를 계승하고 있다고 주장했다. 레니 리펜슈탈의 유명한 다큐멘터리 「올림피아(Olympia)」(1938)는 베를린 올림픽 경기에 선전 효과를 배가했다. 오늘날 베를린 올림픽은 4개의 금메달을 획득해 거의 혼자서 나치의 인종적 오만함을 납작하게 만든 미국 흑인 육상선수 제시 오언스(Jesse Owens)의 활약으로 잘 기억되고 있다.

소련이 1952년 헬싱키 올림픽부터 참가하긴 했지만, 1945년부터 올림픽은 이미 치졸한 냉전의 경연장으로 변해 있었다. 때때로 올림픽의 유일한 목적은 '미국이 소비에트 블록에 대항하는 것'으로 여겨지기도 했으며, 매체들의 관심도 대부분 이런 측면에 맞춰졌다. 1956년 멜버른 올림픽 경기는 소련의 헝가리 침공의 영향을 크게 받았는데, 이 침공 때문에 네덜란드, 스페인, 스위스의 대표팀이 참가를 거부하여 현대 올림픽 역사에서 첫 번째 거부 운동으로 기록됐다.

멕시코시티에서 열린 1968년 올림픽은 미국 내 인종차별 문제를 알리기 위해 미국 흑인 선수 토미 스미스(Tommie Smith)와 존 칼로스(John Carlos)가 메달 수여식에서 행한 블랙 파워(Black Power, 흑인 인권 운동) 경례가 인상적이었다. 국기를 향해 몸을 돌려 미국 국가 「성조기」가 울려퍼지는 순간 그들은 검은 장갑을 낀 주먹을 하늘을 향해 치켜들었고, 국가가 끝날 때까지 그대로 있었다. 두 사람뿐만 아니라 은메달 수상자인 오스트레일리아 선수 피터 노먼(Peter Norman)도 상의에 인권 배지를 달고 있었다. 논란을 불러일으킨 이 행동은 현대 올림픽 역사에서 가장 명백한 정치적 표현 중 하나였으며, 많은 사람들은 이것을 미국과 올림픽 정신에 대한 배신행위라고 생각했다. 이에 대해 국제올림픽위원회는 공식 웹사이트에 여러 의미로 해석할 수 있는 평이한 논평을 실어 놓았다.

"이 미국 흑인 선수들은 메달을 획득한 것에 더불어 인종차별에 대한 항의의 행동으로도 그 이름을 남겼다."

1968년에 가장 명백한 정치 행위가 일어났다면, 4년 후 뮌헨 올림픽 경기에서는 가장 비극적인 일이 발생했다. 1972년 팔레스타인 테러리스트들이 이스라엘 선수들을 살해하고 납치했다. 범인들의 납치 과정과 경찰의 서투른 구출 작전 중에 9명의 이스라엘 선수가 목숨을 잃었다. 소련의 아프가니스탄 침공에 대응해 미국이 모스크바 올림픽 참가를 거부한 1980년에는 냉전의 긴장이 최고조에 이르렀다. 서독, 일본, 중국, 그리고 캐나다를 비롯한 63개국이 참가하지 않았다. 그래서 많은 나라들이 개막식에서 국기 대신 올림픽기를 사용하고, 메달 수여식에서 국가 대신 올림픽 찬가를 틀어 올림픽의 이상을 선전적으로 표현했다.

1984년에는 소비에트 블록의 상당수 국가들이 로스앤젤레스 올림픽 참가를 거부함으로써 이에 맞대응했다. 이 올림픽은 미국적인 생활양식에 대한 요란한 선전과 홍보 일색이었다. 그래서 특히 많은 유럽 국가들은 미국의 신문과 방송이 다른 나라들의 참가에 거의 주목하지 않는다

35 1968년 멕시코 올림픽 시상대에서 국가적 자긍심을 나타내는 통상적인 올림픽 예의에 어긋나는 흑인 인권 운동 방식의 경례를 한 미국 흑인 운동선수 토미 스미스와 존 칼로스. 이 경례는 올림픽 역사상 운동선수 개인에 의해 행해진 가장 노골적인 정치적 표현 중 하나이다.

36 냉전 시대의 정치적 결속. 소련의 아프가니스탄 침공에 대한 항의의 표시로 미국을 필두로 한 여러 국가들이 참가를 거부하자, 독일민주공화국(공산주의 동독)이 모스크바 올림픽을 지지하는 영문 출판물을 발행했다.

We Greet the Olympic City of Moscow and its Guests

Manfred Ewald,
President of the German Sports and Gymnastics Union and of the National Olympic Committee of the German Democratic Republic

The flame for the Games of the XXIInd Olympiad of modern times is now burning in Moscow, the capital of the USSR.
This traditional symbol of peace and of the world-embracing Olympic idea calls on the best athletes from throughout the world to vie with each other in peaceful and fair competition. These XXIInd Olympic Games will go down in the annals of the Olympic movement, because it is the first time that the capital of a socialist country plays host to this greatest sports event in the world.
Since it first participated at Olympic Games, the Soviet Union has contributed much to developing the Olympic movement by its striving for detente and peace and by the outstanding performances of its athletes. The noble humanitarian aims of the Olympic movement—to foster peace, understanding, mutual respect and recognition, equality and friendship between the people and nations—is also at the root of the consistent peace policy pursued by the CPSU, the government and the people of the USSR.
It is the aim being pursued when physical culture and sport are developed, in the Soviet Union as much as in all the socialist countries, for the benefit of the whole population.
Therefore, we strongly oppose the dangerous attacks launched by the US Carter Administration in cooperation with the governments of several other countries against the foundations of the International Olympic movement and the Olympic Games. We express our sympathy with all men and women athletes in those countries who wanted to take part in the Moscow Olympics, but were barred from doing so under political pressure from their governments.
We, the members of the GDR Olympic team, as the representatives of the first socialist German state and millions of sports enthusiasts in this country, want do develop and expand friendly contacts with peaceloving athletes the world over.

The participants at the VI. Sports and Gymnastic Festival of the GDR in Leipzig in 1977 formed this living picture in honour of the Olympic city of Moscow in 1980.

It is our deep desire in this way to contribute to the safeguarding of peace and the promotion of the Olympic movement.
As in the other participating countries, athletes in the GDR have prepared well for the Olympic events. In fair competition with the world's sporting elite they will contend for victories and medals and do their utmost to represent their socialist homeland well through good sports performances. Good conditions exist for that in the Soviet capital and at all the Olympic venues.
Our Soviet friends have done all they could to ensure the success of the competitions and a pleasant stay in a truly Olympic atmosphere for all the athletes and tourists. We thank them sincerely for this.
In this spirit we greet everyone involved in the work, from the organisers to all working people in Moscow and throughout the fraternal Soviet Union.
We greet the Olympic teams from throughout the world, wishing the Olympic Games success for the benefit of the Olympic movement.
We are certain that the 1980 Olympic Games in Moscow will be a triumph for sport, promote international friendship and decisively contribute to the worldwide striving for detente, understanding and peace.

고 비판했다. 올림픽을 후원한 기업들이 크게 부각된 이 올림픽은 전체적으로 레이건 시대의 자신감 넘치는 자본주의와 애국심의 승리처럼 보였다. 냉전 분위기는 1988년 한국에서 다음 올림픽이 열렸을 때에도 수그러들지 않았다. 대부분의 공산권 국가들이 참가하긴 했지만 그 국가들 중 상당수는 한국을 국가로 인정하지 않았다. 서울 올림픽은 1964년 도쿄 올림픽의 성공을 재현하고자 했으나, 사실상 결과적으로는 민주화 활동가들이 시위를 벌여 언론의 관심을 이용했기 때문에 오히려 멕시코 올림픽과 공통점이 많았다.

2000년 9월 새 천 년을 맞은 올림픽 경기가 시드니에서 열렸다. 이 올림픽은 환태평양 지역이 세계 경제에서 지니는 중요성을 부각시켰고, 오스트레일리아는 이 기회를 이용해 새로운 다문화 이미지를 널리 알렸다. 국제올림픽위원회는 2004년 올림픽 개최지를 경쟁 없이 아테네로 정했고, 2001년에는 투표를 거쳐 2008년 올림픽을 베이징에서 열기로 했다. 올림픽 개최를 통해 중국 정부는 선전에서 대대적인 성공을 거두었지만, 중국 내 인권 문제와 관련하여 엄청난 비난을 받기도 했다.

화려한 개막식과 폐막식 때문에 올림픽 개최 비용은 지속적으로 상승했다. 특히 개막식은 주최국의 역사적, 정치적, 문화적 성취를 선전할 좋은 기회인 데다, 다음 개최국이 이전 개최국보다 더 깊은 인상을 남기려 했기 때문에 개막식 공연은 대체로 그 규모가 더욱 커지고, 화려해지고, 복잡해졌다. 매스 게임이 펼쳐진 베이징 올림픽 개막식 행사는 1억 달러가 든 것으로

알려졌는데, 전 세계에서 1억 명이 시청한 것으로 추산됐다. 런던은 순수하게 규모만으로는 베이징과 경쟁할 수 없었기 때문에, 대신 영화감독 대니 보일(Danny Boyle)이 제작한 「경이로운 영국(Isles of Wonder)」(Isles는 영국 제도(British Isles)를 의미함. 옮긴이)이라는 제목의 기발한 서사적 멀티미디어 쇼로 2012년 올림픽의 막을 열었다. 영국 언론들에 "영국에 부치는 연애편지"로, 한 신문에는 "눈부시고, 숨 막히고, 아찔하고, 완전히 영국적"으로 소개된 개막식은 활기차고, 유머러스하고, 독특하게 개최국의 역사와 예술과 문화를 찬양했다.

■ 지도자 선전

20세기 들어 국가 지도자에 대한 개인숭배는 그 자체로는 새로운 현상이 아니었다. 하지만 공산주의 및 파시스트 국가들의 등장과 함께 대중 매체가 출현함으로써 개인숭배는 정권에 정당성을 부여하는 중요한 수단이 됐다. 급진적 사상에 따라 국가를 바꾸고 변형시키고자 하는 독재자들은 모두가 자신을 이상화하고 영웅화한 대중적 이미지를 창조하기 위해 대중매체와 선전을 이용했다. 지도력에 대한 이러한 접근 방식을 사회학자 막스 베버(Max Weber)는 "카리스마적 권위(charismatic authority)"라고 정의했다. 정치 지도력에 대한 일반 수준의 신뢰를 넘어서는 '지도자 숭배'는 좌우를 막론하고 독재 정부의 여론 조작을 이해하는 데 가장 중요한 요소이며, 독재자들의 선전을 모두 아우르는 가장 핵심적인 주제이기도 하다.

확실히 선전은 모든 지도자상(leader-figure)을 부각시키는 데 중요한 역할을 한다. 일반적으로 독재 정부의 맨 꼭대기에는 국가의 의지와 열망을 구현한 카리스마적 지도자가 자리한다. 기자 출신인 이탈리아의 베니토 무솔리니(Benito Mussolini)는 자신의 추종자들에게 소속감을 심어주는 데 있어 열정적인 발코니 연설과 함께 제복, 국기, 행진 같은 준(準)군사적인 과시 도구의 활용과 선전이 얼마나 중요한지 인식한 최초의 파시스트 독재자였다. 그가 권좌에 있을 때 이탈리아의 선전에서는 그를 무한한 권능을 지닌 전지전능한 초인, 즉 '일 두체(Il Duce, '지도자' 또는 '수령'을 의미함)'로 묘사했다. 무솔리니는 그런 역할의 중요성을 잘 알고 있었으므로 그 이미지에 맞게 행동했다. 그는 19세기 후반에 부상한 이탈리아 자유주의를 무기력한 것으로 치부하며 경멸했다. 대신 고대 로마의 영광을 열망했다. 일련의 열정적인 연설을 통해 그는 국민들에게 로마 황제들의 영광스러운 전통을 영속시킬 수 있는 '제3의 로마제국'이 가능하다고 역설했다.

또 이탈리아 파시즘은 청년 운동이어야 한다고 주장하면서, 연령대별로 다양한 조직을 만들었다. 파시스트들이 이탈리아에서 정권을 잡았을 때, 그들은 즉시 세계 문제에 대한 이탈리아의 역할과 강력한 지도력, 규율과 희생의 필요성을 강조하며, 일반 학교와 대학의 교육 과정을 개혁했다. 당시의 유명한 선전 포스터들 중 하나에는 파시스트 군복 같은 옷을 차려입은 무솔리니가 그려져 있다. 그의 과장된 자세는 수많은 뉴스영화와 사진 그리고 국가적 집회에 등장했다. 턱과 배를 내밀고 팔을 뻗어 위로는 하늘의 권능을, 아래로는 국민의 복종을 요청하는 이 모습은 "믿자, 복종하자, 싸우자"라는 포스터 구호에 잘 요약되어 있다.

1933년 아돌프 히틀러가 권좌에 올랐을 때, 그는 독일 국민들에게 나치 제국은 천 년 동안 건재할 거라고 장담했다. 당시의 한 선전 구호는 독일이 '깨어날' 것을 촉구했다("독일이여 깨어나라!(Deutschland Erwache!)"). 나치의 국가사회주의는 싸울 적이 필요한 만큼 영웅도 필요했다. 영웅적 지도자라는 구상에 맞추기 위해 나치는 19세기 낭만주의의 (인종주의에 입각한) 민족주의(völkisch) 이론과, '일 두체'와 유사하게 국가의 운명을 구현하고 이끄는 초월적인 인물에 초점을 맞춘 '지도자 원리(Führerprinzip)' 개념에 매달렸다. '지도자 원리'에서는, '민족 국가(Volkstaat)'를 실현할 의지와 힘을 가진 매우 특별한 품성과, 특권층이 독점하는 낡은 계급 사회를 쳐부수고 그것을 인종적으로 순수하고 사회적으로 조화로운 '민족 공동체(Volksgemeinschaft)'로 바꿀 단호하고 역동적이고 급진적인 운명적 인간을 필요로 했다. 그래서 히틀러의 종신 절대 권력은 수상이나 원수 같은 헌법적 지위에 의해서가 아니라, 독일 '민족'(국가가 아닌 인종적으로 결정된 독립체)의 '지도자'라는 카리스마적 개념에 의해 정당화됐다. 민족 염원의 지휘자인 히틀러의 권위는 헌법적 한계를 넘어섰다. 곧이어 '안녕하세요!(Guten Tag!)'라는 전통적인 인사말을 '히틀러 만세!(Heil Hitler!)'라는 인사말로 대체하는 법이 제정됐다. 어른들은 새로운 찬양의 인사말로 서로에게 인사하게 됐고, 아이들은 학교에서 매 수업이 시작될 때마다 새 인사말을 사

37

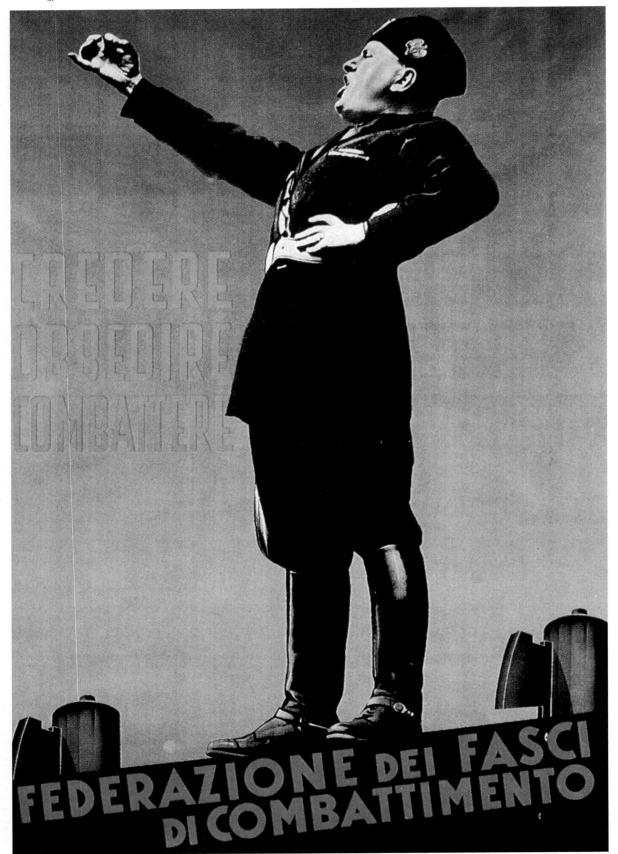

용했다. 이렇게 인사를 할 때는 오른팔을 절도 있게 뻗어 올리는 경례도 함께 했다.

독일 국민들은 과거의 무력한 바이마르 공화국과 1919년 베르사유 조약의 굴욕적 조항들을 국가적 수치로 생각했다. 1934년 뉘른베르크에서 열린 나치당 전당대회를 바탕으로 1935년 레니 리펜슈탈이 제작한 다큐멘터리 영화 「의지의 승리」는 그런 독일 국민들에게 강력한 현대 지도자의 이미지를 보여주었다. 그녀는 히틀러를 혼자서 국가를 재건하고 독일의 영토권을 굳게 지켜낸 천재적 정치인으로 그려냈다. 나치당 전당대회에서는 국가 통합의 인상을 주기 위해 마련된 극적인 행사가 연출됐다.

모든 국민이 쉽게 구입할 수 있는 저렴한 라디오를 통해 히틀러의 연설이 제국 전역에 일제히 방송될 때마다 반복적으로 '국가적 순간(Stunden der Nation)'을 연출한 것도 같은 목적 때문이었다. 그때마다 모든 독일인들은 국가 공동체 의식을 발휘해 일상생활을 중단했다. 이런 의례적인 행사에 참여해 히틀러의 웅변에 감명 받고 군중에 휩쓸린 개인들은 (선전장관 괴벨스의 유명한 표현에 따르면) "작은 벌레에서 큰 용의 일부로" 바뀌는 변화를 겪었다.

이탈리아의 파시즘처럼 나치의 국가사회주의도 위로부터의 권위와 아래로부터의 복종이 필요했다. 당시의 유명한 한 포스터에는, "하나의 국민, 하나의 국가, 하나의 지도자!(Ein Volk, Ein Reich, Ein Führer!')"라는 선전 구호 위로 르네상스식 자세를 취한 히틀러가 보인다. 다른 구호들로는 "제국을 이끄는 [히틀러의] 손", "청년들은 지도자를 섬긴다", "히틀러는 승리다" 등이 있다. 이렇게 지도자(총통) 신화를 만들어냄으로써 히틀러는 정권 내에서 가장 핵심적인 합법적 권력자가 됐으며, 그 결과 [신과 같은] 무류(無謬)의 후광을 갖게 됐다.

이오시프 스탈린이 소련 내에서 무류성을 구축하는 데에는 좀 더 오랜 시간이 걸렸다. 1924년 1월 레닌이 죽었을 때 모두들 레온 트로츠키가 지도자의 자리를 물려받을 것으로 믿었으나, 복잡한 권력 투쟁이 벌어지고 나서 1929년에 스탈린이 확실한 지도자로 떠올랐다. 그의 지도자 이미지 창조는 1904년 볼셰비키에 가입하고 나서 얼마 뒤 그의 그루지야어 본명 이오세프 주가슈빌리(loseb Jughashvili)를 '강철 인간'을 뜻하는 '스탈린'으로 바꾸었을 때부터 시작됐다고 볼 수 있다. 그리고 스탈린 숭배가 본격화된 것은 소련의 모든 도시에 그를 추앙하는 깃발, 초상화, 현수막, 풍선 등이 내걸리고, 급부상하는 "세계 프롤레타리아들의 지도자"에게 찬사가 바쳐진 1929년 12월 그의 50번째 생일이었다. 스탈린의 첫 번째 동상이 제작되면서 선전 구호도 "스탈린은 오늘의 레닌이다"와 "스탈린

37 1938년 포스터에서 특유의 과장된 자세를 취한 베니토 무솔리니. '일 두체(수령)' 무솔리니는 그의 양편에 보이는 막대기 묶음에 도끼를 동여맨 파시스트당의 상징물 사이에 서서 군복에 준하는 복장을 하고 군중들에게 연설하는 모습으로 그려졌다. 수많은 선전용 뉴스영화나 사진과 더불어 이러한 공식 포스터들은 파시스트들의 이미지를 형상화했다. 대중들에게 호소하는 내용이 "믿자, 복종하자, 싸우자'라는 이탈리아어 구호로 표현되어 있다.

38 히틀러를 숭배하는 아리아인 소녀들의 모습이 담긴, 하인리히 호프만(Heinrich Hoffmann)의 몽타주 사진집 『히틀러를 둘러싼 청소년(Jugend um Hitler)』의 표지(1934). 독일 청소년들은 '국가 공동체'라는 개념에 매우 수용적인 집단 중 하나임이 드러났다. 1933년 6월부터 모든 청소년 조직은 '히틀러 청소년단(Hitlerjugend)'과 '독일소녀동맹(Bund deutscher Mädel)'으로 대체됐다.

39 "하나의 국민, 하나의 국가, 하나의 지도자"라는 구호와 함께 그려진 히틀러의 초상화에서 지도자, 국민, 국가가 하나로 융합됐다. 총통 숭배를 고취하는 데는 히틀러를 그럴듯하게 묘사하는 일이 필수적이면서도 민감한 문제였다. 히틀러의 사진들은 정기적으로 발행해서 국민들이 날마다 지도자의 모습을 볼 수 있게 했다. 화가, 영화 제작자, 시인, 음악가들은 나치의 공식 예술 정책에 따라 총통의 업무, 분위기, 그의 천재성 같은 다양한 측면들을 나타낼 수 있게 히틀러를 보다 양식화된 방식으로 묘사할 것을 요구받았다.

은 강철 인간"으로 새롭게 바뀌었다.

스탈린주의 정책에는 '일국사회주의(一國社會主義, Socialism in One Country)' 육성, 신속한 산업화, 중앙집권적 국가, 농업의 집단화, 그리고 다른 공산 정당들의 이해관계를 소비에트 당에 종속시키는 것 등이 포함됐다. 스탈린은 소련이 다른 나라들에 비해 경제적으로 낙후됐기 때문에, 그리고 공산주의 안팎의 적들에 대항하기 위해 신속한 산업화가 필요하다고 주장했다. 산업 재편은 일련의 '5개년 계획'에서 가장 우선한 목표였다. 제1차 5개년 계획(1928~32)뿐만 아니라 소비재 생산이 증가한 제2차 5개년 계획(1933~37)도 마찬가지로 중공업에 주력했다. 생산 목표를 달성하고 초과하는 일은 더 나은 미래에 대한 약

속이라는 심리적 자극이 됐을 뿐만 아니라, 공산당 및 그 지도자와의 연대감을 보여주는 기회가 되기도 했다.

스탈린 정권의 성취를 칭송하는 선전은 소련의 근대화에 대한 열정과 자부심을 불어넣는 데 중요한 기능을 했다. 특히 포스터는 노동자들을 고무하는 데 중요한 역할을 했다. "일하고, 건설하고, 불평하지 말자", "생산 목표를 향해 돌진하자!", 혹은 목표를 초과 달성해 온갖 상을 받은 광부 알렉세이 스타하노프(Alexey Stakhanov)를 언급한 "스탈린 영웅 훈장 수상자들과 스타하노프 운동 상금 수상 노동자들이여 영원하라!" 등이 대표적이다.

예술에서는 정치적 필요에 따른 '사회주의

Ein Volk, ein Reich, ein Führer!

40

40 신화화된 스탈린. 여기에 젊은 시절의 스탈린이 문화유산을 탐닉하는 세련된 인물로 묘사되어 있다. 그 루지야의 국민 시인인 쇼타 루스타 벨리(Shota Rustaveli)의 작품을 읽고 있다.

41 '승리의 조국 만세! 우리의 위대한 지도자 스탈린 만세'라는 구호가 적힌 포스터 속에서 보다 전형적인 방식으로 재차 신화화된 스탈린. 공산당의 상징물이 태양과 같은 광휘를 발하며 빛나고, 주의 깊게 선정된 다양한 종류의 집단이 '인민'을 대표하고 있다. 나치를 물리친 '대조국전쟁'에서의 승리 덕분에 절정에 달한 스탈린의 독재적 무류성을 반영해 중앙에 스탈린이 신 같은 모습으로 인민들 위로 높게 솟아올라 있다.

리얼리즘(socialist realism)'이 유행했다. 일상생활의 행복을 잘 보여주는 것이 목적인 영웅적이고 낙관적인 이미지들은 1930년대 소련 예술의 특징이자 (경제적 변화에 따른 주된 결과이기도 했지만) 스탈린이 강제한 폭넓은 문화 개혁의 일환이기도 했다. "행복하고 즐거운 어린 시절을 보내게 해주신 당과 존경하는 스탈린 동지께 감사합니다" 같은 의례적인 감사 인사를 표현한 작품들이 흔했다. 선전에는 엄청난 공포와 강압이 동반됨을 항상 기억해야 한다.

1936년 소위 '대공포(Great Terror, 또는 대숙청)'라 불리는 숙청의 와중에 더 민주적이라는 착각을 불러일으키는 새로운 소련 헌법이 제정됐다. 비록 거기에 카를 마르크스(Karl Marx)가 말한 '프롤레타리아 독재'가 명시되어 있긴 하지만, 사실은 레닌이 가졌던 것보다 더 큰 권력을 스탈린이

갖게 됐다. 자신의 정치 행위에 이념적 합법성을 부여하자면 레닌의 명성이 여전히 필요하긴 했지만, 개인숭배가 상당한 수준에 이르렀기 때문에 그는 이제 자신의 이미지에 맞게 소련의 역사를 다시 쓸 수 있었다.

그런데 스탈린의 이미지가 '혁명의 아버지'인 레닌을 대체하게 된 것은 소련에서 '대(大)조국전쟁(Velíkaya Otéchestvennaya voyná)'이라 불리는 제2차 세계대전과 그 후에 이르러서였다. 국민의 전쟁 열기를 북돋우기 위해 스탈린은 애국심을 높이는 방향으로 국내 정책을 재편했다. 공식 발표와 대중매체에서 공산주의 찬양 대신 민족주의 구호와 애국적 단합에 대한 호소가 울려퍼졌다("크렘린 궁전의 스탈린 동지가 우리 하나하나를 굽어살피신다", 1940). 레닌그라드(현 상트페테르부르크. 독일의 공격을 약 900일간 막아냄. 옮긴이)와 스

СЛАВА НАРОДУ-ПОБЕДИТЕЛЮ!
СЛАВА РОДНОМУ Сталину!

НС 12822   Издание Сверд. отд. худож. фонда.   Редактор Блаžно А. А.   Художник Зинов В. С.   Свердпромлитография.   Зак. 720   Тираж 12 тыс.   Цена 1 р. 50 к.

탈린그라드(독일의 총공세를 약 90일간 막아냄. 옮긴이) 같은 도시들의 끈질김은 스탈린의 저항 의지를 나타내는 표상이 됐고, 소련의 승리에 대한 도덕적 정당성을 강화하는 선전물로서 큰 역할을 했다. 스탈린은 나치 정권을 물리치고, 소련을 동유럽에 전례 없는 제국을 세운 '초강대국'으로 부상시킨 공을 차지할 수 있었다. 1949년 12월 스탈린의 70번째 생일 축하 행사에서 그에 대한 개인숭배가 정점에 이르렀고, 그의 독재자 무류성이 절정을 이루었다.

20세기의 또 다른 비범한 공산주의 지도자이자, 자신의 개인숭배에 매달린 사람은 흔히 마오 주석(毛主席)으로 불린 중국의 마오쩌둥(毛澤東)이다. 1949년 마오는 오랜 중국 내전(국공내전)에서 승리를 거두고 중화인민공화국(中華人民共和国)을 세웠는데, 그는 다른 무엇보다 대중매체와 교육 체제에 대한 직접 통제를 견지했다. 그는 선전의 중요성을 이해했고, 그래서 공산주의 이념을 전파하는 데 많은 노력을 기울였다. 중국 공산당은 지도자와 밀접하게 관련된 이해하기 쉬운 메시지를 인민들에게 전달하기 위해 대중 집회, 포스터, 음악 작품, 공연 같은 다양한 선전 수단을 폭넓게 사용했다. 곧이어 '위대한 조타수' 마오에 대한 개인숭배가 뒤따랐다. 마오를 주제로 하는 정치적 예술품들이 대량으로 유포됐다. 수많은 포스터, 배지, 그리고 음악 작품들에서 마오는 "마오 주석은 우리 마음속 붉은 태양"이나 "인민의 구원자" 같은 미사여구로 일컬어졌다.

하지만 이른바 '대약진 운동(大躍進運動, 1958~60)'의 결과로, 그리고 한편으로는 자기 선전을 맹신한 마오의 성향 때문에, 1960년 중국은 처참한 대기근에 빠졌다. 이로 인해 권력에서 잠시 물러나 있었던 마오는 1960년대 중반 그의 글을 모은 문집인 『마오쩌둥 어록(毛澤東語錄)』(서구에서는 "작은 빨간 책(Little Red Book)"으로 더 잘 알려짐)으로 먼저 군인들에게 그리고 나중에는 청년들에게 접근함으로써 다시 등장했다. 공산당원들이 『마오쩌둥 어록』을 가지고 다니도록 권고 받다 보니 급기야 『마오쩌둥 어록』을 가지고 다니는 것이 공산당원임을 나타내는 거의 필수적인 기준처럼 됐다. 마오쩌둥의 부인 장칭(江靑)이 『마오쩌둥 어록』을 들고 있는 포스터에 "마오쩌둥의 불요불굴 사상이 혁명 예술의 무대를 밝게 비춘다!"라는 구호가 적혀 있기도 했다. 1966년 시작되어 그 후 폭력과 선전으로 점철된 마오쩌둥의 문화혁명(文化革命, 1966~76)은 급진적 이념의 열기로 들끓었는데, 『마오쩌둥 어록』은 여기에 기름을 붓는 역할을 했다.

문화혁명은 중국 정부가 대부분 농촌 문맹자들로 이루어진 나라의 특성에 맞게 현대 대중 선전 기법을 이용해 큰 성공을 거둔 첫 번째 사례였다. 마오는 자신의 지도 노선을 전달하기 위해 신문, 라디오, 영화 같은 대중매체와 더불어 대중 집회(여기서는 정교한 언어 구사가 점차 중요해졌다)도 이용하는 국가 선전 기관을 설립했다. 이 기간에 마오에 대한 개인숭배는 엄청나게 확대됐으며, 수년간에 걸쳐 그의 초상은 가정, 사무실, 학교, 상점, 공공장소에 걸려 중국 어디에서나 볼 수 있게 됐다. 그런데 흥미롭게도 예외가 하나 있었다. 그의 초상은 중국 화폐에는 전혀 등장하지 않았다. 대신 화폐에는 중국 소수 민족들을 그린 그림이 자주 등장했다. 1968년의

42 신화화된 마오쩌둥. 1921년 안
위안(安源)에서 혁명의 불길을 당긴
선지자 같은 젊은 마오쩌둥의 모습
이 매우 이상적으로 그려져 있다.

43

43 마오쩌둥 주석 배지는 마오쩌둥 개인숭배의 아이콘이었다. 마오쩌둥 시대 중국 전역에서 볼 수 있었던 이 배지를 다는 것은 지도자와의 정치적, 이념적 일치감을 나타내는 수단이었다.

44 중국식 영웅 숭배. 광동의 젊은 여성들이 마오쩌둥의 포스터 앞에서 『마오쩌둥 어록』을 흔들고 있다(1967. 1. 18). 1964년부터 1976년까지 출간된 『마오쩌둥 어록』은 마오쩌둥의 연설과 글에서 선별한 표현들이 실려 있는데, 문화혁명 기간에 전국으로 배포됐다. 가장 인기 있는 판본은 가지고 다니기 편하게 소책자로 인쇄된 밝은 붉은색 표지의 책이었는데, 이로 인해 '작은 빨간 책'이라는 별칭을 얻었다. 이 책은 역사상 가장 많이 인쇄된 책 중 하나가 됐다.

한 포스터는 인민들에게 "삼가 마오 주석의 영생을 기원하라"고 독려했다. 실제로 그렇게 되진 않았지만, 1976년 마오가 죽었을 때 선전가로서의 그의 영향력은 중국을 넘어 머나먼 곳까지 미쳤다.

마오의 영향을 받은 흥미로운 예로는 북한의 건국 지도자인 김일성(金日成)의 개인숭배가 있다. 마르크스와 레닌의 사상에 기초하긴 했지만, 북한의 이념과 선전은 여타 다른 공산권 국가들과 달리 "'위대한 지도자'이자 '민족의 태양'인 김일성"을 특이한 형태로 표출했다. 그는 마르크스 레닌주의를 변형해서 자신이 설정한 지도자상의 중대함을 부각시키는 '주체사상(主

體思想)'을 만들었다. 그리고 이를 통해 자신의 아들과 손자에게 권력을 세습하는 통치 왕조를 건설하는 한편, 개인숭배를 위해 온갖 과시적 요소들(거대한 조각상, 초상화, 동전, 우표 등등)을 동원했다. 지금도 통치 일족은 권좌를 틀어쥐고 있기 때문에 절대적인 지도자 숭배를 전파하는 선전도 거의 변하지 않았다.

지도자가 국민에게 혁명적 이념이나 변화를 강요하는 전체주의 국가에서는 개인숭배를 위한 선전을 할 수밖에 없다. 그런데 이런 지도자상은 민주주의 국가에서도 카리스마로 강력한 영향을 미칠 수 있다. 전시에 총리직을 맡았던 윈스턴 처칠, 단순히 JFK라는 이름 머리글자로

불린 케네디(John Fitzgerald Kennedy) 대통령(그가 미국인의 정신에 미친 영향은 "나라가 당신을 위해 무엇을 할 수 있는지 묻지 말고, 당신이 나라를 위해 무엇을 할 수 있는지 물어보십시오"라는 말 속에 압축되어 있다), 인종차별정책이 폐지된 남아프리카공화국에서 화해의 지도력을 펼친 넬슨 만델라(Nelson Mandela)를 보면 그 영향력을 잘 알 수 있다. 좀 더 최근인 2012년에는 즉위 60주년을 맞은 엘리자베스 2세에 대한 대중의 뜨거운 환호가 있었다.

처칠은 능란한 선전가이자 뛰어난 언어의 연금술사였으나, 그는 말보다 행동이 앞섰다. 1940년 봄 네빌 체임벌린이 총리직을 사임한 후

총리가 된 처칠은 1940년 6월 프랑스가 독일에 항복하고 나서 "우리는 그들에 맞서 해안에서 싸울 것입니다. 벌판에서도, 비행장에서도 싸울 것입니다. 그리고 우리는 결코 항복하지 않을 것입니다"라고 영국의 저항 정신을 표명한 라디오 연설과 자신의 지도력을 통해 국민을 하나로 결집시켰다. '위기의 순간이 닥치자 그가 나타났다(cometh the hour cometh the man)'는 말처럼 전쟁은 처칠의 독무대였다. 전쟁이 끝나갈 무렵 그는 총선에서 패배하자 아무 공식 의례도 없이 총리직에서 물러났다. 이는 (전체주의와 달리) 민주주의에서 지도자상이 다다를 수 있는 한계라고 할 수 있다. 삶의 막바지에 지난 전쟁 기간을 회

고하며 처칠은 "영국인들은 사자였다.…… 나는 단지 그들이 포효하게 만들었을 뿐이다"라는 소회를 밝혔다. 그런데 1965년 그는 오직 국왕에게만 허용되는 보기 드문 성대함과 격식을 갖춘 국장의 영예를 누렸다. 케네디의 묘지에는 '영원한 불꽃'이 타오르고 있는데, 지도자의 장례식과 무덤은 국민의식을 일깨우는 선전의 또 다른 형태이다.

2013년 베네수엘라 대통령 우고 차베스(Hugo Chavez)의 죽음은 그의 지지자들에게 크나큰 슬픔을 불러일으켰다. 군중들이 마지막 경의를 표하기 위해 길게 줄을 늘어서자, 그의 시신을 방부 처리해 '레닌이나 마오쩌둥처럼' 영구 전시를 할 것이라는 발표가 있었다(이후 방부 처리에 적합한 시기를 놓쳐 실패했다. 옮긴이). 차베스는 300만 명이 넘는 팔로어(follower, 추종자)를 거느린 트위터(Twitter) 계정으로도 유명했는데, 그는 자신이 트위터를 '혁명적인 목적'을 위해 이용했다고 주장했다. 트위터를 이용하면 국민들이 관료 조직을 건너뛰어 대통령과 직접 접촉할 수 있었기 때문이다.

넬슨 만델라는 매우 흥미로운 지도자상의 한 전형이다. 그는 한때 무장 투쟁을 지지하는 호전적 운동가로서 차베스처럼 자기 나라에서 투옥됐다가 풀려난 후 새로운 민주 국가에서 화해와 평화의 상징이 됐기 때문이다. 앞에서 언급한 바와 같이, 비록 항상 의식적이거나 계획적인 것은 아니라 해도, 국민의식과 국가 정체성을 만들어내는 것은 국가의 중요한 목표이다. 인종차별정책 폐지 후의 남아프리카공화국은 오랜 식민지 역사와 소수 백인 통치로부터 국가 정체성을 완전히 바꾸는 시험대였다. 과거의 통치자가 분할통치(分割統治) 정책을 편 나라의 경우에는 권력 이양이 자칫 위험스러울 수도 있다. 그러나 1990년에 석방되어 1994년 선거를 통해 새로운 다인종 남아프리카공화국의 대통령이 된 만델라는 화해를 우선시하면서 자신의 태도와 위상을 잘 활용함으로써, 자신이 말한 '무지개 국가'를 이룩했다. 2009년에 《뉴스위크(Newsweek)》는 그의 이미지가 지닌 힘을 다음과 같이 요약했다.

"당연히 만델라는 남아프리카공화국 국민들의 마음속에서 범접할 수 없는 자리를 차지하고 있다. 그는 국가 해방자이자 구원자이며, 워싱턴과 링컨이 하나로 합쳐진 위인이다."

세계 자유에 기여한 그의 공헌을 기려, 2009년 11월 국제연합은 총회 표결을 통해 세계적으로 중요한 인물인 그의 생일 7월 18일을 '만델라의 날'로 제정했다.

이로써 무솔리니로부터 만델라까지 많은 인물들을 살펴보았다. 그런데 우익 독재자든 좌익 독재자든, 혹은 전쟁 기간의 민주주의 국가 지도자든 새로운 국가의 건국자든 간에 그들 모두는 자신의 선전을 전파하고 자신의 이미지를 과시하기 위해 대중매체에 큰 영향력을 행사했다. 이것이 '꼭' 나쁜 일만은 아니다. 하지만 요컨대, 이러한 사례들은 현대 국가가 지도자의 이미지를 과대포장하는 방식을 보여주는 증거라고 할 수 있다.

국가가
당신을
필요로 한다

전쟁에서의 선전

3

20세기 전쟁 경험에서 나온 중요한 교훈 가운데 하나는 정부가 '대중의 태도(public attitudes)'를 더 이상 무시해서는 안 된다는 것이었다. 이전의 전쟁과는 달리 제1차 세계대전(1914~18)은 군인들뿐만 아니라 나라 전체가 전쟁에 휘말린 최초의 '전면전(total war)'이었다. 미국 독립전쟁과 나폴레옹의 전쟁도 국민의 참여로 전면전의 징후를 보이긴 했지만, 20세기의 세계대전들은 전혀 다른 차원의 전쟁이었다.

1900년 이전에는 전쟁 선전을 하는 데 있어 신문과 사진 같은 새로운 매체의 영향은 상대적으로 크지 않았다. 그러나 영국, 프랑스, 터키 연합군이 러시아에 대항해 싸운 크림 전쟁(Crimean War, 1853~56)은 다가올 미래의 전조가 됐다. 이 전쟁에서 증기선과 전보를 통해 전해진 전쟁 현장의 생생한 상황 보도, 특히 처음으로 '종군기자(war correspondent)'라고 불린 윌리엄 하워드 러셀(William Howard Russel)이 《타임스》에 보내온 기사들은 영국에서 스캔들을 불러일으켰다. 그의 비판 기사에 따라 《타임스》는 애버딘(Lord Aberdeen) 총리가 이끄는 정부를 비난했으며, 이에 따라 애버딘 정부는 물러나고 전쟁 후 개혁적인 분위기가 조성됐다.

이 사건과 여타 사건에서 신문의 위력을 실감한 이후의 정부들은 매체와 그들의 전쟁 보도를 진지하게 받아들이게 됐다. 1854년 크림 반도의 발라클라바 전투에서 벌어진 영국 경기병대의 무모한 돌격을 보도한 러셀의 기사에 영감을 받은 시인 앨프리드 테니슨(Alfred Tennyson)은 「경기병대의 돌격(The Charge of the Light Brigade)」이라는 시를 지었다. 테니슨은 무능하고 치졸한 지휘관들 때문에 빚어진 무모한 돌격에서 수많은 병사들이 목숨을 잃은 것에 허탈해 하면서, 러셀처럼 그들의 영웅적인 행동과 사명감을 높이 샀다. 그의 시는 자기희생을 강조하는 선전의 초석이 됐고, 이후 100여 년간 영국의 교실에서 낭송됐다.

과거의 영국 식민지 전쟁들은 몇 사람의 기자들에 의해 보도됐지만, 영국-보어 전쟁(Anglo-Boer War, 1899~1902) 보도에는 최대 200명이나 되는 기자들이 참여했다. 이 전쟁에서 새롭게 언론 승인(취재 및 보도 허가)과 검열이라는 형식이 도입됐으며, 이는 이후 20세기의 전쟁 기간 중에 언론 매체 통제를 한층 강화하는 기반이 됐다. 당시 영국 언론은 대체로 정부 당국과 흔쾌히 협력했으며, 특히 갓 설립된 일간지와 삽화 주간지는 전쟁 덕을 많이 봤다. 1896년 영국 최초의 대량 부수 발행 신문인 《데일리 메일(Daily Mail)》 창간, 1898년 대영제국 우편 시스템(Imperial Penny Post) 출범, 그리고 1899년 세계적인 규모의 영국 전신 케이블 시스템 완성 등과 같은 발전을 통해 영국-보어 전쟁은 새로운 방식으로 보도되고 선전됐다. 한결 가벼워진 사진기와 '바이오그래프(Biograph)'라는 초기 형태의 영화 촬영기 같은 새로운 과학기술도 거기에 한몫했다.

제1차 세계대전과 제2차 세계대전을 거치면서 국가 문제에 대한 대중의 관심과 참여가 늘어

났다. 국가의 모든 군사적, 경제적, 심리적 자원이 최대한도로 동원되어야 한다는 점 때문에 전선에 있는 군인과 후방에 있는 국민 간의 간극이 매우 좁아졌다. 이것은 '전면전'이라는 새로운 전쟁 양상에 따른 결과였다. 이는 통계를 통해 잘 드러났다.

예를 들면 민간인이 처음으로 폭격을 경험한 제1차 세계대전에서 전쟁 사망자의 14퍼센트가 민간인이었다. 그런데 제2차 세계대전에서는 홀로코스트 희생자를 제외한 민간인 사망자

45 일본의 인쇄물에 "대일본제국 만세!"라는 구호와 함께 청일전쟁 (1894~95)이 묘사되어 있다. 서울에서 가까운 성환에 대한 공격 장면을 담은 이 그림에는 나무 사이에 몸을 숨긴 기자들의 모습이 보인다. 예술적인 전투 묘사는 일본에서 인기가 높았다.

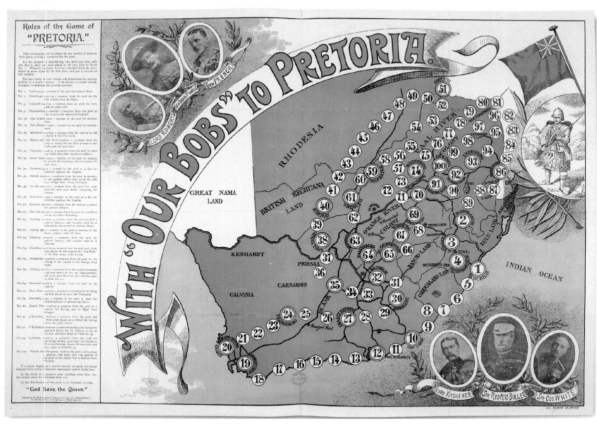

가 67퍼센트로 어마어마하게 늘어났다.

■ 제1차 세계대전

다른 나라 국민에게도 그랬지만 영국 국민에게
도 제1차 세계대전은 구성원 모두의 문제였다.
징집 제도 도입, 군수 공장과 농업 지원대의 여
성 모집, 독일의 체펠린(Zeppelin) 비행선과 폭격
기의 영국 공습, 해상을 봉쇄해 영국을 굶주리게
만들어 굴복시키려 한 독일의 잠수함 공격 등 이
모든 것은 유럽의 강력한 적과 맞서며 근대 전쟁

의 규칙을 배운 영국 국민에게는 완전히 낯설고
충격적인 경험이었다. 이러한 전쟁에서 국민의
사기는 중요한 군사적 요소로 인식됐다. 이에 따
라 선전은 여론을 통제하는 주요한 수단이자 국
가 무기고의 핵심 무기로 부상했다.

지금도 이 전쟁은 산업화된 현대 전쟁의 영
웅주의, 잔인함, 무의미함을 평가하는 기준으로
서 특별한 위치를 차지하고 있다. 전쟁이 시작
되자 교전국들은 전쟁이 어떻게 일어나게 됐는
지 설명하는 내용을 신속하게 발표했다. 이것은
전쟁의 책임 소재 문제가 선전전에서 가장 중요

46 "밥 아저씨와 함께 프레토리아 (남아프리카공화국의 행정 수도)로"라는 한 장짜리 종이로 된 제2차 보어 전쟁 게임(1900). 이것은 단순한 맹목적 애국주의 게임인데, 영국 아이들이 영웅적인 영국군 지도자와 그들의 보어에 대한 승리에 일체감을 느끼도록 부추기는 역할을 했다.

47 1914년 9월 5일 처음 발행된 가장 유명한 전쟁 모병 포스터에 그려진 전쟁부 장관 키치너 경. 강렬한 눈빛으로 정면을 노려보고 있다. 극도의 단순함이 큰 효과를 거둔 이 포스터의 영향을 받은 모방작들이 이후에 수없이 등장했다. 1916년 모병제를 실시된 영국은 당시 이 선전 이미지에 힘입어 100만 명 이상을 모병했다.

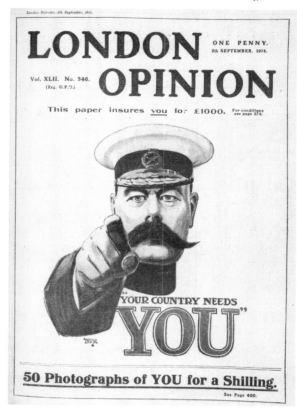

한 요소이기 때문이었다. 선전은 자국민에게는 전쟁 지원을 호소하는 수단으로, 중립국에는 영향력을 발휘할 목적으로, 적에게는 무기로 사용됐다.

유럽 대륙의 군대들은 징집으로 이루어졌으므로 사실 군인들에게는 참전 여부에 대한 선택권이 없었다. 반면에 1914년의 영국군은 직업 군인(원래 '영국 해외 파견군')과 지원병으로 구성되어 있어서 숫자가 훨씬 적었다. 그리고 영국 정부는 전쟁을 수행하기 위해 징병제를 도입해야 할지 충분한 확신이 없었다. 따라서 영국

정부는 국민에게 전쟁을 정당화하고, 군대 자원 입대를 독려하고, 희생에 보상이 따를 것이라는 확신을 주기 위한 선전에 크게 의존할 수밖에 없었다. 1914년 8월 4일 선전포고에 이어 즉시 영국은 모든 교전국들처럼 자기네 군사행동이 정당하며 전쟁이 크리스마스까지는 끝날 단기전이라고 주장했다.

이 전쟁에서 지속적으로 사용되고, 이후에도 수없이 모방되고 패러디된 이미지 중 하나는 독특한 모병 포스터인데, 그 속에서 콧수염을 길게 기른 얼굴의 키치너 경(Lord Kitchener)은 위압

적인 손짓으로 영국 국민들에게 "국가가 당신을 필요로 한다(Your Country Needs You)"고 호소하고 있다. 키치너는 1914년 8월 5일 전쟁부 장관으로 임명됐는데, 수단에서 세운 무공 덕분에 그는 이미 국민들 사이에서 전쟁 영웅이었다. 잡지 표지에서 유래된 이 포스터는 승리에 대한 국가적 결의와 의지의 상징으로 여겨졌으며, 거기에 담긴 메시지는 대규모로 산업화된 전쟁의 시대에 모병을 어떻게 해야 하는지 보여주는 전형이 됐다. '신(新)육군(New Armies)' 건설을 위한 키치너의 공식 의회 모병 운동은 엄청난 성공을 거두었고, 1915년 1월까지 약 100만 명이 입대했다.

제1차 세계대전은 대중매체가 전선의 소식을 후방에 전달하는 데 큰 역할을 한 최초의 전쟁이었으며, 동시에 일반 대중을 대상으로 한 '조직적' 국가 선전을 양산한 최초의 전쟁이기도 했다. 온 국민이 전쟁에 기여하도록 독려하기 위해서는 최종 승리에 집단적인 노력이 얼마나 중요한지를 전선과 후방의 모든 사람들에게 설득할 필요가 있었다.

모든 교전국들과 마찬가지로 영국도 참전 이유의 정당성을 국민에게 입증해야 한다는 사실을 인식했다. 이런 정치적 변화는 상당히 주목할 만한 일이다. '엘리트가 아닌 보통 사람들이 전쟁에 기여하는 대가로 정치적 발언권을 요구'하는 상황에 익숙하지 않은 민주 국가에 그런 변화가 닥쳤기 때문이다. 사실 영국에서는 1918년까지 여성뿐 아니라 수많은 군인들을 비롯한 무산 계급 남성들도 투표를 할 수 없었다. 그래서 영국은 이러한 긴장감을 해소하고 최종 승리에 도움이 되는 임기응변식 선전 활동을 펼쳤다.

하지만 이로 인해 종전 후에 여론이 더욱 악화됐다.

그래서 놀랍게도 영국의 초기 선전 조직은 구성이 임시적이고 불안정했다. 예를 들면 선전을 어떤 식으로 할지에 대해 전쟁 전에 구상한 바가 거의 없었다. 반면 독일에서 정부 차원의 선전이 시작된 것은 19세기에 오토 폰 비스마르크 수상이 공보실(Presseamt)을 만들면서부터였다. 이 조직은 뉴스 보도를 감시하고 정부 입맛에 맞는 정보를 전파하기 위해 설립된 정부 부서의 초기 형태이다. 영국과 달리 독일은 전쟁 전의 광범위한 준비 덕분에 전쟁 발발에 당황하지 않고 기민하게 대응했다. 포스터, 소책자, 전단을 비롯한 여타 친독일 선전물들이 베를린에서 유럽과 세계 여러 나라들, 특히 미국으로 쏟아졌다.

1914년 전까지 영국에 존재했던 산업계의 불황, 아일랜드 감자 기근, 여성 참정권 운동가들의 강경 투쟁, 헌법 문제 등이 뒤엉킨 사회적 긴장을 감안하면, 영국 정부의 시급한 당면 과제는 분열된 국민들에게 전쟁 목적의 정당성을 명확하게 보여주는 것이었다. 중립국인 벨기에에 대한 독일의 침공은 모든 영국 국민으로부터 신속하고 폭넓은 지지를 얻을 수 있는 반(反)독일 선전의 좋은 명분이었다. 벨기에는 무방비 상태의 어린아이 혹은 잔인한 프로이센 군국주의에 유린당하는 여인으로 묘사됐다(5장 '훈족과 프로이센 불량배' 참고). 벨기에의 중립성에 대한 침범은 영국의 자유주의가 일상적으로 대응해온 도덕적 문제의 전형이었다. 이리하여 이 전쟁은 이제 십자군 전쟁으로 변했다.

중립성을 침해당한 벨기에를 주제로 한 감성적인 선전은 다양한 형태로 표현됐다. 영국은 참전을 정당화하기 위해 국민 정서에 깊이 내재된 고정관념에 호소했으며, 영국의 선전 포스터에는 성(聖) 조지(St. George, 영국의 수호성인. 옮긴이)가 용(독일)을 퇴치하는 종교적 상징주의가 빈번하게 차용됐다. 1914년에 가장 인기 있었던 노래 중 하나는 가수 바이얼릿 로레인(Violet Lorrain)의「연약한 벨기에를 위한 만세 삼창(Three Cheers for Little Belgium)」이었다. 게릴라전으로 대항한 벨기에 시민에 대한 독일의 강경책은 연합국의 선전에 아주 유리하게 작용했다. 정부가 조장하지 않아도 민간 신문들이 독일의 만행을 고발하는 기사들을 보도했다.

제1차 세계대전이 발발하자 정부와 신문의 관계는 1906년 제국국방위원회(Commission of Imperial Defence)에서 제정된 지침을 줄곧 따랐다. 이것은 자발적 협력 관계였는데, 신문은 지침에 따라 자체 검열을 시행했다. 1914년 이 문제를 관장한 윈스턴 처칠은 신문국(Press Bureau)을 설립한다고 발표했는데, 이 부서는 육군성(War Office)이 공급하는 '믿을 만한 정보(trustworthy information)'만 제공하는 본질적으로 부정적 기능을 수행했다. 그러던 중 1915년 4월 기자 6명이 전쟁을 취재해 기사를 플리트 스트리트(영국의 신문사들이 모여 있던 거리. 옮긴이)로 보내기 위한 프랑스 입국을 허락 받았다. 그러나 그들에게는 전선에서 직접 취재할 기회가 주어지지 않았기 때문에, 그들은 군 사령부로부터 직접 내려오는 '영국과 프랑스의 승리에 대한 낙관적인 기사'만 송고할 수 있었다. 이것은 1915년《타임스》가 연합국의

첫 패배를 보도해 영국 국민들을 충격에 빠뜨렸을 때 정부에 나쁜 결과로 돌아왔다(비슷한 식으로 1915년 5월에는 군수품 부족이 보도돼 '포탄 대추문(great shell scandal)'이 발생했다).

1916년이 되자, 쉽게 승리할 수 없을 것 같다고 판단한 정부는 장기전과 사기 강화책을 준비했다. 그리고 1914년 8월 제정되어 그 후 몇 차례에 걸쳐 개정된 국토방위법(DORA) 규정과 검열에 점차 의존하기 시작했다(1장 참고). 국토방위법 규정에 따르면 어떤 신문이라도 승인받지 않은 뉴스를 내보내거나 혹은 미래 전략에 대해 추측 기사를 쓰면 기소 당할 소지가 있었다. 이것은 가공할 위력을 발휘했는데, 후에 역사학자 테일러(Alan John Percivale Taylor)는 이것을 두고 "'도라'라는 구시대 여자가 속박의 상징이 됐다"라는 인상적인 표현을 했다(국토방위법(DORA)을 상징하는 도라(Dora)는 여자 이름 도러시아(Dorothea) 또는 도리스(Doris)의 애칭이다. 옮긴이).

영국과 마찬가지로 독일도 전쟁에 임박해 많은 국내 갈등에 시달리고 있었다. 하지만 전쟁이 선언되자, 군대가 사회 유지의 책임을 지는 '계엄'이 선포됐고, 서로 반목하던 사회 정치 집단들이 '정치적 휴전(Burgfrieden)'을 하여 승리를 위해 노력하기로 결의했다. 이는 독일의 선전에 아주 효과적인 주제가 됐다. 독일이 프랑스-러시아 협약(Franco-Russian Entente)으로 포위당한 결과 어쩔 수 없이 전쟁을 하게 됐다는 믿음을 심어주자 독일 내의 모든 집단들이 서로의 차이점을 제쳐두었다. 그런데 '정치적 휴전'을 유지하기 위해서는 빠른 승리가 필요했다. 하지만 전쟁이 길어지면서 갈등이 다시 표면으로 떠올랐

169.

REMEMBER BELGIUM

ENLIST TO-DAY

PUBLISHED BY THE PARLIAMENTARY RECRUITING COMMITTEE, LONDON.   POSTER Nº 19.

W 8678-169-25M 12/14.   HENRY JENKINSON LTD KIRKSTALL, LEEDS.

On les aura!

2E EMPRUNT
DE
LA DÉFENSE NATIONALE
Souscrivez

DEVAMBEZ Imp PARIS

49 독일 전선에 뿌려진 광고 전단 (1917). 악화일로인 독일 국내 사정에 대한 설명과 함께 "군인들은 생각할 겨를이 없어야 한다. 그렇지 않으면 군대는 없다"라는 프로이센의 영웅 프리드리히 2세의 말이 인용되어

있다. 장식체 독일어로 인쇄된 이 전단에는 엄청나게 많은 정보들이 담겨 있다. 또한 이 전단은 '풍선을 이용해' 살포했음을 밝히고 있다.

50 제2차 전시 공채 판매를 위해 쥘 아벨 페브르(Jules Abel Faivre)가 디자인한 프랑스 포스터(1916). 페탱 장군이 말한 "저들을 무찌르자"라는 구호가 적혀 있다. 병사가 취한 자세는 프랑수아 뤼드(Francois

Rude)가 개선문에 조각한 사람들의 모습을 연상시킨다. 앞으로 내밀어 사람들을 이끄는 손과 부릅뜬 눈으로 애국심을 호소하고 있다. 애국주의 정서를 결집시키는 포스터의 위력을 잘 보여주고 있다.

warfare)'이라는 이름으로 사용됐다.

● 제1차 세계대전의 후방

1914년에 일단 전쟁이 '크리스마스 때까지 끝나지 않을 것'이 명확해지자, 전방 참호는 물론이고 후방에 있는 사람들 모두에게 그들이 무엇을 위해 싸우는지 다시금 일깨워 주어야 했다. 산업 활동을 장려하고, 국가 정책을 설명하고, 용기와 적대감을 결집하고, 물자 절약을 유도하고, 대체 식량과 대체 연료에 대해 알려주는 일이 군대 동원 및 전시 공채 판촉과 함께 주요 선전 주제로 전파됐다.

사실 '후방(Home Front, 국내 전선)'이라는 새로운 개념은 1915년 영국에서 처음 등장했다. 이것은 국민들의 상당한 희생 아래 국가 경제와 사회를 전쟁 체제로 재구성하기 위한 정부의 대규모 개입에 기초한다. 이에 상응하는 개념으로 프랑스에서는 '신성한 단결(Union Sacrée)'이라는 정부, 기업, 국민의 연합체가 있다. 독일에는 1916년 후반에 시행된 힌덴부르크 계획(Hindenburg Programme)이 있는데, 이것은 책임자인 파울 폰 힌덴부르크(Paul von Hindenburg) 장군의 이름을 딴 것이다. 대중매체 통제와 선전 통제는 둘 다 국민의 지지를 유지하는 데 필수로 여겨졌다. 전쟁이 거의 끝나갈 무렵까지 영국, 프랑스, 독일과 같은 발전되고 단결된 교전국의

51 인도독립동맹(IIL)이 프랑스에서 싸우고 있는 인도 군대에 살포한 전단. 식민지 인도에서 자행되고 있는 잔혹한 만행을 그들이 봉기해야 할 이유로 내세우고 있다. "이 영국 악마들을 몰아내자."

52 수호성인 조지의 적 섬멸. 의회 전시절약위원회에서 발행한 1915년의 이 포스터에는 수호성인 조지의 초상이 새겨진 5실링짜리 동전이 독일군을 굴복시키는 모습이 그려져 있다. 이 포스터는 돈이 강력한 무기라는 사실을 일깨웠다.

국민들은 대체로 자국의 전쟁을 지지했고, 최종 승리를 위해 끝까지 지원을 이어갔다.

초기의 전쟁 열기가 가라앉자 영국의 모병 포스터 분위기는 개인의 명예에 호소하는 것에서 '수치심을 이용하는 동원'으로 바뀌었다. 1915년 일러스트레이터 새빌 럼리(Savile Lumley)가 제작한 유명한 포스터에는, 전쟁이 끝난 뒤에 두 아이가 아버지에게 "아빠, 세계대전 때 뭐 하셨어요?"라고 하며 무용담을 들려달라고 조르는 장면이 묘사되어 있다. 사실 아이들을 이용하는 정서적 압박은 수치심을 유발시켜 어른들을 전쟁으로 내몰기 위해 대부분의 교전국에서 널리 이용됐다. 남자들을 군대에 보내는 데에는 여

자들도 이용됐다. 당시의 다른 유명한 포스터에서는 여자들에게 이렇게 호소한다.

"당신의 '멋진 아이'는 카키색 군복을 입고 있나요? 그렇지 않다면 그래야 한다고 생각지 않나요?…… 젊은이가 왕과 국가에 대한 의무를 소홀히 한다면, 언젠가는 당신에 대한 의무를 소홀히 할 때가 올지 모릅니다."

이런 종류 중 가장 유명한 것은 E. V. 킬리(E. V. Kealy)의 "영국 여성들이 말하노니, '진군하라!'"(1915) 포스터이다.

전시 공채(미국에서는 '자유 공채')를 발행해 전비를 마련해야 할 필요성이 포스터와 새로운 매체인 영화의 중요한 선전 주제 중 하나로 등장했

WOMEN OF BRITAIN SAY — "GO!"

Published by the PARLIAMENTARY RECRUITING COMMITTEE, London   Poster No. 75   Printed by HILL, SIFFKEN & Co. (L.P.A. Ltd.), Grafton Works, London, N.   W. 13741 25 M. 3-15

53 E. V. 킬리가 만든 이 유명한 영
국 모병 포스터에는 긍지, 명예, 두
려움이 어우러져 있다(1915). 군 입
대라는 남성의 애국적 의무와 여성
과 아이들의 희생이라는 감정이 조
화를 잘 이루어 남자들이 가족을 떠
나서 보다 큰 대의를 향해 나아가도
록 독려하고 있다.

54 1916년에 등장한 탱크가 전세
를 확실히 바꾸지는 못했지만, 영국
국민들의 상상력을 자극했다. 그 결
과 값비싼 신기술 무기인 탱크는 전
쟁을 재정적으로 지원해야 할 명분
이 됐다.

HELLO!
THIS IS LIBERTY SPEAKING——
BILLIONS OF DOLLARS ARE NEEDED
AND NEEDED NOW

55 미국의 전시 채권 우표(1918). 자유의 여신상이라는 기존의 기념비적 상징물을 선전에 이용한 미국은 자유의 여신상을 포스터에 등장시켜 모금의 명분으로 삼았다.

56 소련의 선동선전 열차. '선동선전'이라는 개념은 인민들의 여론을 결집시키기 위해 설립된 소련 공산당 중앙위원회 사무국의 선전선동분과에서 비롯됐다. 연설가, 작가, 책, 팸플릿, 포스터, 영화, 심지어 인쇄기까지 갖춘 이런 열차들이 먼 시골까지 순회하며 볼세비키 선전을 퍼뜨렸다.

다. 이와 관련해 빈번하게 표현된 주제는 "당신의 동전을 총알로 바꾸세요. 우체국에서" 같은 예에서처럼 돈(동전이나 지폐)을 효과적인 전쟁 무기로 묘사하는 것이었다. 프라이(D. D. Fry)가 1915년에 만든 영국의 한 포스터는 영국 국민들에게 "나라에 5실링을 빌려줘서 독일을 박살내세요"라고 부추긴다. 이 포스터에는 5실링짜리 동전 아래 독일군이 깔려 있고, 동전의 윗면에는 승리한 수호성인 조지의 위풍당당한 모습이 새겨져 있다. 프랑스의 쥘 아벨 페브르(Jules Abel Faivre)가 1915년에 도안한 비슷한 포스터에는 프랑스 수탉이 새겨진 커다란 금화가 독일 병사를 짓누르는 모습이 "당신의 금화를 프랑스를 위해 예금하세요. 금화가 승리를 위해

싸웁니다"라는 구호와 함께 그려져 있다. 외국 수입품의 대금을 지급하자면 금이 필요했으므로, 이 포스터는 프랑스 국민들에게 금화를 지폐로 바꿀 것을 독려했다. 가장 악명 높은 전시 공채 포스터는 화가 프랭크 브랭귄(Frank Brangwyn)이 도안한 "결정타를 날리게 힘을 주세요. 전시 공채를 사세요"(1918)라는 포스터다. 이것은 석판 인쇄 포스터 가운데 잘 만들어진 작품으로, 전쟁의 잔혹함을 사실적으로 그렸다는 점에서 매우 이례적이다. 영국 병사가 독일군을 총검으로 찔러 절벽 아래로 떨어뜨리는 브랭귄의 잔인한 그림은 1918년 가을의 전시 공채 판촉을 위해 작품을 의뢰했던 전국전시절약위원회(National War Savings Committee)마저 충격에 빠뜨

렸다. 그렇지만 그들은 독일과의 싸움에서는 어떤 이미지도 지나치게 극단적이지 않다는 데 공감하고, 처음의 보류 입장을 바꾸어 이 포스터를 발표했다. 이 포스터는 국민들이 전시 공채에 투자함으로써 적을 쳐부수는 데 실질적인 기여를 하고 있다는 메시지를 잘 전달하고 있다.

그래서 양 진영의 모든 참전국들은 국민들의 정서를 자극하고 후방의 사기를 유지하고 중립국들의 지원을 구하고 적국 국민들을 동요시키는 선전으로 자국의 전쟁을 뒷받침했다. 특히 영국은 다른 어떤 교전국보다도 이런 목표들을 성공적으로 달성했다는 평가를 받았으며, 역사가들은 영국이 주요 갈등에도 불구하고 실제로 능란한 선전과 검열을 통해 전쟁 중에 화합을 지켜냈다고 보았다.

■ 양 대전 사이의 선전

제1차 세계대전 후 전쟁 경험 그 자체와는 별개로, 영국 일반 국민들 사이에서 정부에 대한 깊은 불신이 생겨났다. 그들은 적에 대한 터무니없는 고정관념에 근거한 악의적 선전과 애국적 구호를 이용해 정부가 의도적으로 전선의 상황을 호도했다는 사실을 알게 됐다. 국민들은 또한 자신들의 희생에 대하여 데이비드 로이드 조지(David Lloyd George) 총리가 1918년 11월 연설에서 약속한 '영웅들에게 걸맞은' 집과 땅이 주어지지 않자, 정부에 기만당했다고 느꼈다. 그래서 이제 선전은 거짓과 허위를 연상시키는 말이 됐다. 정치인들까지 이런 비난에 촉각을 세우게 되면서 결국 정보부는 즉시 해체됐다. 영국 정부는 선전을 평시에는 정치적으로 위험할 뿐 아니라 도덕적으로도 허용할 수 없는 것으로 여기게 됐다. 1920년대에 어느 공직자가 쓴 것처럼 "좋은 말이 고(故) 노스클리프 경에 의해 더럽혀져서 나쁜 말로 변해 버렸다."

사실 선전이 정치 행위에 미친 영향이 이처럼 엄청났기 때문에, 제2차 세계대전 때는 영국 정부가 국민들에게 나치의 집단 학살 수용소가 있다고 알려주려 해도 국민들이 쉽게 믿지 않았다. 선전으로 보이는 것들에 대한 이와 비슷한 거부 반응은 제1차 세계대전이 끝난 뒤 미국에서도 고착됐다. 1920년에 조지 크릴이 공보위원회(CPI)의 수장으로서 이룬 성과를 설명하는 책을 출판했는데, 이 책 때문에 선전에 대한 대중의 불신이 더욱 커졌다. 이런 분위기는 1930년대와 1940년대에 파시즘에 맞서 미국의 지지를 받아내려고 했던 영국 선전가들에게 큰 장애물이 됐다.

그런데 양 대전 사이 유럽의 신진 독재자들은 제1차 세계대전 중의 선전을 다른 관점에서 보았다. 이제 패전국 독일도 알게 된 영국의 선전 성과는 독일 국민들이 전후 평화조약과, 황제(빌헬름 2세) 폐위 이후 들어선 혼탁한 바이마르 공화국을 겨냥하여 역선전(counter-propaganda, 상대의 선전을 이용해 상대를 불리하게 만드는 선전)을 펼치는 데 좋은 참고 자료가 됐다. 아돌프 히틀러는 『나의 투쟁』을 저술하면서 두 장(章)을 선전에 할애했다. 독일군은 실제 전투에서 진 것이 아니라 영국의

교묘한 선전 때문에 독일 사회 내부의 사기가 급속히 와해되어 항복하게 됐다고 주장하면서(1장 '심리전' 참고), 히틀러는 다른 우익 정치가들과 군사 집단들처럼 배신설(Dolchstoßlegende, 직역하면 '등 뒤의 칼', 독일의 패배 원인이 내부 분열, 특히 황정을 무너뜨린 공화주의자들의 책동 때문이라는 주장. 옮긴이)에 역사적 타당성을 부여했다. 영국이나 소련의 선전이 독일을 굴복시키는 데 실제 어떤 역할을 했는지에 관계없이, 결과적으로 영국의 전시 선전 경험은 다른 나라들의 선전 기구가 모델로 삼아야 할 이상적인 청사진으로 받아들여졌다. 권력을 쟁취하기 위한 모든 '정치 운동(political movement)'에서 선전이 핵심적인 역할을 한다고 확신한 히틀러는 선전을 대중에게 정치를 판매하는 수단으로 보았다.

히틀러는 선전의 임무는 어떤 주제에 대중의 이목을 집중시키는 일이라고 주장했다. 선전은 단순해야 하고, 사랑과 증오 같은 감정적 요소를 부각시키면서 몇 가지 핵심 사항에 초점을 맞춰 많은 횟수에 걸쳐 반복해야 한다고도 말했다. 히틀러는 선전을 지속적으로 일관되게 실시하면 '우리의 기대치를 뛰어넘는' 큰 성과를 거둘 수 있다고 확신했다. 볼셰비키와 달리 나치는 선동(agitation)과 선전(propaganda)의 개념 차이를 구분하지 않았다. 소련에서 선동은 사상과 구호를 통해 대중에게 영향을 미치는 데 이용됐고, 선전은 마르크스 레닌주의 이념을 전파하는 데 이용됐다. 이러한 구분은 마르크스주의 이론가인 게오르기 플레하노프(Georgi Plekhanov)가 1892년에 내린 "선전가는 많은 사상을 하나 혹은 소수의 사람들에게 제시하지만, 선동가는

하나 혹은 소수의 사상을 대중 전체에게 제시한다"라는 유명한 정의에서 비롯됐다. 반면에 나치는 선전을 단지 정당 지도부에만 영향을 미치는 수단이 아니라 모든 독일 국민들을 설득하고 교화하는 수단으로 여겼다.

■ 제2차 세계대전

새로운 세계대전이 발발하자 모든 교전국들은 이전의 모든 전쟁에서의 선전을 압도하는 대규모 선전을 활용했다. 근대 참여민주주의 국가들과 전체주의 독재 국가들 모두 제1차 세계대전의 대결 구도에서 벗어나긴 했지만, 1939년에 일어난 상호 적대 행위들은 두 진영의 상호 공존이 불가능하다는 것을 보여주었다. 그리하여 민간인 사망자 수에서 알 수 있듯 제1차 세계대전보다 한층 총괄적인 '전면전'이 뒤이어 발발했다. 이 전면전에서는 대중사회(mass society)의 특성이 이용됐고 이념적·인종적 갈등이 폭발했으며 전쟁이 전 세계로 확산됐다. 그리고 선전이 다시 한 번 중요한 무기가 됐다. 논란의 여지는 있지만 연합국의 관점에서 이 전쟁은 도덕적으로 정당한 전쟁이었다. 그래서 인도적인 '저항' 문학과 예술이 무의미해지고 말았다.

제2차 세계대전 중에 각국 정부들은 모든 형태의 통신을 선전 활동에 동원하기 위해 엄격한 검열로 통제하고 전용했다. 이탈리아, 독일, 일본, 소련 같은 전체주의 국가에서는 실제로 매체와 모든 예술이 국가 기관의 일부로 종속됐기 때문에 문제가 될 소지가 없었다. 반면 민주주의 국가에서는 이런 방식이 많은 문제를 야기했다.

그럼에도 불구하고 영국은 제1차 세계대전 때보다 선전 전쟁 준비가 더 잘 되어 있었다. 새로운 정보부의 필요성이 제기되어 한동안 구상이 이루어졌는데, 1939년 전쟁이 선언된 지 며칠 만에 정보부(MOI)가 다시 설치됐다. 그러나 설치되고 나서 얼마간은 기반을 충실히 다져야 했다. 국민들이 폭격과 장기간의 소모전을 견뎌내게 하는 데는 사기가 확실히 중요한 요소이므로, 영국 정보부는 파울 요제프 괴벨스의 지휘 아래 이미 수년간 활동해 온 독일의 선전 기관과 경쟁을 해야만 했다.

영국에서 정보부는 자국과 연합국과 중립국의 영토를 대상으로 한 선전을 관리하고, 정치전운영국(Political Warfare Executive: PWE)은 적 영토를 대상으로 한 선전을 맡았다. 영국은 BBC 프로그램 덕분에 널리 높은 신뢰를 받았는데, 이는 전쟁이 끝난 후에도 오래도록 유리하게 작용했다. BBC 사장을 지낸 존 리스 경이 1940년 정보부 장관으로 임명됐을 때, 그는 두 가지 기본 원칙을 정했다. 하나는 뉴스를 "선전 돌격대"로 여기라는 것이고, 다른 하나는 선전으로 "진실을, 오직 진실을, 가급적 있는 그대로의 진실을" 말하라는 것이었다. 반면에 앞에서 설명한 것처럼 히틀러는 '큰 거짓말(Große Lüge)'이라는 개념을 전적으로 신뢰했다. 하지만 괴벨스는 선전이 가급적 정확해야 한다고 보았고, 의외로 이 점에서 괴벨스와 리스는 궤를 같이했다.

1933년 3월에 '국민계몽선전부' 장관에 오른 괴벨스는 급박한 전쟁 상황이 닥치자 선전 전술을 한층 더 강화하고 시시각각 변하는 전황에 매우 유연하게 대처해야 했다. 전쟁 발발과 함

57 제2차 세계대전 중 비행기로 뿌려진 연합국의 선전 전단 모음. 전쟁 중 주요 교전국들은 대량의 전단을 발행했다. 전단이 위력을 발휘하기 위해서는 관용적 어구와 즉각적으로 각인되는 이미지를 이용해 직설적으로 말할 필요가 있었다(오늘날에도 여전히 그럴 필요가 있다).

A LAST APPEAL TO REASON

BY

ADOLF HITLER

Speech before the Reichstag, 19th July, 1940

I have summoned you to this meeting in the midst of our tremendous struggle for the freedom and the future of the German nation. I have done so, firstly, because I considered it imperative to give our own people an insight into the events, unique in history, that lie behind us, secondly, because I wished to express my gratitude to our magnificent soldiers, and thirdly, with the intention of appealing, once more and for the last time, to common sense in general.

If we compare the causes which prompted this historic struggle with the magnitude and the far-reaching effects of military events, we are forced to the conclusion that its general course and the sacrifices it has entailed are out of all proportion to the alleged reasons for its outbreak — unless they were nothing but a pretext for underlying intentions.

The programme of the National-Socialist Movement, in so far as it affected the future development of the Reich's relations with the rest of the world, was simply an attempt to bring about a definite revision of the Treaty of Versailles, though as far as at all possible, this was to be accomplished by peaceful means.

This revision was absolutely essential. The conditions imposed at Versailles were intolerable, not only because of their humiliating discrimination and because the disarmament which they ensured deprived the German nation of all its rights, but far more so because of the consequent destruction of the material existence of one of the great civilized nations in the world, and the proposed annihilation of its future, the utterly senseless accumulation of immense tracts of territory under the domination of a number of States, the theft of all the irreparable foundations of life and indispensable vital necessities from a conquered nation. While this dictate was being drawn up, men of insight even among our foes were uttering warnings about the terrible consequences which the ruthless application of its insane conditions would entail — a proof that even among them the conviction predominated that such a dictate could not possibly be upheld in days to come. Their objections and protests were silenced by the assurance that the statutes of the newly-created League of Nations provided for a revision of these conditions; in fact, the League was supposed to be the competent authority. The hope of revision was thus at no time regarded as presumptuous, but as something natural. Unfortunately, the Geneva institution, as those responsible for Versailles had intended, never looked upon itself as a body competent to undertake any sensible revision, but from the very outset as nothing more than the guarantor of the ruthless enforcement and maintenance of the conditions imposed at Versailles.

All attempts made by democratic Germany to obtain equality for the German people by a revision of the Treaty proved unavailing.

World War Enemies Unscrupulous Victors

It is always in the interests of a conqueror to represent stipulations that are to his advantage as sacrosanct, while the instinct of self-preservation in the vanquished leads him to reacquire the common human rights that he has lost. For him the dictate of an overbearing conqueror had all the less legal force, since he had never been honourably conquered. Owing to a rare misfortune, the German Empire, between 1914 and 1918, lacked good leadership To this, and to the as yet unenlightened faith and trust placed by the German people in the words of democratic statesmen, our downfall was due.

Hence the Franco-British claim that the Dictate of Versailles was a sort of international, or even a supreme, code of laws, appeared to be nothing more than a piece of insolent arrogance to every honest German, the assumption, however, that British or French statesmen should actually claim to be the guardians of justice, and even of human culture, as mere stupid effrontery. A piece of effrontery that is thrown into a sufficiently glaring light by their own extremely negligible achievements in this direction. For seldom have any countries in the world been ruled with a lesser degree of wisdom, morality and culture than those which are at the moment exposed to the ragings of certain democratic statesmen.

The programme of the National-Socialist Movement, besides freeing the Reich from the innermost fetters of a small substratum of Jewish-capitalistic and pluto-democratic profiteers, proclaimed to the world our resolution to shake off the shackles of the Versailles Dictate.

Germany's demands for this revision were a vital necessity and essential to the existence and honour of every great nation. They will probably one day be regarded by posterity as extremely reasonable. In practice, all these demands had to be carried through contrary to the will of the Franco-British rulers. We all regarded it as a sure sign of successful leadership in the Third Reich that for years we were able to effect this revision without a war. Not that — as the British and French demagogues asserted — we were at that time incapable of fighting. When, thanks to growing common sense, it finally appeared as though international co-operation might lead to a peaceful solution of the remaining problems, the Agreement to this end signed in Munich on September 29, 1938, by the four leading interested States, was not only not welcomed in London and Paris, but was actually condemned as a sign of abominable weakness. Now that peaceful revision threatened to be crowned with success, the Jewish capitalist war-mongers, their hands stained with blood, saw their tangible pretexts for realizing their diabolical plans vanish into thin air. Once again we witnessed a conspiracy by wretched corruptible political creatures and money-grabbing financial magnates, for whom war was a welcome means of furthering their business ends. The poison scattered by the Jews throughout the nations began to exercise its disintegrating influence on sound common sense Scribblers concentrated upon decrying honest men, who wanted peace, as weaklings and traitors, and upon denouncing the opposition parties as the Fifth Column, thus breaking all internal resistance to their criminal war policy. Jews and Freemasons, armaments manufacturers and war profiteers, international business-men and Stock Exchange jobbers seized upon political hirelings of the desperado and Herostrates type, who described war as something infinitely desirable.

It was the work of these criminal persons that spurred the Polish State on to adopt an attitude that was out of all proportion to Germany's demands and still less to the attendant consequences.

In its dealings with Poland, the German Reich has pre-eminently exercised genuine self-restraint since the National-Socialist régime came into power. One of the most despicable and foolish measures of the Versailles Dictate, namely, the severance of an old German province from the Reich, was crying out aloud for revision. Yet what were my requests?

I name myself in this connexion, because no other statesman might have dared to propose a solution such as mine to the German nation. It merely implied the return of Danzig — an ancient purely German city — to the Reich, and the creation of a means of communication between the Reich and its severed province Even this was to be decided by a plebiscite subject to the control of an international body If Mr Churchill and the rest of the war-mongers had felt a fraction of the responsibility towards Europe which inspired me, they could never have begun their infamous game.

It was only due to these and other European and non-European parties and their war interests, that Poland rejected my proposals, which in no way affected either her honour or her existence, and in their stead had recourse to terror and to the sword. In this case we once more showed unexampled and truly superhuman self-control, since for months, despite murderous attacks on minority Germans, and even despite the slaughter of tens of thousands of our German fellow-countrymen, we still sought an understanding by peaceful means.

What was the situation?

One of the most unnatural creations of the Dictate of Versailles, a popinjay puffed up with political and military pomp, insults another State for months on end and threatens to grind it to powder, to fight battles on the outskirts of Berlin, to hack the German armies to pieces, to extend its frontiers to the Oder or the Elbe, and so forth. Meanwhile, the other State, Germany, watches this tumult in patient silence, although a single movement of her arm would have sufficed to prick this bubble inflated with folly and hatred.

On September 2, the conflict might still have been averted — Mussolini proposed a plan for the immediate cessation of all hostilities and for peaceful negotiations. Though Germany saw her armies storming to victory, I nevertheless accepted his proposal. It was only the Franco-British war-mongers who desired war, not peace. More than that, as Mr Chamberlain said, they needed a long war, because they had now invested their capital in armaments shares, had purchased machinery and required time for the development of their business interests and the amortization of their investments. For, after all, what do these "citizens of the world" care about Poles, Czechs or such-like peoples?

On June 19, 1940, a German soldier found a curious document when searching some railway trucks standing in the station of La Charité. As the document bore a distinctive inscription, he immediately handed it over to his commanding officer. It was then passed on to other quarters, where it was soon realized that we had lighted on an important discovery. The station was subjected to another, more thorough-going search.

Thus it was that the German High Command gained possession of a collection of documents of unique historical significance. They were the secret documents of the Allied Supreme War Council, and included the minutes of every meeting held by this illustrious body. This time Mr. Churchill will not succeed in contesting or lying about the veracity of these documents, as he tried to do when documents were discovered in Warsaw.

These documents bear marginal notes inscribed by Messieurs Gamelin, Daladier, Weygand, etc. They can thus at any time be confirmed or refuted by these very gentlemen. They further yield remarkable evidence of the machinations of the war-mongers and war-extenders. Above all, they show that those stony-hearted politicians regarded all the small nations as a means to their ends; that they had attempted to use Finland in their own interests; that they had determined to turn Norway and Sweden into a theatre of war; that they had planned to fan a conflagration in the Balkans in order to gain the assistance of a hundred divisions from those countries; that they had planned a bombardment of Batum and Baku by a ruthless and unscrupulous interpretation of Turkey's neutrality, who was not unfavourable to them; that they had inveigled Belgium and the Netherlands more and more completely, until they finally entrapped them into binding General Staff agreements, and so on, ad libitum.

The documents further give a picture of the dilettante methods by which these political war-mongers tried to quench the blaze which they had lighted, of their democratic militarism, which is in part to blame for the appalling fate that they have inflicted on hundreds of thousands, even millions of their own soldiers, of their barbarous unscrupulousness which caused them callously to force mass evacuation on their peoples, which brought them no military advantages, though the effects on the population were outrageously cruel.

These same criminals are responsible for having driven Poland into war.

Eighteen days later this campaign was, to all intents and purposes, at an end.

Britain and France Considered Understanding a Crime

On October 6, 1939, I addressed the German nation for the second time during this war at this very place. I was able to inform them of our glorious military victory over the Polish State. At the same time I appealed to the insight of the responsible men in the enemy States and to the nations themselves. I warned them not to continue this war, the consequences of which could only be devastating. I particularly warned the French of embarking on a war which would forcibly eat its way across the frontier and which, irrespective of its outcome, would have appalling consequences. At the same time, I addressed this appeal to the rest of the world, although I feared — as I expressly said — that my words would not be heard, but would more than ever arouse the fury of the interested war-mongers. Everything happened as I predicted. The responsible elements in Britain and France scented in my appeal a dangerous attack on their war profits. They therefore immediately began to declare that every thought of conciliation was out of the question, nay, even a crime; that the war had to be pursued in the name of civilization, of humanity, of happiness, of progress, and — to leave no stone unturned — in the name of religion itself. For this purpose, negroes and bushmen were to be mobilized. Victory, they then said, would come of its own accord, it was, in fact, within their easy reach, as I myself must know very well and have known for a long time since, or I should not have broadcast my appeal for peace throughout the world. For if I had had any justification for

58 브리튼 전투 중인 1940년 8월 잉글랜드와 웨일스에 대량으로 뿌려진 전단. 영국의 항복을 요구하는 히틀러의 연설문이 영문으로 실려 있다. 웨일스 사람인 이 전단 소유자는 자신의 부모가 "전단이 마치 한여름의 눈처럼 쏟아졌다"고 말했다고 전했다.

59 베를린의 다목적 체육관 슈포르팔라스트(Sportpalast)에서 '전면전'을 촉구하는 괴벨스(1943. 2. 27). 정교하게 계획된 선전 전략에 따라 괴벨스는 10개 항의 질문을 제기했다. 청중들로부터 '자발적인' 동의를 구한 후 "그러므로 지금부터 '국민들이 떨쳐 일어나 폭풍이 휘몰아친다'가 우리의 구호입니다"라고 선언했다.

께 하달한 「나치 선전 실행 지침」이라는 명령서를 통해 괴벨스는 자신의 부하들이 사용해야 할 선전 방법의 개요를 설명했다. 거기에는 라디오, 신문, 영화, 포스터, 대중 집회, 강연, '쑥덕임'이나 입소문(Mundpropaganda) 등을 이용하는 선전이 포함되어 있었다. 전쟁이 진행되는 동안 변하는 전황에 따라 독일의 4대 주요 선전 활동, 즉 전격전(Blitzkrieg, 電擊戰) 선전, 대(對)소련 선전, 전면전과 사기 강화 선전, 보복 선전은 큰 영향을 받았다.

나치 선전가들은 1942년 이후로는 선전의 초점을 전쟁 초기 전격전 승전보에서 급속히 악화되는 전황 전달로 바꾸었다. 스탈린그라드에서의 나치 패배가 독일 국민의 사기에 미친 영향은 실로 엄청났다. 독일 국민들의 전쟁에 대한

태도에 큰 영향을 미쳤을 뿐만 아니라, 정권에 대한 국민의 믿음이 광범위하게 붕괴되는 위기를 초래했다. 이런 상황에서 괴벨스는 솔직하고 현실적인 입장을 취했다. 그는 '전면전'을 선언하고, 전쟁 수행을 위해 독일의 인적 자원을 총동원할 것을 요구하고, 소련의 볼셰비즘에 대항해 죽을 때까지 싸우는 광적인 애국심을 불러일으키고자 노력했다.

1943년부터 1945년까지 나치의 선전가들은 독일 국민들에게 독일이 전세를 역전시킬 수 있는 비밀 무기를 개발하고 있다는 믿음을 주려고 애썼다. 전쟁 막바지인 이 기간에, '기적의' 무기를 이용해 복수한다는 생각은 국민들의 사기를 유지하는 데 핵심적인 역할을 했으며, 독일의 모든 난국을 타개할 만병통치약처럼 보였다. 그러

나 새로운 무기가 이러한 희망을 실현할 수 없음이 명확해지자 독일 국민들은 전의를 상실했다.

전쟁 마지막 해에 괴벨스는 히틀러를, 역경을 이겨내고 최후의 승리자가 된 18세기 프로이센의 영웅 프리드리히 2세(Frederick the Great)와 같다고 묘사함으로써 지도자(Führer) 숭배를 재현하려고 했다. 소련이 독일을 이기는 지역이 점점 늘어나는 상황에서 이런 터무니없는 우상화는 어떠한 선전으로도 지탱할 수 없는 현실이 두려워 도피하려는 것이나 다름없었다. '히틀러 신화'는 군사적 패배를 극복하지 못해 제3제국(나치 독일)과 함께 사라질 위기에 처했다.

선전은 소련의 '대조국전쟁'(1941. 6~1945. 5)에서 소련 국민들을 결집시켜 독일의 침공에 대항하는 데 중심적인 역할을 했다. 1941년 6월 22일 독일이 1939년에 체결한 허위적인 나치-소련 불가침 조약(Nazi-Soviet Non-Aggression Pact)을 파기하고 '바르바로사 작전(Unternehmen Barbarossa)'으로 소련을 공격했을 때, 스탈린 정권은 전쟁 준비가 제대로 갖추어져 있지 않았다. 그러나 소련의 가공할 선전 기구들은 처음의 충격에서 벗어나 재빨리 대오를 가다듬었다. 소련의 선전은 셰르바코프(Aleksandr Sergueyevich Shcherbakov)가 이끄는 '중앙위원회 선전선동부'가 지휘했으며, 신설된 소련정보국(Sovetskoye Informatsionnoye Byuro)이 실행했다. 독일의 침략을

받은 지 이틀 만에 소련 외무부 장관 뱌체슬라프 몰로토프(Vyacheslav Molotov)는 라디오를 통해 도전적인 어투로 국민들에게 연설했다. 이 연설을 듣는 소련 시민들의 결연한 의지가 느껴지는 엄숙한 표정은 일주일도 안 되어 뉴스영화로 만들어져 소련의 영화관에서 상영됐다. 그리고 한 유명한 포스터는 소련 국민들에게 "모든 집집마다 경계를 철저히 하고, 적의 기만성과 야비함을 항상 기억하라!"고 일깨웠다. 스탈린은 7월 시작과 함께 군대 동원령을 내렸다. 그는 공산주의자들이 일반적으로 사용하는 '동지'라는 말을 사용하지 않고 대신 '형제와 자매'라고 불렀으며, 그들에게 조국(Rodina) 수호를 호소했다.

제2차 세계대전 중에 미국의 선전은 두 가지 양상을 보였다. 1939년 9월부터 1941년 12월까지 미국이 중립국이었던 기간에 일반 국민들 사이에서는 전쟁 논의가 격화됐다. 루스벨트(Franklin D. Roosevelt) 대통령은 영국에다 전쟁 목표를 명확히 밝히라고 요구했으나, 영국은 미적거렸다. 그런데 1941년 8월에 마침내 전후 '국제연합' 창설을 준비하는 대서양헌장(Atlantic Charter)이 마련됐다. 이 헌장은 미국 국민들에게 '이 전쟁은 대의명분이 있으며, 결코 대영제국을 구하기 위한 것이 아님'을 납득시키는 데 중요한 역할을 했다.

일단 참전하게 되자 미국 정부는 전시정보

60 "내 아들아! 고통 받는 나를 보아라,……"라는 애절한 구절로 시작되는 1942년 표도르 안토노프(Fyodor Antonov)의 소련 선전 포스터. 달랑한 움큼의 재산밖에 남지 않은 늙은 여인의 뒤로 가족의 집이 불타는 잔해로 변했다. 그녀는 아들에게 파시스트들을 물리치고 나라를 구하라고 호소하고 있다.

60

Сын мой! Ты видишь долю мою...
Громи фашистов в святом бою!

Рис. Ф. Антонов. Редактор К. .... Государственное издательство «ИСКУССТВО» .... на маш. ст. печати и тип. «Трудо-
.... на 22.VIII 1942 г. 12 изд. № 2079. Объем 1 б. л.   Москва, ул. Свердлова, 2.   Мосва, ул. Свердлова, 2.   Изд. № 2079.
Тираж 100000.   Цена 60 коп.   Музгиз НКП Ленинград.

61 일본의 만화 「승리를 위한 절약」 (1942~44). 성조기 트렁크를 입고 달러 글러브를 낀 권투 선수로 묘사 된 루스벨트 대통령이 일본 전사에게 KO 펀치를 맞고 있다.

국(OWI)과 전략사무국(Office of Strategic Service: OSS)을 통해 주요 선전 활동을 결집시켰다. 전자(OWI)는 공개적 선전 혹은 '백색'선전을 담당했고, 후자(OSS)는 은밀한 선전 혹은 '흑색'선전을 맡았다. 1945년경에 전시정보국은 직원이 13,000명이나 됐고 연간 예산도 1억 1000만 달러에 달했다. 미국은 군대를 교육하고(가장 유명한 것은 프랭크 카프라(Frank Capra) 감독이 연

출한 미국육군통신대(US Army Signal Corps) 영화 시리즈 「우리는 왜 싸우는가(Why We Fight)」), 국민들에게 동기를 부여하는 데 선전을 이용했다(5장 '황화와 지배 민족' 참고). 전시 선전의 모든 면에서 상업 매체가 중심적 역할을 했다. 미국 내에서 상업 매체와의 협력으로 만들어진 캠페인 중에는 여성들에게 힘겨운 전시 노동에 참여할 것을 촉구하는 내용도 있었다.

일본의 선전은 자국, 중국과 동남아시아, 서구라는 주요 전선 3곳에서 실시됐다. 1941년 12월 미국의 진주만 해군기지에 대한 공습에 이어 일본은 중국과 태평양 두 전선에서도 동시에 전쟁을 수행해야 했다. 일본은 공식 선전을 통해 이미 1930년대부터 압박을 받아온 일본 국민들에게 한층 악화된 경제적 어려움을 견디고, 부족한 자원을 재활용하고, '사치는 적이다'라는 구호 아래 검소하게 살 것을 요구했다. 일본군을 향한 직접적이고 강화된 선전에서는 포로로 잡히기보다 자살하도록 부추겼다.

● 제2차 세계대전의 후방

1939년부터 1945년까지 사람들은 이전에 겪어보지 못한 최전선에 서게 됐다. 전쟁 과학기술, 특히 공중 폭격의 발전은 사람들의 전쟁 경험을 송두리째 바꿔버렸다. 과학의 발전으로 이제 라디오와 영화는 대중매체로 확실하게 자리를 잡았고, 모든 교전국 정부들은 선전 효과를 측정해야 할 필요성을 느꼈다. 전쟁 중에 선전 '반응' 조사 기구들은 대중의 사기에 영향을 미치는 요소들과 여론 상황을 평가했다.

예를 들면 영국에서는 이를 위해 여론조사국(Mass Observation)의 사회조사(social-research) 결과를 이용했고, 독일에서는 친위대 보안 기관(Sicherheitsdienst der SS)의 주간 보고를 통해 국민의 정서와 사기를 관측했다. 미국에서는 로퍼(Roper)와 갤럽(Gallop) 같은 회사들이 실시하는 상업적 여론 조사와, 여론연구국(Office of Public Opinion Research: OPOR)과 국립여론연구소(National Opinion Research Center: NORC)가 실시하는 공익적 여론 조사를 통해 여론조사원들의 표본 수집이 이루어졌다.

모든 교전국들은 전쟁 수행에 있어 국민들의 헌신적인 기여가 매우 중요하다는 제1차 세계대전의 핵심 교훈을 강화하는 데 주력했다. 영국에서는 "국가가 당신을 필요로 한다"라는 선전 주제가 모든 국민이 계층적, 지역적, 사회적 차이를 제쳐두고 함께하는("우리 함께 전진하자(Let Us Go Forward Together)"라는 구호처럼) '국민 전쟁(people's war)'이라는 개념으로 구현됐다. 이 전략은 대영제국 전역에 걸쳐 적용됐다. 국민들이 국가의 무기 생산 능력과 생산된 무기의 효율적 이용을 확인하고 싶어 했기 때문에, 산업 현장과 노동자의 정교한 배치가 새로운 풍경을 만들어냈다. 사무실과 공장은 급변하는 사회질서의 무대로서 군수 수요에 맞게 적절히 조정됐다. 선전 역시 여성 국방보조부대(Auxiliary Territorial Service: ATS)에서의 잡무부터 무기 공장에서의 복잡한 업무까지, 전쟁 중에 여성들이 맡아야 할 새로운 역할을 강조했다. 또한 영국은 제1차 세계대전 때 지켜지지 않은 약속('영웅들에게 걸맞은' 집과 땅)을 기억하고 있었으므로 선전을 통해 전후 변화 가능성도 강조했는데, 이는 결국 1945년 선거에서 노동당이 승리하는 길을 열어준 셈이 됐다.

미국은 전쟁 중에 노동력 부족이 극심하여 방위산업체, 공무원 조직, 군대에서 여성 인력이 필요하게 됐다. 여성들이 지속적으로 노동 인구로 유입되고 있었음에도 불구하고, 선전 활동은 이전에 한 번도 일자리를 가져본 적이 없는 여성들을 대상으로 실시됐다. 새롭게 창조한 이미지

62 영국 국민들이 "[차 타지 말고] 걸어다니고, 승리를 위해 텃밭을 일구고, 절약하고, 입대하고, 석탄을 아끼라"는 정보부의 선전을 피할 수 없었음을 길가에 늘어서 있는 광고판을 보면 알 수 있다. 이런 권유의 대상은 주로 여성들이었다.

63 미국이 수호하고자 하는 네 가지 기본 자유 중 하나를 함축적으로 표현한 화가 노먼 록웰의 전시 공채 포스터. '평범한 사람'이 시청 회의에서 발언하고 있고, 정장을 한 주변 사람들이 그의 말을 경청하는 모습에 언론의 자유가 잘 표현되어 있다.

를 통해 일하는 여성들의 역할을 찬양하고 미화했으며, 일을 한다고 여성성이 훼손되지는 않는다는 암시를 주었다. 예를 들면 "승리가 그대의 손가락을 기다리고 있다. 미국의 젊은 여성들이여, 손가락에 날개를 달자"라는 구호를 이용해서 타이피스트들을 모집했다('날개를 달자'라는 표현은 모병 홍보 성격을 띠는 1941년 코미디 영화 「Keep 'Em Flying」에서 따온 것이다. 옮긴이). 가정에서, 공장에서, 사무실 혹은 군대에서 자신의 임무를 완수하건 말건 상관없이, 여성들은 늘 전쟁에서 승리하기 위해 자신의 역할을 다하는 매력적이고, 자신감 넘치고, 결의에 찬 모습으로 그려졌다. 화가 노먼 록웰(Norman Rockwell)은 리벳공 로지(Rosie the Riveter)라는 캐릭터를 만들어냈는데, 이것은 전쟁 중에 전통에 얽매이지 않는 미국 여성을 형상화한 전형들 중 하나다. 포스터에서 굵직하고 억센 팔을 가진 로지는 페니로퍼 구두를 신은 발로 히틀러의 자서전 『나의 투쟁』을 밟고 있다.

록웰은 또한 루스벨트 대통령의 네 가지 자유를 전파했는데, 언론과 표현의 자유, 종교의 자유, 공포로부터의 자유, 궁핍으로부터의 자유를 그려서 보여줌으로써 미국 국민들의 의지에 호소했다. 록웰은 전시정보국과 협력하여 이 네 가지 자유를 잘 표현한 일련의 포스터들을 제작해 전시 공채 판촉에서 큰 성과를 거두었다.

제2차 세계대전이 발발한 즈음에 영화는 이미 대중매체가 되어 있었다. 전쟁 중에 특히 노동자 계층에게 영화는 1930년대에 그랬던 것처럼, 일상생활의 평범한 일부이자 가장 인기 있는 오락이었다. 당연히 모든 교전국들이 선전 목적으로 영화를 광범위하게 이용했다. 전쟁이 끝날 때까지 3000만 명이 영화관을 찾았던 영국에서는 정보부가 영국인의 용기나 영국군의 용맹함을 전형적으로 보여주는 다큐멘터리를 포함한 사기 진작용 영화 제작을 주문했는데, 그중에는 이집트 북부 해안 도시 엘 알라메인에서 롬

SAVE FREEDOM OF SPEECH

BUY WAR BONDS

멜 전차군단을 격파하는 모습을 그린 「사막에서의 승리(Desert Victory)」(1943), 독일의 영국 대공습을 담아낸 「런던은 이겨낼 수 있어(London Can Take It)」(1940)를 포함한 험프리 제닝스(Humphrey Jennings)의 뛰어난 작품들과, 영국 공군의 독일 폭격을 다룬 해리 와츠(Harry Watts)의 「오늘밤의 목표(Target for Tonight)」(1941) 등이 있다. 상업 영화사들은 정보부와 협력하여 개인들의 전쟁 경험을 많이 그려냈다. 그들의 과제는 개인적 욕구와 단합의 필요성을 조화시키고, 금욕, 절제, 불굴의 정신, 정정당당함 같은 명확한 영국적 가치를 보여주는 것이었다. 그 결과 「토린 호의 운명(In Which We Serve)」(1942), 「실리아의 노래(Millions Like Us)」(1943), 「진격(The Way Ahead)」(1944), 험프리 제닝스의 「불은 시작됐다(Fires Were Started)」(1943) 등과 같이, 서로 다른 배경과 계층 출신의 사람들이 함께 단결하여 나치 독일에 대항해 싸우는 모습을 그린 다수의 영화들이 제작됐다.

영국에서처럼 영화가 인기를 끌었고 전쟁 중에도 영화 관객이 증가했던 독일에서는 괴벨스의 영화 정책(Filmpolitik)에 따라 오락과 선전을 교묘하게 혼합했다. 유명한 레니 리펜슈탈의 「의지의 승리」 같은 다큐멘터리와 뉴스영화들은 나치의 이념과 독일군의 성과를 공개적으로 선전한 반면, 장편 극영화는 국가사회주의 이념을 요란하게 선전하기보다 그 분위기만 투영시켰다. 「미래의 군인(Soldaten von Morgen)」(1941)은 영국의 공교육 제도와 그로 인해 타락한 영국 청소년들을 히틀러의 나치 청소년들과 악의적으로 비교해 익살스럽게 비판하고 있다(5장 '나약한 영국인' 참고). 더 일반적으로 보자면, 장편 극영화

는 나치의 색채가 짙은 뮤지컬이거나 사랑 이야기였다.

주요 교전국들은 영화와 여타 매체를 통해 자국민들에게 나름대로의 선전 전략을 펼치긴 했지만, 모두에게 공통적인 특징이 있었다. 연합국이건 추축국이건, 선전가들은 자국민들에게 더 많이 생산하고, 더 적게 먹고, 부족한 자원을 아끼고, 비밀을 잘 지키고, 아울러 당연한 소리지만, 적을 계속 증오하라고 촉구했다.

■ 냉전과 그 이후

두 세계대전이 선전의 힘이 잘 발휘된 시기라면, 1945년 이후는 그전까지 습득된 선전 기법들이 이제 텔레비전까지 포함하는 매체 혁명의 상황 속에서 폭넓게 적용된 시기다. 전쟁 중에 필요에 따라 맺어졌던 동맹들이 급속히 와해되어 냉전의 적대 세력권으로 나뉘면서 새로운 형태의 갈등이 나타났다. 이것은 정신 전쟁이자 이념 대결이면서 신경전이었으며, 이후 40년 넘게 세계를 양극 경쟁 체제로 분열시켰다. 이것의 특징은 '마음과 정신을 지배하기 위한 싸움'이었는데, 무시무시하게도 그 이면에는 상대를 핵폭탄으로 멸망시키겠다는 위협이 도사리고 있었다.

냉전 핵무기 경쟁 때문에 선전의 초점은 국가 안보와 공포라는 두 선동적 요소에 맞춰졌다. 이 두 요소는 극단적인 외국인 혐오와 점점 격화되는 사상 대립으로 이어졌다. 드물지 않게 '비(非)애국자', 심하게는 공산주의 첩자나 자본주의 첩자로 낙인찍힐 우려가 있었으므로 개인이 지배적인 이념에 반론을 펴는 것은 거의 불

64 "누가 듣고 있는지 당신은 모릅니다!" 삽화가 푸가스(Fougasse, 본명은 '시릴 케네스 버드')가 정보부의 "부주의한 대화가 당신의 생명을 앗아갑니다" 캠페인을 위해 제작한 비단 손수건. 익살스러운 만화 속에 히틀러와 괴링을 포함한 나치들이 전혀 예상치 못한 곳에 숨어서 영국인들의 대화를 엿듣는 모습이 그려져 있다.

65 동명(同名)의 미국 민방위 영화에 나오는 거북이 버트가 부르는 「웅크리고 가려라」라는 노래의 악보. 주로 아이들을 대상으로 한 냉전 시대의 유명한 이 선전 영화에서 거북이 버트는 아이들에게 핵폭탄이 폭발하는 '섬광'을 보면 '웅크리고 가려라'라고 가르치고 있다.

66 '핵 비무장 운동'의 강력한 상징을 내걸고 올더마스턴 행진(1963)에 나선 군중들. 1958년부터 1969년까지 뉴스 취재진을 포함한 많은 참가자들이 영국 올드마스턴 인근의 원자력무기연구소에서 런던의 트라팔가 광장까지 행진했다. 행진 대열 속에 평화와 사랑을 뜻하는 '핵 비무장 운동'의 상징이 뚜렷하게 보인다.

가능했다. 미국에서는 (상원의원 조지프 매카시(Joseph McCarthy)와 상원 조사위원회의 폭로에서 촉발된) 공산주의자 색출에 대한 두려움, 스파이 광풍, 그리고 소련도 핵무기를 보유했다는 사실 때문에, 국민들에게 소련의 핵 공격에 대비해 취할 수 있는 조치를 알려주는 집중적이고 지속적인 선전 활동과 핵무장에 대한 지출이 크게 늘어났다. 연방민방위국(Federal Civil Defense Administration: FCDA)은 포스터, 소책자와 다수의 텔레비전 및 극장용 단편영화를 제작했다. 새로운 매체인 텔레비전은 특히 시청자 수용성이 뛰어났다. 이 장르 중 가장 유명한 예는 거북이 버트(Bert the Turtle)를 주인공으로 하는 만화 시리즈 「웅크리고 가려라(Duck and Cover)」(1951)인데, 거북이 버트가 텔레비전과 영화 시청자들에게 핵폭발 시 어떻게 행동해야 하는지 알려준다. 1950년대 초 연방민방위국은 「가운데 집(The House in the Middle)」(1953~. 옆으로 나란히 놓인 세 채의 집 중에서 청소와 도색과 관리가 잘 된 가운데 집이 핵폭발로부터 더 안전하다는 내용. 옮긴이)이라는 영화 시리즈를 만들었

는데, 이것은 국민들에게 국방부가 민방위 분야의 연구를 계속하고 있음을 재확인시키고, 시민들에게 스스로 안보 교육에 힘쓰도록 독려하려는 의도로 제작됐다. 민방위 선전은 소련 핵 공격의 위험을 지속적으로 강조함으로써 국방비 증액을 정당화하는 데에도 이용됐는데, 이런 전략은 1980년대 레이건 대통령의 전략방위계획(SDI) '별들의 전쟁(Star Wars)' 선전 사업에서 절정에 이르렀다.

영국에서는 핵무기 확산을 계기로 1948년의 민방위법(Civil Defense Act) 규정에 따라 공식 민방위 기구인 민방위대(Civil Defense Corps)가 다시 등장했다. 클레멘트 애틀리(Clement Attlee) 총리가 이끄는 노동당 정부는 중앙정보국(Central Office of Information: COI)과 협력하여 "확신할 순 없지만, 대비할 수는 있다(You can't be certain. You can be prepared)"라는 구호 아래 전국적인 홍보 활동을 펼치며 대규모 모병 운동을 시작했다. 이 운동에는 포스터와 영화가 이용됐는데, 그중에는 국민들의 사회적 양심에 호소하며 민주적 삶에

대한 전 세계적인 공산주의의 위협을 부각시킨 [정보부 내 공보영화 제작 기관] 크라운 필름 유닛(Crown Film Unit)의 「깨어나는 순간(The Waking Point)」(1951. 구조대의 중요성을 부각시키며 민방위대 입대를 촉구하는 내용. 옮긴이)도 있었다.

그런데 핵 확산에 대한 불안 때문에 1957년 '핵 비무장 운동(Campaign for Nuclear Disarmament: CND)'이라는 단체가 설립되어 영국의 일방적인 핵 폐기를 주장했다. 새로 생긴 이 단체는 대중들의 상당한 관심을 받았으며, 과학자, 종교 지도자, 대학 교수, 언론인, 작가, 배우와 음악가를 포함하는 다양한 계층의 지지를 이끌어냈다. 제1차 세계대전 당시의 평화주의 운동에서 비롯된 반전운동의 오랜 전통을 이어받아, '핵 비무장 운동'은 대량 살상 무기, 특히 화학 무기와 생물학 무기의 폐기를 주장하고, 전단과 포스터 그리고 행진(가장 유명한 것은 영국의 원자력무기연구소가 있는 올더마스턴에서 런던까지 이어진 '올더마스턴 행진')을 포함한 다양한 방법을 이용하여 그들만의 독특한 '역선전' 활동을 벌였다. '핵 비무장 운동'은 1958년에 디자인된 상징 로고로도 널리 알려졌으며, 나중에 이 로고는 전 세계적으로 반핵과 평화의 상징이 됐다.

냉전으로 나뉜 양 진영의 선전가들은 '자유'와 '안보'에 대한 서로 상반된 해석과, 자기네 이념관을 자국민과 세계인들에게 전파하고자 가능한 모든 매체를 활용했다. 이런 대결이 미국 선전에서는 대개 '선과 악의 싸움'이라는 단순한 도덕적 표현으로 전달됐다(1980년대 레이건 대통령은 소련을 '악의 제국(Evil Empire)'으로 묘사한 것으로 유명하다). 그런데 소비에트 블록의 국가들은 '언어'를 마르크스-레닌주의의 '역사적 과업(historical imperative)'을 이루기 위한 정책에 있어 가장 근본적인 요소로 생각했다. 그래서 이념 전쟁의 무기로서 '언어'는 '평화', '안보', '해방', '자유' 같은 개념을 정의하는 데 실질적이고 매우 중요한 역할을 했다.

쿠바 미사일 위기(1962) 때 두 초강대국은 거의 핵전쟁 일보 직전까지 갔던 반면, 한국 전쟁(1950~53)과 베트남 전쟁(1965~1973)에서는 냉전이 대규모 '열전(hot war)'으로 전개됐다. 특히 한국 전쟁 때 양 진영의 선전 활동은 엄청나게 증가했다. 미국 의회는 '진실 캠페인(Campaign of Truth)'이라는 선전 사업 예산을 세 배로 증액했으며, 그 덕분에 트루먼 대통령 행정부는 국내 선전 활동을 강화하고 '미국의 소리' 방송을 46개 언어로 100여 개국에 방송할 수 있었다. 그러자 소련은 이에 대응하여 단파방송 프로그램 편성을 개선했는데, 1950년 말에는 미국보다 더 많은 언어로 더 많은 나라에 방송할 수 있게 됐다. 1962년에는 소련의 라디오가 일주일에 총 1,200시간이나 방송됐는데, 그중 250시간만 서

67 백인 중산층 시민들의 민방위대 참여를 촉구하는 암울한 분위기의 미국 민방위 포스터(해럴드 스티븐슨(Harold Stevenson) 제작, 1951). 민방위대는 민방위국(Office of Civilian Defense)에서 운영했는데, 화재를 진압하고, 화학전 발생 후 오염 물질을 제거하고, 그리고 무엇보다 응급 조치를 실시하기 위해 약 1000만 명의 자원봉사자들을 조직했다.

69 포클랜드 전쟁 중 아르헨티나의 순양함인 헤네랄 벨그라노 호 격침 소식을 축하하는 《선》의 유명하면서 악명 높은 1면 기사 "잡았다"(1982. 5. 4). 기사는 제1차 세계대전 때 일반인들이 사용하던 어투와 별반 다르지 않은 말로 시작한다. "간밤에 우리 해군이 치명적인 더블펀치를 퍼부어 아르헨티나 놈들을 무릎 꿇렸다."

지를 두고 논쟁을 벌였다. 그리고 이 전쟁이 보도된 방식 때문에 여론과 사기의 중요성, 그리고 전시에 허용할 수 있는 검열과 뉴스 통제의 수준에 대한 의문이 제기됐다.

1989년 베를린 장벽의 붕괴에 이은 소비에트 블록의 해체는 냉전을 종식시켰다. 한동안 '역사의 종언'(미국의 국제정치학자 프랜시스 후쿠야마의 저서 제목이기도 하다. 옮긴이), 새로운 세계 질서 등에 관한 매우 희망찬 담론이 이어지기도 했다. 그러나 1990년 이라크가 쿠웨이트를 침공하자 영국을 포함한 미국 주도의 연합군이 이라크군을 물리치는 새로운 충돌이 벌어졌다. 제1차 걸프 전쟁에서는 CNN 같은 세계적인 '24시간 연속 뉴스(rolling news)' 방송을 통해 밤마다 실시간으로 강력한 선전 활동이 펼쳐졌다. 영국에서는 또다시 타블로이드 대중지가 주도하는 새로운 애국

선전이 이어졌다. 예를 들면《선》은 국민들에게 영국 국기가 그려진 포스터를 자랑스럽게 붙이자고 했다.《선》이 배포한 그 포스터에는 이렇게 쓰여 있었다.

"이 포스터를 집의 창문과 직장의 벽에 붙이세요. 그리고 누군가 이것에 대해 불평하면, 걸프 전쟁에 참전한 우리의 용감한 아들과 딸들을 걱정하는 마음을 보여주고 싶어서 그런다고 말하세요."

20세기가 저물며 정교한 '정보전(information war)'과 초고속 정보통신망이 대두되는 시대에, 정서적으로 '원초적인' 이런 선전 때문에 우리는 20세기 초로 회귀하고 말았다.

"변하면 변할수록 점점 더 똑같아지는 법이다(Plus ça change, plus c'est la même chose)."(프랑스 언론인 알퐁스 카가 1849년에 쓴 기사 중에서. 옮긴이)

입을 가리고 기침하세요

공공 정보로서의 선전

4

20세기의 '열전'과 냉전 때문에 선전이 대폭 증가했다면, 정부가 전혀 다른 목적으로 선전을 이용하게 된 것도 20세기의 일이다. 전시에는 "국가가 당신을 필요로 한다"는 충성심에 호소해 국가에 대한 개인의 의무를 강조했지만, 국민의 희생에 힘입어 전쟁이 끝난 후에는 각국 정부가 국민에 대한 의무를 인식하게 됐다. 빅토리아 시대와 에드워드 시대의 자유방임적 태도에서 벗어나 이제는 정부가 국민의 건강과 위생에 관심을 갖게 됐다. 그래서 선전은 이런 공공 정보를 전달하는 중요한 교육적 역할을 담당하게 됐다. 오늘날 전 세계적으로 정부 기관이나 민간단체를 불문하고 공중보건 향상은 선전의 주요한 주제가 됐다. 공중보건 캠페인은 어떤 생각이나 습관을 보다 온건한 방식으로 전파하는 '연성(soft)' 선전으로 알려져 있다.

오늘날에는 세계적인 현상이 된 이러한 캠페인의 기원은 1848년 영국의 공중보건법(Public Health Act)으로 거슬러 올라간다. 최초의 공중보건 영화인 「파리의 일생(The Life Drama of the Fly)」 역시 영국에서 1910년에 전국적으로 펼쳐진 파리 박멸 캠페인의 일환으로 제작됐다. 비록 초기에는 거의 체계화되지 않았지만, 정부가 후원하는 건강 캠페인은 제1차 세계대전 중에 등장했다. 그러나 제1차 세계대전이 끝난 이후로 많은 나라에서 점차 국가가 직접 공중보건 관리에 중요한 역할을 담당하게 됐다. 이러한 변화는 만성 질환과 전염병에 대한 국가의 관심과, 시민들을 위해 건강을 증진시키는 것이 국가의 임무라는 생각에서 그 전례와 근원을 찾아볼 수 있다. 그러나 건강한 국민에 대한 국가의 열망이 단순히 이타적인 행위인 것만은 아니다. 건강한 국민은 경제 현장과 군대 모집에 인력을 제공할 뿐만 아니라, 복지와 의료에 드는 국가 비용을 줄인다. 이에 대한 관심은 분쟁, 기근 혹은 자연재해 발생 시에 더욱 고조된다.

그리고 국가와 국민 간의 상호작용이나 '의사소통'은 주로 대규모 공중보건 캠페인의 형태로 대중매체를 통해 이루어진다. 캠페인은 충격, 교육, 설득 혹은 해학적인 방법이 사용되기도 하고, 알아차리기 어려운 방식일 수도 있으며, 대중지, 영화, 방송이나 라디오 프로그램, 인터넷 등에서 눈에 띄지 않게 진행되기도 한다. 또한 노동조합이나 의료 기관 같은 조직의 지원을 받기도 있다. 또한 캠페인이 다루는 주제는 건강에 좋은 음식부터 안전한 섹스까지, 흡연의 해악부터 과속 운전의 위험까지, 예방접종 권장부터 금

FLIES AND DISEASE.

KILL THE FLY
and
SAVE THE CHILD.

Published by "The Medical Officer," 36-38, Whitefriars Street, London, E.C. 4, England, owners of the Copyright.

71

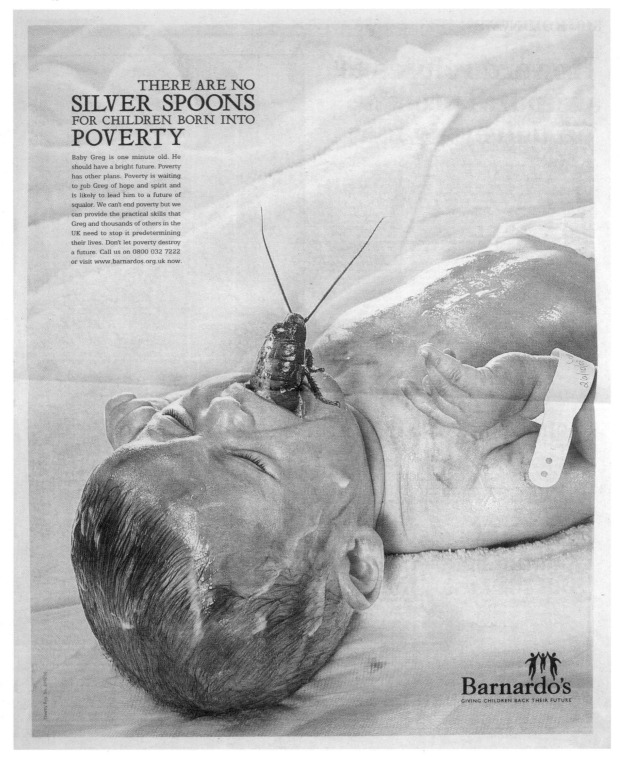

주 장려까지, 그 외에도 아주 다양하다.

■ 건강에 좋은 섭식

19세기 후반과 20세기 초반에 걸쳐 개인 건강과 국민 건강 간의 관계는 많은 공개 토론에서 주제로 등장했다. 이것은 특히 세계에서 자기네 위상을 지키고자 하는 주요 제국주의 세력들에게는 큰 관심사였다. 그들 중 일부는 국민의 건강을 근본적으로 향상시키기 위해서는 생물학 차원의 개입이 필요하다고 주장하기도 했다. 1860년대 프랜시스 골턴(Francis Galton)은 '우생학(eugenics)'으로 알려진 연구를 통해 새롭게 등장한 유전학 지식을 적용하는 방법에 대해 설명했다. 그 목적은 종족 번식의 가치가 있는 것으로 보이는 사람에게는 자식 낳기를 권하고, 낮은 지능, 정신장애, 특정 만성질환이나 장애, 혹은 '범죄적 성향(criminal proclivity)' 등의 이유로 종족 보존에 부적합해 보이는 사람에게는 자식을 낳지 않도록 유도하는 것이었다.

우생학자들은 인간의 번식을 조절함으로써 인류는 스스로의 미래를 조절할 수 있다고 주장했다. 우생학에서는 또한 공중보건법을 많이 제정해 시행하면 평상시에는 자연도태에 의해 '제거될' 사람들도 살려낼 수 있다고 제안했다.

이러한 견해는 전시에 더욱 증폭됐다. 공중

보건과 전쟁은 오랜 동안 가까운 동반자였으며 뜻밖의 연관성을 가지고 있다. 1902년에 끝난 영국-보어 전쟁의 여파로 영국의 남성 인구가 급격히 감소해 영국과 대영제국의 미래에 우울한 전망이 만연했다. 영국의 신병들 중 40~60퍼센트는 신체적으로 군 복무에 적합하지 않아 입대가 거부됐으며, 제1차 세계대전에서 그 문제가 더욱 부각됐다. 산업화된 '전면전'의 등장으로 대부분의 성인 인구는 군인이나 노동자로 동원됐으며, 이로 인해 인력 품귀 현상이 빚어졌다. 따라서 질병을 예방하고 (군인이든 노동자든) 환자를 회복시켜 유용한 역할을 하도록 만드는 데 모든 국가적 노력을 기울였다. 음식은 전쟁에서 최후의 승리를 지켜내고, 교전국 국민들의 미래 건강을 회복시키는 매우 소중한 자원이 됐다.

예를 들면 1917년부터 미국 식품국(Food Administration)은 전쟁 활동을 돕기 위해 각 가정에 주요 곡물에 대한 소비를 줄이도록 촉구했다. 정부는 "식량이 승전을 이끈다"고 선언하고, 국민들을 이 운동에 동참시키고자 '쇠고기 안 먹는 월요일(Meatless Monday)'과 '밀 안 먹는 수요일(Wheatless Wednesday)'을 제정했다. 한 포스터에는 "식량이 승전을 이끈다. 우리는 쇠고기 안 먹는 날, 밀 안 먹는 날, 돼지고기 안 먹는 날을 지키고, 미국 식품국이 정한 모든 절약 규칙을

71 아동 자선단체인 바너도스(Barnardo's)의 아동 빈곤(Child Poverty) 캠페인(2003) 포스터에 등장하는 충격적 이미지. 아이의 입에서, 전통적으로 유복함을 뜻하는 은수저가 아니라 바퀴벌레가 기어 나오고 있다. 이 이미지를 통해 아동 빈곤이 건강 악화와 열악한 생활환경으로 이어짐을 표현하고 있다.

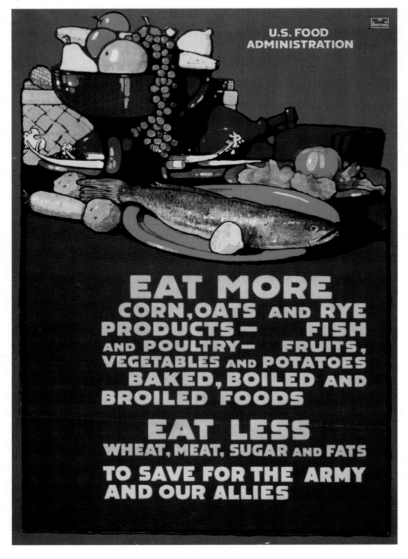

U.S. FOOD
ADMINISTRATION

EAT MORE
CORN, OATS AND RYE
PRODUCTS — FISH
AND POULTRY — FRUITS,
VEGETABLES AND POTATOES
BAKED, BOILED AND
BROILED FOODS

EAT LESS
WHEAT, MEAT, SUGAR AND FATS
TO SAVE FOR THE ARMY
AND OUR ALLIES

72 미국 식품국이 제1차 세계대전 중에 발행한 선전 포스터(1917). 미군과 연합군에게 필요한 식량을 확보하기 위해 무엇을 더 먹고, 무엇을 덜 먹어야 하는지에 대한 지침이 제시되어 있다.

73 음주 문제를 다룬 감성적인 프랑스 포스터(1918). 절망에 빠진 아내와 두려움에 떠는 아이들이 만취한 남편[아빠]와 함께 있는 모습을 보여주면서 "우리는 술을 언제쯤 없앨 수 있을까요?"라는 물음을 던지고 있다.

실행한다"라고 명시됐다. 당시 식품국 책임자였던 허버트 후버(Herbert Hoover)가 캠페인의 실행을 진두지휘했는데, 선전에만 그치지 않고 요리책, 잡지, 소책자를 만들어 발행하고, 새로운 메뉴를 개발해 신문에 소개했다.

캠페인의 효과는 엄청났다. 약 1000만 가정과 7,000개의 호텔과 425,000개의 음식점들이 전국적으로 쇠고기 안 먹는 날을 준수할 것을 서약했다. 1917년 11월 뉴욕 시의 호텔들에서만 일주일 만에 116톤의 쇠고기가 절약됐다. 1929년의 《새터데이 이브닝 포스트(Saturday Evening Post)》 기사에 따르면 "미국인들은 자신들이 무

Ah! Quand supprimera-t-on l'Alcool?

Inscrivez-vous à
l'Union des Françaises Contre l'Alcool

28, Rue des Saints-Pères, de **2** heures à **5** heures

Chavannaz

IMP. CRÉTÉ, 2. Rue des Italiens, PARIS

엇을 얼마나 많이 먹는가에 대한 문제를 진지하게 살펴보기 시작했다. 많은 사람들이 난생 처음으로 자신들이 더 적게 먹고도 불편하지 않을 수 있음을, 아니 대부분은 오히려 더 편안할 수 있음을 발견했다.”

제1차 세계대전 초기의 그림 포스터들은 보는 사람들의 주의를 끌기 위해, 그리고 메시지를 빨리 전달하기 위해 대부분 짧은 문장과 강렬한 그림으로 이루어졌다. 비교적 저렴한 형태의 대중매체인 포스터는 다양한 대중들에게 특정 이념을 제창하는 데 자주 이용됐다. 이런 특징들로 인해 예나 지금이나 공중보건 운동가들이 질병에 대한 지식을 시각적으로 전달하고, 건강 위협 요소를 밝히고, 행동 변화를 촉진하는 강력한 매체로 포스터를 이용하게 됐다. 혁신적인 형상화와 구호의 결합을 통해 포스터는 ‘건강’이 소중한 자산임을 설득하는 홍보 수단으로 거듭났다. 그 과정에서 포스터 디자이너들은 ‘정상적’이고 ‘건강한’ 행동과 조건을 규정하는 데 도움이 되는 시각 언어를 발전시켰는데, 이 시각 언어를 이용해 전염병과 건강 저해 환경에 대한 다양한 캠페인을 벌였다. 동시에 포스터는 비정상적이고, 무능하고, 유해하거나 혹은 타락한 개인을 지목하고 비난하는 효과도 있었다. 제1차 세계대전의 영향으로 공중보건 캠페인도 선전 메시지를 확산시키기 위해 새로운 매체인 영화를

폭넓게 이용했다.

전쟁 후 영국의 보건부 장관인 크리스토퍼 애디슨(Christopher Addison)은 많은 사람들이 건강하지 못하다는 것은 ‘국력 약화의 근원’이라고 결론 내렸다. 전쟁 중에 실시된 조사에서, 전문직 종사자들의 15세 아들이 기능공들의 15세 아들보다 키가 2인치(약 5센티미터)나 크고 몸무게가 18파운드(약 8킬로그램)나 더 무거운 것으로 드러났다. 모든 주요 국가들이 전쟁 중의 이런 충격적인 결과를 인식하고, 정도의 차이는 있지만 미래의 국가 경쟁력을 향상시키기 위해 관심을 기울인 결과, 양 대전 사이 몇 년 동안 공중보건 캠페인이 급증했다.

영국에서는 빈민가 정비를 통해 주거 환경을 개선하는 계획이 전시에 내건 ‘영웅들에게 걸맞은 집’(1935년 제작된 「주택 문제(Housing Problem)」 같은 다큐멘터리 영화에 등장하는 표현) 약속을 이행하는 데 어느 정도 도움이 됐다. 글래스고나 런던의 버몬지 같은 지방 자치 단체 당국은 건강과 위생의 중요성을 널리 알리기 위해 근대적인 선전 기술을 사용했다. 글래스고 자치회는 신중한 선전 전략을 이용해 지역주민들에게 보다 건강하고 질서 있는 생활의 장점을 보여주고자 영화 제작을 의뢰했다. 「슬픔과 기쁨(Sadness and Gladness)」(1928) 같은 영화는 휴일을 짜임새 있게 보내는 것이 가난한 도시 어린이의

74 양 대전 사이에 영국 산부인과협회와 런던 아동복지센터가 발행한 포스터. 아이를 건강하게 키우기 위해서는 운동이 중요하다는 사실을 일깨우고 있다.

GROWTH and EXERCISE.

If I'm to walk and run and shout
    I must have room to roll about,
For lungs and muscles stronger grow
    With *use*, as all wise Mothers know.

Cradle and pram are meant for rest—
    For *exercise* the floor is best;
Secured from draught, to stretch and squirm
    Will make my limbs well-shaped and firm.

Of clothing freed, and at my ease,
    I'll scramble soon on hands and knees;
One effort more—I'm certain quite—
    I'll find the way to stand upright!

M. C. D. WALTERS.

This Poster has been approved by and can be obtained from the Association of Infant Welfare and Maternity Centres, Carnegie House, 117, Piccadilly, London, W. 1, or from the Publishers, JOHN BALE, SONS & DANIELSSON, LTD., 83-91, Great Titchfield Street, London, W. 1. Price 8d. each. net.

M 82 Copyright.

GWYAG WILLIAMS

Your own vegetables
all the year round...

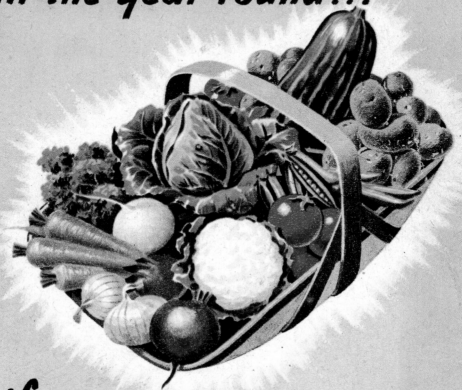

if you

DIG FOR VICTORY NOW

건강에 얼마나 도움이 되는지를 보여준다. 버몬지의 공중보건 선전부는 그들이 제공하고 있는 예방적 치과 진료실, 수영장, 공동 세탁실, 결핵 환자용 일광욕실 같은 시설들을 주민들에게 보여주기 위해 이동 영화관을 활용했다.

한편 높은 수준의 유병률과 가난, 산모 및 영아 사망률, 사회 구성원 대부분의 영양 부족 등에 대한 불안도 점차 높아졌다. 제1차 세계대전에서 드러난 계층 간의 건강 격차에 자극을 받아, 양 대전 사이에 각국 정부는 특히 국민의 식습관을 개선하는 데 노력했다. 비록 정부의 공식 성명을 통해 "국민 건강을 지키려는 정부의 노력은 매우 효과적이며…… 영국 국민들의 건강 상태는 계속 양호하게 유지될 것입니다"라고 장담했지만, 이것은 존 보이드 오어(John Boyd Orr)의 새로운 연구 「식품, 건강 그리고 수입(Food, Health and Income)」(1936)에 의해 안일한 주장으로 드러났다. 이 연구에서 50퍼센트 이상의 영국 국민이 제대로 먹지 못하고, (전국의 어린이 20퍼센트를 포함해) 10퍼센트는 심각한 영양 부족 상태이며, 그리고 부적절한 섭식으로 인해 결핵, 영양실조, 산모 사망, 구루병 같은 아동 질병이 발생한다는 사실이 밝혀졌다. 또한 과학적으로 특정 음식에 들어 있는 비타민과 무기질의 존재를 발견하고, 그것이 적절한 식단에 매우 중요하다는 사실도 밝혀냈다. 그리고 우유, 채소, 과일과 같이 영양이 풍부한 식품을 가난한 가족이 사 먹을 수 없다는 사실도 지적했다.

비록 정부에서는 이 같은 오어의 연구 결과를 부인했지만, 이 문제는 개스 라이트 & 코크 컴퍼니(Gas Light & Coke Company)가 후원한 에드거 앤스티(Edgar Anstey)의 영양(nutrition) 영화 「충분한 먹거리(Enough to Eat)」(1936)에서 진화생물학자 줄리언 헉슬리(Julian Huxley)의 해설로 자세히 다루어졌다. 이 획기적인 영화는 주제를 생생하게 전달하기 위해 시선을 사로잡는 시각적 장면들을 사용했다. 한 장면에서는 사립학교 남학생과 같은 또래 공립학교 남학생 간의 현격한 신장과 체중의 차이를 보여주었다. 다른 장면에서는 가계비와 식단에 대해 여성들과 인터뷰를 해서, 여성들이 무지하기 때문에 잘못된 식품을 산다는 근거 없는 믿음을 날려 버렸다. 그들은 그저 가계비가 한정되어 있어서 가족에게 필요한 영양 많은 식품을 살 돈이 없었을 뿐이다. 이 영화는 또한 수입이 다른 집단 간의 차이뿐 아니라 가족 구성원 내에서의 차이도 강조했다. 여성들은 남편과 자식을 먹이기 위해 자신은 굶는 경우가 허다했으므로 건강이 악화될 수밖에 없었다.

제2차 세계대전 중에는 공식 선전에서 건강 캠페인의 중요성이 더욱 두드러졌다. 전쟁이라는 비상 상황에서 시민들은 싸우기 위해, 산업 현장에서 일하기 위해, 공습에 대처하기 위해,

75 가정에서의 과일과 채소 생산량을 늘리려는 전시(戰時) 식품부의 캠페인을 선전하는 '승리를 위해 파자' 전단. 전면전은 노동력의 총동원을 뜻했으며, 시민 농장이 활성화되면서 가정용 채소밭도 크게 증가했다. 굵은 활자로 "파자…… 바로 지금"이 강조되어 있다.

그리고 식품이나 여타 생필품의 부족에서 초래되는 어려움을 이겨내기 위해 신체적으로 건강해야만 했다. 영국은 사기를 유지하자면 적절한 식품 공급이 매우 중요하다는 사실을 인식했다. 영국 정부는 여러 장관들을 모아놓고 공식 정책을 설명하면서 전쟁 활동의 성공적인 결과를 위해서는 건강이 중요하다는 사실을 강조했다. 이에 따라 식품부(Ministry of Food)가 선전을 가장 많이 했는데, 끊임없이 전단을 발행하고 신문 광고를 내고 단편영화를 만들어 시민들에게 식량배급제에 대해 설명했다. 그리고 전시의 요리법과 제한된 보급품을 오래 보관하는 방법도 알려주었다.

농무부(Ministry of Agriculture)은 채소를 더 많이 기르기 위해 재배 면적을 넓히는 책임을 맡았다. 전쟁 중 가장 유명한 구호 중 하나는 "승리를 위해 파자(Dig for Victory)"였다. 영국 후방에서는 개인들의 정원을 소규모 민간 텃밭으로 바꾸도록 권장했다. 이렇게 하면 가족과 이웃들에게 필수적인 작물을 공급할 수 있을 뿐만 아니라 식량 수입에 사용될 비용을 아껴 수송선에 귀중한 전쟁 물자를 더 사서 실을 수 있으므로 전쟁 활동에도 도움이 된다는 믿음은 상당한 근거가 있었다. 1000만 장이 넘는 교육용 전단이 영국 국민들에게 뿌려졌다. 「주방 전선(Kitchen Front)」이라는 라디오 방송은 식량을 효율적으로 사용하는 방법과 식량 부족을 완화하기 위해 주변에서 쉽게 구할 수 있는 것들을 활용하는 방안에 초점을 맞추었다. 농무부는 친근한 「식품 속보(Food Flashes)」를 발행했고 전단과 포스터가 배포됐으며 「승리를 위해 파자」를 포함한 다양한 노래들도 이용됐다.

> 파자! 파자! 파자! 그러면 근육도 강해지겠지.
> 계속 삽질을 하자.
> 벌레들 걱정은 말자.
> 꼼지락 거리면 무시해 버리고
> 등이 당길 때면 한바탕 신나게 웃자.
> 그리고 계속해 파자.
> 적들을 혼내줄 때까지
> 파자! 파자! 승리를 위해.

당근은 공급이 충분한 채소 중 하나였으므로 모자라는 식품의 대용품으로 널리 사용됐다. 단조로운 맛을 개선하기 위해 '당근 박사(Doctor Carrot)'라는 캐릭터를 만들어 사람들에게 몸에 좋은 당근을 다양한 방법으로 즐기도록 장려했다. 농무부는 커리로 요리하는 당근, 당근 잼, (당근과 순무의 주스로 만드는 음료) 캐럴레이드(Carrolade)처럼 맛있는 가정 요리를 제안했다.

감자 피트(Potato Pete)는 국민들에게 집에서 기른 채소를 먹도록 권장하기 위해 만들어낸 또 다른 캐릭터다. 「승리를 위해 파라」라는 주제가와 마찬가지로 감자 피트도 선전 메시지를 증폭시키기 위한 주제가가 만들어졌다. 베티 드라이버(Betty Driver, 텔레비전 연속극 배우 '베티 윌리엄스')가 노래를 맡은 이 곡은 엄청난 성공을 거두어 선전 메시지를 확산하는 데 실로 큰 역할을 했다.

> 여기 밭을 일구는 남자가 있어요.
> 여기 수확물을 들어올리는 여자가 있어요.
> 여기 감자 더미를 처리하는 남자가 있어서,

76a-b 의인화된 감자. 제2차 세계대전 당시에는 남아 있는 식자재들을 다양하게 활용하는 것이 주요 관심사였다. 영국에서는 감자 피트 요리책이 발간되어 보잘것없어 보이는 감자가 사람들의 입맛에 맞게 얼마나 다양한 방법으로 요리될 수 있는지 알려주었다.

수백만 명의 턱이 씹고 우적우적 먹을 수 있어요. 이야기는 그래요 그리고 여기 우리의 스타, 감자 피트가 있어요. 먹어 치워요, 잘 가!

감자 피트 요리책들은 여성들에게 식사 시간에 가장 맛있게 감자를 요리하는 방법을 제시하며 충고도 아끼지 않는다. 예를 들면 '감자를 칼로 깎지 않고 긁기'를 권하는데, 이렇게 하면 껍질이 불필요하게 낭비되지 않게 할 수 있다. 전통적인 자장가가 감자 피트의 주제가로 각색돼 이용되기도 했다.

이 선전 캠페인은 성공적이었다. 잔디밭과 화단을 소규모 시민 농장으로 바꾼 사람이 140만 명이 넘은 것으로 추정됐다. 1943년 경 100만 톤이 넘는 채소가 텃밭과 시민 농장에서 자라고 있었다. 정부는 국민들에게 닭을 키우도록 장려했고, 일부 국민들은 토끼와 염소도 길렀다. 돼지는 버려지는 음식을 먹여 키울 수 있었으므로 특히 인기가 있었다. 전쟁 중에 식품부 장관이었던 울턴(Frederick Marquis, 1st Earl of Woolton) 경은 영국 국민들에게 배급제의 장점을 설명하고 좋은 식습관을 교육했다. 전쟁 말엽에 '승리를 위해 파라' 캠페인의 성공으로 많은 양의 채소가 생산되자, 그중 감자, 파스닙(Parsnip, 설탕당근), 허브를 재료로 해서 만드는 야채 파이인 전설적인 울턴 파이(Woolton pie)가 탄생했다. 이 파이는 영국 국민 모두가 즐기는 파이가 됐다.

1941년 12월 미국이 전쟁에 참전한 뒤 "당신의 승리 정원이 어느 때보다 중요합니다!(Your Victory Garden Counts More than Ever!)"라는 구호 아래 미국에서 유사한 선전 캠페인이 시작됐다. 미국 정부는 국민들에게 식량 부족을 막기 위해 정원에 채소를 심도록 장려했고,《새터데이 이브닝 포스트》나《라이프(Life)》같은 잡지는 이 캠페인을 지지하는 기사를 실었고, 여성 잡지들은 파종 방법을 설명하기도 했다. 이러한 정원들은 애국적인 것으로 여겨져 "승리 정원(victory garden)"이라 불렸고, 여성들은 정원에서 키운 채소들을 통조림으로 만들어 보관하라는 권유를 받았다. 미국 농무부가 관련 정보를 전파하는 동안, 많은 상업 출판사들은 정원 재배 방법에 관한 책을 출

간했다. 전쟁 중에 미국인들은 5000만 개의 승리 정원을 경작하여 미국의 상업적 생산보다 훨씬 더 많은 양의 채소를 생산했다. 이렇게 생산된 채소의 많은 양은 "먹을 수 있는 만큼 먹고, 나머지는 통조림으로 만들어라(Eat what you can, can what you can't)"라는 구호에 따라 보관됐다.

전쟁 동안 보건 전문가, 정치인, 군인 간의 상호 협력적인 관계가 잘 유지됐다. 전쟁 활동을 위해 과학과 기술이 동원되어 항생제, 레이더 그리고 원자폭탄을 개발하는 성과를 거두었다. 전쟁은 또한 공중보건에 대한 다양한 과학적 접근법을 개발하고 활성화하는 계기가 됐다. 그 결과 모기처럼 질병을 퍼뜨리는 해충을 죽이는 화학 살충제의 개발, 공중보건 관리를 위한 통신 체계의 확장, 군인과 대중을 대상으로 하는 공중보건 영화의 제작 등이 뒤를 이었다.

전쟁이 끝난 직후 국민 공중보건 및 복지 정책은 냉전과 결부된 대대적인 정치 선전 속에서 진행됐다. 영국에서는 1948년 국민건강보험(National Health Service)을 도입함으로써 보건 정책의 성격이 근본적으로 바뀌었고, 중앙정보국(COI)은 전시의 정보부를 대체한 1946년부터 비용 절감 운동의 일환으로 폐쇄된 2010년까지 보건 선전 캠페인을 주관하고 확산시키는 역할을 했다. 예를 들면 1930년대에 저임금과 영양

77 전쟁 중에 조지프 리(Joseph Lee)가 《런던 이브닝 뉴스》에 연재한 인기 만화 「그래도 웃지요 (Smiling Through)」 시리즈 가운데 하나인 「쓰레기 재활용(Waste Salvage)」(1940). 정부가 권장하던 가축 기르기를 상류 사회에 적용해서 웃음을 자아내고 있다. (웨이터에게) "접시에 남은 음식은 가져가게 담아주세요. 우린 돼지를 키우거든."

SMILING THROUGH : Waste Salvage

"..... and Waiter, I want you to pack up anything left on the plates and dishes to take away. We keep a pig."

5077

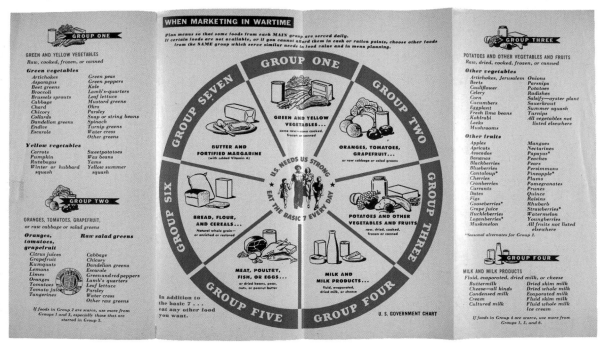

78 당신이 먹는 것들이 곧 당신입니다(You are what you eat). '미국은 국민들이 건강하길 원하기' 때문에, 미국 정부는 도표(1944)를 통해 매일 먹어야 하는 7종의 기본 식품군을 제시했다. 그런데 미국 국민은 도표에 제시된 음식들 외에도 먹고 싶은 것을 마음대로 먹을 수 있었다. 전시 배급 제도를 실시한 유럽의 궁핍함과는 큰 차이가 있었다.

실조, 낮은 학업 성취도 간의 관계를 밝힌 존 보이드 오어의 연구 결과에 따라 클레멘트 애틀리 총리의 노동당 정부는 1946년에 18세 이하의 모든 학생들에게 우유를 무료로 나눠주는 학교우유급식법(School Milk Act)을 제정했다. 우유 생산과 판매를 조절하기 위한 우유판촉위원회(Milk Marketing Committee)는 1933년에 이미 설립되어 있었다. 새로 제정된 법에 힘입어 1950년대부터 중앙정보국과 우유판촉위원회가 협력하여 주목할 만한 여러 선전 캠페인을 벌였다. 구호에는 "자연의 영양분을 가득히(Full of Natural Goodness)", "당신의 아이는 충분히 마시고 있나요?(Is Your Man Getting Enough?)", "우유를 많이 마시자(Milk's Gotta Lotta Bottle)", "우유 1파인트 마시는 날(Drinka Pinta Milka Day)" 등이 있었다. 1971년 당시 교육부 장관이었던 마거릿 대처가 7세 이상의 학생들에 대한 무료 우유 급식을 중단하기로 결정하자, "대처, 대처, 우유 날치기(Thatcher, Thatcher, Milk Snatcher)"라는 유명한 항의 구호가 등장했다.

21세기에는 전시의 배급제와는 전혀 다른 이유로 선진국들이 식품 소비, 식습관, 공중보건에 지속적인 관심을 가졌다. 두 세계대전에서 정부가 직면한 문제는 국민에게 부족한 식량으로 건강하게 지내는 법을 가르치는 것이었지만, 오늘날의 관심사는 비만과 그로 인해 초래되는 제2형 당뇨병, 일부 암, 그리고 심장 및 간 질환의 위험성이다. 영국의 예를 들면 2010년 영국보건조사(Health Survey England) 결과 16세 이상 성인 중 약 3분의 2와 2세부터 15세까지 아동 중 거의 3분의 1이 과체중이거나 비만이었고, 모든 성인의 4분의 1 이상과 모든 아동의 16퍼센트가 실제로 비만이었다. 더욱이 최근에는 비만으로 인해 국민건강보험이 지출하는 비용이 매년 51억 파운드에 달한 것으로 추산됐다.

이 현대 '유행병(epidemic)'에 대한 대책으로 미국과 영국은 국민들에게 잘못된 식습관과 운동 부족의 위험성을 알리는 공중보건 캠페인을 앞장서서 벌이고 있다. 보건부가 선두에 선 영국의 캠페인은 특히 텔레비전과 인터넷을 주축으로 하면서 여타 온갖 통신 수단도 활용하고 있다. 영국 정부는 사회 전반에 걸친 협력을 바탕으로 2011년 10월에 시작된 '건강한 삶, 건강한 국민: 영국 비만 대응 작전 개시' 운동을 통해 그리고 「생명을 위한 변화(Change4Life)」라는 텔레비전과 인터넷 광고를 통해 비만 문제 대처에 적극적으로 나섰다.

미국에서는 대통령 부인 미셸 오바마(Michelle Obama)가 앞장서서 '아이들을 보다 건강하게'를 취지로 하는 '다 함께 움직이자(Let's Move)' 캠페인을 통해 미국 국민들에게 과일과 채소를 더 많이 먹도록 권장하고 있다. 미국 농무부의 비만 예방 및 퇴치 전략은 식습관과 신체 활동에 영향을 미치는 요소들을 조절하는 '에너지 균형(energy balance)'에 주안점을 두고 있다. 2012년 캠페인은 신체 활동뿐 아니라 하루 3번 채소 먹기와 2번 과일 먹기를 포함한 '하루 5번(5 A Day)' 먹기를 강조하고 있다(농무부 하루 최소 권장량).

■ 건강 위협 요인과 안전 수칙

20세기 들어 공중보건에 대해 보다 집중적이고 포괄적으로 접근함에 따라, 점차 '개인의 책임'이라는 개념도 함께 고려됐다. 그리고 개인의 행동과 습관이 다른 사람들에게 해를 끼칠 수 있으므로, 개인은 자신뿐만 아니라 동료 시민들의 건강도 신경 써야 했다.

하나둘씩 특정 질병들의 원인이 밝혀지면서 대중들이 건강하고 위생적인 생활을 하도록 교육하기 위해 다양한 캠페인이 펼쳐지고, 사회 조직도 재구성됐다. 그 중심에는 건강을 위험에 빠뜨리는 것으로 알려진 인간의 행동과 태도에 대한 예방 개념이 있었다.

비록 서로 다른 이념적 이유에서 비롯되긴 했지만, 건강 유지는 실제로 파시스트와 공산주의 정권의 주요 관심사였다. 이탈리아의 파시스트와 독일의 나치가 각각 건강을 인종주의적이고 이념적인 관점에서 바라본 반면, 소련은 보다 실질적이었다. 즉 건강한 국민은 스탈린의 5개년 계획에서 제시한 목표 생산량을 달성하거나 초과할 가능성이 높으므로 보다 바람직하다는 것이었다.

If we carry on living as we are, 9 out of 10 kids are set to grow up with dangerous levels of fat in their bodies. This can cause life-threatening diseases like cancer, diabetes and heart disease. Which is why it's really important that we all get together to do something about it today.

So what do we want? CHANGE! And when do we want it? NOW!

Change4Life is a nationwide movement which aims to help us all, but especially our kids, eat well, move more and live longer.

Get involved today!
🖰 **Search for Change4Life**
or call 📞 **0300 123 4567***

change 4 life

Eat well   Move more   Live longer

● 금주!

소련에서는 냉전 기간 중 역대 지도자들이 만성적인 알코올 중독 문제에 대처하기 위해 지속적인 캠페인을 벌였다. 실제로 소련 공산주의 역사 전 기간에 걸쳐 국민의 알코올 중독과 그에 대한 퇴치 운동은 일상의 일부였다. 19세기 대부분의 기간 동안 러시아는 도시와 농촌의 지역 사회에서 음주가 엄격하게 통제됐을 뿐만 아니라, 음주 절제 조직이 철저하게 운영됐다. 1인당 술 소비량이 유럽 국가 중 가장 낮은 편이었다.

그런데 공산주의 치하에서 산업화가 강제로 도입된 이후 수백만 명의 농촌 주민들이 지역사회로부터 해방되어 도시로 쏟아져 들어왔다. 그리고 다양한 종류의 값싼 술을 쉽게 구할 수 있게 되면서 만취 문화가 급속히 자리 잡게 됐는데, 당시 음주의 목적은 빨리 인사불성 상태에 빠지는 것이었다.

소련은 한편으로는 사회적 긴장을 완화시키는 수단으로 음주를 권장했다. 1920년대에 트로츠키는 "보드카, 교회 그리고 영화"를 세 가지 대중 마취제라고 언급한 유명한 에세이를 썼다. 산업화 초기인 1930년대에 스탈린은 인민위원회 의장인 뱌체슬라프 몰로토프에게 "실질적이고 중요한 조국의 방위를 위해 보드카 생산을 대폭 늘릴 것"을 요구하는 명령을 하달했다. 소련 정부 또한 주류 독점에서 오는 수입을 포기할 입장이 아니었다. 제1차 세계대전의 여파로 탄생한 공산주의는 마땅한 세원이 없었으며, 국가 예산의 4분의 1 이상이 주류 세금에서 나왔다. 한참 뒤인 1985년에는 미하일 고르바초프(Mikhail Gorbachev)가 금주 캠페인(Dry Law)을 벌여 이 비율이 급격히 떨어지는 바람에 소련 경제의 쇠퇴를 야기했다.

소련 정부는 다른 한편으로는 심각한 술 소비 때문에 기대수명이 급격히 줄고(1990년대 소련 붕괴 이후에 남성의 기대수명이 급감한 것처럼), 그에 따라 가족의 규모가 줄고 가족이 해체되어 출산율이 현저히 떨어질 수 있음을 잘 알고 있었다. 이러한 요인들이 냉전 상황에서 소련의 경쟁력을 약화시켰으므로, 소련 정부는 1920~25년, 1929~30년, 1954~58년, 1971~72년, 1985~87년에 금주 캠페인을 벌여 술 소비를 줄이려고 노력했다.

소련의 금주 캠페인 중 가장 인상적인 시각 표현은 말할 것도 없이 포스터였다. 발행자인 소련 전신국(ROSTA)의 이름을 딴 유명한 포스터 '로스타 창문(Rosta Windows)'은 아동용 만화처럼 이야기를 풀어나가는 일련의 장면들로 구성됐다(창문 모양의 4칸짜리 만화로 구성된 포스터. 옮긴이). 모스크바, 페트로그라드(현 상트페테르부르크), 오데사, 비테프스크, 그 외에 혁명의 열기가 뜨거운 곳에서 먼저 마분지에 등사된 포스터들이 수백 장

---

79 국민건강보험의 「생명을 위한 변화」 프로그램(2013) 포스터. 20세기와 21세기 초에 서구 국가들은 영양실조부터 비만 '유행병'까지 참으로 많은 공중보건 문제들에 대해 메시지를 전달해 왔다.

81

81 소련의 금주 캠페인 포스터. 자신과 국가에 대한 의무를 잊지 않는 현명한 건설 노동자가 음흉한 악마인 술을 깨부수려 하고 있다. 뱀의 존재를 통해 술의 해악이 더욱 두드러지게 표현됐다.

82 "5개년 계획을 4년 안에 완수하자"(1930)고 소련 노동자들에게 촉구하는 유리 피메노프의 포스터. 볼셰비키 미술에 등장하는 다양한 종류의 전형적 반동주의자, 상습범들이 어리석게도 힘차게 달리는 진보 열차를 탈선시키려 하고 있다.

이런 성냥갑 라벨을 즐겨 모으는 체코 어린이들은 국가의 메시지를 집으로 전달하는 데 중요한 역할을 했다. 그래서 그들은 가족 내에서 '선동가'의 역할을 하면서, 국가가 제시하는 '아버지를 위한 지혜'를 배웠다. 음주로 아버지가 일찍 죽을까 봐, 부모가 이혼할까 봐 두려워하는 이 아이들에게, (절대 어머니는 아니고) 아버지를 설득해 술을 끊게 만듦으로써 성냥갑 라벨에 그려진 미소 띤 아이들처럼 자신도 행복하고 자랑스러울 수 있는 구원의 방법이 주어진 것이다.

도덕적으로, 감정적으로 압박을 가해 젊은 남성들을 절주하게 만드는 데는 체코 '미인'도 이용됐다. 한 라벨(그림 83d)에서 그녀는 전통적으로 부모가 자식을 훈육할 때 사용하는 검지를 펴서 남성들에게 사랑의 하트와 빨간 꽃으로 장식되어 난자를 연상시키는 타원형 속으로 들어오라고 유혹하고 있다. 운전을 하는 나이든 사람들에게는 음주에서 운전으로 그리고 마지막에는 징역으로 거침없이 이어지는 연속 그림들을 통해 금주 메시지를 전달했다(그림 83g).

정부의 공권력, 기념 행사, 권위를 나타내기 위한 포스터로는 이처럼 단순하면서 강력한 이미지들을 만들어 낼 수 없다. 위생, 청결, 스포츠, 자원 재활용 등의 캠페인을 벌였던 공산주의 체코슬로바키아에서 성냥갑 라벨을 이용한 선전은 사회적 불화를 일으키고 반사회적 행동을 하는 사람들을 '내부의 적'으로 규정하는 사회를 만드는 데 기여했다. 다른 형태의 선전과 함께 교육적이고 복음주의적인 이런 라벨들은 국가가 기대하는 수준의 복종심을 고취시켰다.

● 금연!

비록 그 목적이 인종적이고 우생학적인 캠페인을 지원하기 위한 것이었지만, 보건 교육은 나치 선전의 두드러진 특징이었다. 1933년 7월에 제정된 '유전질환 자녀 예방법'을 통해 유전적 질환을 겪는 것으로 추정되는 사람들에게 강제로 불임 시술을 하는 것이 허용됐다. 비록 이보다는 덜 알려졌지만 1930년대에 나치는 세계에서 가장 적극적인 금연 보건 캠페인을 벌였다. 나치의 정책에는 공공장소에서의 금연, 담배세 인상, 담배 광고 금지, 담배와 폐암의 연관성에 관한 연구 등이 포함됐다. "당신이 담배를 피우는 것이 아니라, 담배가 당신을 피웁니다"라는 문구가 곁들여진, 담배가 흡연자를 먹는 장면을 담은 포스터를 이용한 대규모 금연 선전 캠페인

이 개시되고 지속됐다. 이 캠페인을 지원하는 데는 총통도 동원됐다. 결연한 표정의 히틀러 사진 밑에 "우리의 총통 아돌프 히틀러는 술도 마시지 않고 담배도 피우지 않습니다.…… 그의 업무 수행 능력은 믿을 수 없을 정도입니다"라는 문구가 걸렸다.

금연 메시지는 주로 건전한 나치 생활 방식의 사도처럼 행동하는 히틀러 청소년단들의 열렬한 협조에 힘입어 일터에 있는 국민들에게 퍼져나갔다. 《건강한 국민(Gesundes Volk)》, 《국민의 건강(Volksgesundheit)》, 《건강한 삶(Gesundes Leben)》 같은 유명한 건강 잡지들은 흡연이 건강에 미치는 해악에 대한 경고 기사를 실었다. 주요 금연 운동 신문인 《깨끗한 공기(Reine Luft)》는 섬뜩한 경고문을 싣고, 담배가 인간의 장기와 조직에 미치는 해악을 알리는 데 역점을 두었다. 1939년 6월에는 '술 담배 위해성 대응국'이 설치됐고, '제국 중독성 약물 퇴치국(Reichsstelle für Rauschgiftbekämpfung)'은 금연 캠페인을 지원했다. 또한 나치는 야심차게 '종양 등록소'를 설치해 암으로 인한 사망뿐만 아니라 최초로 전국적인 암 발병 등록을 추진했다.

나치의 금연 화법은 초창기 우생학 화법을 따랐으며, 육체적 순수성과 노동에 대한 열정을 표현했다. 금연 캠페인은 나치의 인종적, 신체적 순수성에 대한 열망을 배경으로 이해해야 하

83a-n 체코 성냥갑 라벨의 금주 캠페인(1957~58). 1~2행: (a) "너무 많이 마셨습니다. 멈추세요", (b) "우리 아빠는 술을 마시지 않아요", (c) "가장 돈이 많이 드는 친구", (d) "진짜 남자는 술을 마시지 않아요", (e) "월급 명세서를 들여다보는 슬픈 노동자", (f) "작업 중 음주는 급여가 지급되지 않아요". 3행의 주제는 음주 운전: (g) "술+자동차=감옥", (h & i) "처음엔 럼주, 다음엔 충돌, (j) "술이 모든 꿈을 앗아갑니다". 4행은 통계 수치를 제시한다: (k) "술로 인해 간 질환 발병률이 매년 증가하고 있습니다", (l) "1956년 국내에서 발생한 사고의 9분의 1은 음주 때문입니다", (m) "이혼의 10분의 1은 알코올 중독이 원인입니다", (n) "정신 질환의 30퍼센트는 음주로 인해 발생합니다".

a

b

c

d

e

f

g

h

i

j

k

l

m

n

며, 또한 이러한 열망은 당시의 많은 공중보건 정책에 동기를 부여했다. 이러한 상황 속에서 담배는 '나태해지는 썩은 문화의 타락을 부추기는 요인'으로 표현됐다. 한편 히틀러는 독일 파시즘의 성공이 자신의 금연 덕분이라고 말하기도 했다. 선전에 따르면, "젊은 예술가이자 건축가였던 그는 하루 두 갑의 담배를 피웠으나, 1919년에 담배를 다뉴브 강에 담배를 던져버린 후 다시는 담배를 피우지 않았다."

독일의 금연 정책은 1930년대 후반에 접어들면서 더욱 가속화됐다. 독일 공군은 1938년에 흡연을 금지했고, 독일 우체국도 그렇게 했다. 흡연은 많은 작업 현장, 관공서, 병원과 요양소에서 금지됐다. 나치당은 1939년에 당 사무실에서의 흡연 금지를 발표했고, 같은 해에 나치 친위대장인 하인리히 힘러(Heinrich Himmler)도 근무 중인 모든 정복 경찰과 친위대 장교들의 금연을 발표했다. 그 해 《미국의학협회저널》은 군인들에게 길거리에서나 행진 중에나 짧은 휴식 시간에도 흡연하는 것을 금지한 헤르만 괴링(Hermann Wilhelm Göring)의 명령을 보도했다. 1941년에는 독일 대도시 중 60개 도시가 전차 내에서의 흡연을 금지했으며, 비록 일부 방공대피소에는 흡연실을 따로 마련하긴 했지만, 방공대피소에서의 흡연도 금지됐다.

전쟁 기간에는 25세 이하의 모든 여성과 임산부에게 담배 배급 쿠폰이 지급되지 않았으며, 식당과 카페에서는 여성에게 담배를 파는 것조차 금지됐다. 1943년 7월부터는 18세 이하의 모든 청소년들이 공공 장소에서 흡연하는 것이 불법이 됐다. 1944년에는 젊은 여성 차장들이 담배 연기에 노출되는 것을 걱정한 히틀러의 발의에 따라 독일 도시의 기차와 버스 안에서 흡연하는 것도 금지됐다. 1941년 11월 3일에 제정된 법령에 따라 담배세는 그 어느 때보다 높아져, 소매가의 80~95퍼센트에 이르렀다. 나치의 정책은 독일 내 담배 소비의 '종언을 알리는 시작'을 예고했다.

이 모든 노력에도 불구하고 초기 금연 캠페인은 실패한 것으로 여겨졌다. 담배 제조 회사들이 금연 캠페인에 끊임없이 저항했다. 그래서 1933년과 1937년 사이에는 독일 내 담배 소비가 오히려 급속히 늘어났다. 정부의 선전과는 반대로 담배 산업은 패션 모델이 '섹시'하고 '자유분방하게' 담배 피우는 모습을 광고함으로써 정부의 여성 금연 캠페인을 방해하려고 했다. 실제로 정부의 규제에도 불구하고 괴벨스의 부인 마그다(Magda) 같은 나치 고위층 부인들을 포함한 독일 내 많은 여성들이 담배를 즐겨 피웠다.

미국도 비슷한 '역선전'을 경험했다. '현대 선전의 아버지'로 불리는 에드워드 버네이스(Edward Bernays)는 미국 담배 회사와 계약을 맺고 여성의 흡연을 권장하는 홍보 전략을 구사했다. 예를 들면 1920년대 후반 그들은 젊은 여성들을 고용해 부활절 축하 행진 때 '자유의 횃불(torches of freedom)'인 담배를 손에 든 채 뉴욕의 5번가를 행진하도록 했다. 그리하여 담배는 여성 해방의 상징으로 그려졌다.

제2차 세계대전 초반에 나치 독일의 담배 소비량은 줄어들었다. 예를 들면 독일 육군에서 금연 정책을 실시한 결과 1939년과 1945년 사이에 군인들의 전체 담배 소비량이 줄어들었다.

84 나치의 금연 광고 「골초(Der Kettenraucher)」(1941). 흡연자는 자신의 습관 때문에 파멸할 우려가 있음을 보여주고 있다. "당신이 담배를 피우는 것이 아니라…… 담배가 당신을 피웁니다!" 흡연은 아리아인의 신체를 강건하게 하려는 나치의 목적에 부합하지 않았다.

1944년에 실시된 조사 결과에 따르면 비록 독일군(Wehrmacht) 흡연자의 숫자는 늘어났지만(비흡연자는 13퍼센트 미만), 전체 담배 소비량은 14퍼센트 이상 줄었다. 더 많은 병사들이 담배를 피우게 되긴 했지만, 전쟁 전에 비해 평균적으로 1인당 4분의 1가량 담배를 덜 피웠다. 하루

30개비 이상을 피우는 심한 골초들의 숫자도 약 5퍼센트에서 0.3퍼센트로 급격히 줄었으며, 보통 골초들의 숫자도 그 정도로 줄어들었다. 담배 배급 제도도 여기에 어느 정도 기여한 것으로 보인다. 또한 일부 독일인들이 흡연을 나치즘에 대한 소극적 사회 '저항'으로 여긴 풍조 때문이기

도 하다.

서구에서는 특히 이 시기 이후로 공중보건 선전에서 금연 캠페인이 매우 빈번하게 다루어졌다. 최근의 한 예를 들면 영국 보건부는 2013년 1월에 300만 파운드를 들여 적극적인 금연 캠페인에 착수했다. 보건부는 새해가 되면 건강과 관련된 결심을 하는 영국인들의 특성을 이용하여, 새해 초인 1월에 흡연의 폐해를 보여주는 충격적인 이미지를 제작해 흡연자들의 금연을 유도하고 있다. 텔레비전, 포스터와 광고판, 그리고 인터넷을 활용하는 이 캠페인은 담배를 피우는 동안에 담배 연기가 종양으로 변하는 과정을 보여준다. 그 메시지는 간결하고 직설적이다.

"당신이 담배를 피울 때, 당신이 빨아들이는 화학물질이 당신 몸속에서 세포 돌연변이를 일으킵니다.…… 돌연변이가 암 발생의 원인입니다. 당신이 담배 15개비를 피울 때마다 돌연변이가 일어납니다. 이 폐해를 보셨다면 끊으십시오!'

● "출발할 때마다 쾅, 찰칵"

근래의 가장 효과적인 공중보건 입법 중 하나는 자동차 안전 문제와 안전벨트 착용 의무화에 관한 것이다. 1983년 영국에서 이 법이 제정된 후 교통사고로 병원에 실려간 환자가 15퍼센트나 줄고, 외래 환자가 25퍼센트가량 줄었으며, 입원 환자도 그와 비슷하게 줄어들었다. 심각한 부상을 입은 환자가 거의 없었으며, 특히 안면, 눈, 뇌, 그리고 폐 부상이 현저히 줄었다.

공중보건 당국자들의 핵심 임무는 법안이 입법되기 전에 그것이 받아들여져 시행될 수 있도록 사람들을 교육시키고, 그 법안을 지지하고 그리고 입법 청원 활동을 하는 것이다. "출발할 때마다 쾅(하고 문을 닫고), 찰칵(하고 안전벨트를)(CLUNK, CLICK EVERY TRIP)"은 왕립사고예방협회(Royal Society for the Prevention of Accidents)가 후원한 일련의 공보 영화와 공보 포스터를 통해 익숙한 구호가 됐다.

BBC 디스크자키인 지미 새빌(Jimmy Savile)이 등장하는 이 캠페인은 1971년 1월에 시작됐다(미국에서는 "찰칵 하지 않으면 딱지(Click it or Ticket)"라는 유사한 구호를 사용한 캠페인이 있었다). 광고 영상에서는 앞유리를 뚫고 나가는 운전자와 흉하게 일그러진 여성 생존자의 이미지를 보여주면서, 시속 30마일이나 그 이상의 속도로 달리다 충돌했을 때, 차량 앞좌석에서 안전벨트를 하지 않은 사람들에게 어떤 일이 일어나는지를 통계 도표를 이용해 설명하고 있다. 이 광고는 1983년 1월 31일부터 강제 시행된 안전벨트 의무 착용의 토대가 됐다(비록 자동차 제조업자들에게는 1965년부터 앞좌석 안전벨트 설치가 법적으로 의무화됐지만).

이 캠페인에 이어 도로 교통 안전을 촉진하기 위해 기획된 캠페인에서는 아이들에게, 아동교통안전규칙(Green Cross Code)에 따라 도로 횡단 절차를 지킬 것과 '터프티 클럽(Tufty Club)'에 가입할 것을 권고했다. 아동교통안전맨(Green Cross Man)은 특별한 복장을 한 슈퍼 영웅인데, 1970년에 아이들에게 아동교통안전규칙을 가르치고 전반적인 도로 안전을 진작시키기 위한 목적으로 만들어졌다. 오늘날 아동교통안전규칙은 보행자들의 안전한 도로 횡단을 돕는 다매

1. At the kerb stop.
2. Look right.
3. Look left.
4. Look right again.
5. Then if all clear
Quick march!

Tufty's friends
learn to cross the road

85   1950년대부터 영국은 다람쥐 '터프티'와 그 친구들 같은 만화 캐릭터를 통해 어린이들에게 보행자 안전에 대한 교육을 장려했으며, 나 중에는 '터프티 클럽'이 아동교통 안전규칙에 대한 교육을 강화했다. "서서…… 보고…… 위험이 없으 면…… 빨리 건너자!"

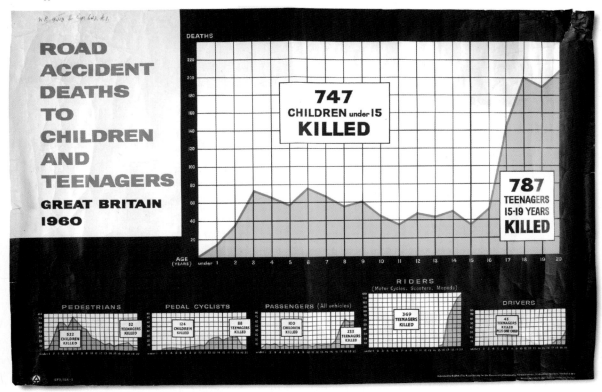

86 왕립사고예방협회에서 발행한 이 포스터는 1960년 영국의 도로에서 1,534명의 어린이와 십대들이 사망했음을 알림으로써 숫자로 충격을 주고 있다(작은 그래프에서는 죽음을 유형별로 세분화함). 이후 안전 캠페인을 포함한 여러 요소들 덕분에 어린이와 십대들의 연간 사망자 수가 확연히 줄어들었다.

체 캠페인의 주제가 됐다. 이것은 수십 년간 다양한 변화를 겪었지만, 대체로 '서서, 보고, 듣고, 생각하자(Stop, Look, Listen, Think)'라는 기본 원칙은 변하지 않았다.

1953년부터 빨간 다람쥐인 터프티 플러피테일(Tufty Fluffytail)을 주인공으로 하는 공보 인형 애니메이션(puppet-animation) 시리즈가 전국에 방송됐다. 그 목적은 아이들에게 간단하고 이해하기 쉬운 안전 수칙을 가르치는 것으로, 왕립사고

예방협회에서 제공하는 이야기를 바탕으로 제작됐다. 1961년에 이 만화영화는 시청자들에게 감동을 줘 선전 메시지를 전파하는 데 크게 기여했고, 5세 미만의 미취학 아동들을 대상으로 하는 '터프티 클럽'이 생겨나는 계기가 됐다. 1970년대 초반에 터프티 클럽은 25,000개의 지부와 200만 명의 어린이가 등록할 정도로 성장했다. 부모들도 함께 참여하여, 터프티 클럽은 수십만 권의 도로 안전 안내서를 가족들에게 배포했다.

영국에서 도로 교통사고 사망자 수는 지속적으로 줄고 있다. 예를 들면 1992년부터 2012년까지 20년 동안 사망자가 4,229명에서 3,431명으로 줄었다. 같은 기간 아동 보행자 사망 건수는 반 이상이 줄어 180명에서 79명으로 떨어졌다. 물론 이것은 자동차와 고속도로의 공학적인 개선, 안전벨트 착용, 도로 안전 수칙에 대한 인식 향상 같은 많은 요소들이 제 기능을 다한 덕분이다. 그런데 이 모든 것들을 아우르는 역할을 한 것은 끊임없이 운전자들에게 '음주 운전'을 하지 않게 하고, 어린이들에게 '서서, 보고, 듣고, 생각하게' 만든 공보 캠페인 '선전'이었다.

■ 전염병

1943년 영국 보건부 장관 어니스트 브라운 (Ernest Brown)은 다양한 건강 문제에 상식적인 조언을 제공하는 『전시에 건강을 지키는 법(How to Keep Well Wartime)』이라는 책의 발행을 주관했다. 영국 당국자들의 주된 관심사는 '일터에서 대규모 결근 사태를 야기하는 병균의 확산'이었다. 이 책은 사람들에게 손수건에 기침을 하거나 재채기를 하라고 충고하고, 그렇게 하지 않는 것은 '무례하고 혐오스러운 버릇'이라고 비난했다. 전쟁 중에 발표된 유명한 포스터 구호 중 하나는 "기침과 재채기가 병을 퍼뜨린다"이다. 이 보건 캠페인에 힘을 싣기 위해 유명 영화배우와 명사들이 동원됐다. 예를 들면 1942년 코미디언 아서 애스키(Arthur Askey)가 「코에 병균이 있다!(The Nose Has It!)」라는 제목의 다큐멘터리 영화에 출연했다. 정보부 주도하에 여덟 장의 포스터로 시작된 이 선전 캠페인은 부주의한 행동이 감기뿐 아니라 여타 많은 질병을 어떻게 확산시키는지 보여주기 위해 계획됐다. 실제로 제2차 세계대전 이후까지 지속된 모든 '기침과 재채기' 캠페인은 감기에 대한 우려보다는 무단 결근 예방에 더 많은 관심을 두었다. 여론 조사에 따르면, 포스터 캠페인은 "제때 손수건을 사용하면 9명의 목숨을 구하고, 조국의 전투력을 최상으로 유지하는 데 도움이 됩니다", "재채기를 해서 공중(公衆)을 위험에 빠뜨린 죄, 부주의하게 기침을 한 죄로 지명 수배함", "보건부에서 알립니다. 기침과 재채기는 질병을 퍼뜨립니다. 병균을 당신의 손수건에 가두세요"와 같이 메시지가 단순한 것이 특히 효과적이었다. 세월이 흘러도 핵심 구호는 변하지 않았다. 이 캠페인은 지금도 국민건강보험에서 계속하고 있다. 2009년에는 돼지독감 확산을 막는 데 광범위하게 활용되기도 했다.

● "무지함 때문에 죽지 마세요!"

제1차 세계대전과 제2차 세계대전 중에 특별히 부각된 보건 문제는 바로 성병(VD) 퇴치다. 자신의 집과 가족으로부터 멀리 떨어져 전투를 벌여야 하는 남성들은 성적 유혹에 취약한 것으로 드러났다. 예를 들면 제1차 세계대전 동안 미국 육군의 경우 하루 평균 18,000명의 군인이 성병 때문에 복무를 하지 못하는 상황이 벌어졌다. 제2차 세계대전 기간에는 영화, 강의, 포스터, 소책자와 손쉽게 구할 수 있는 콘돔을 이용해 성병을 예방하려는 노력이 강화됐다. 육군과 해군을 대상으로 한 미국 선전 포스터들은 그들에게 스스로 자기 자신을 지킬 것을 촉구하기 위해 "성

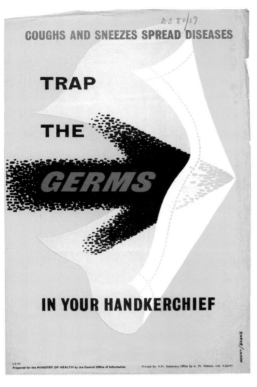

COUGHS AND SNEEZES SPREAD DISEASES

TRAP

THE

GERMS

IN YOUR HANDKERCHIEF

87 1940년대 보건부가 재채기의 위험성에 대처하기 위해 만든 '기침과 재채기가 병을 퍼뜨린다' 캠페인 포스터. 손수건이 최전선에서 병균 확산을 저지하고 있다.

88 보건부의 또 다른 '기침과 재채기가 병을 퍼뜨린다' 캠페인 포스터(1940년대). 이 캠페인의 목적은 사람들에게 입을 가리지 않고 기침하거나 재채기하는 것은 본질적으로 반사회적인 행위임을 알리는 데 있었다.

병에 걸리면, 추축국을 쳐부술 수 없습니다" 같은 구호로 그들의 애국심에 호소했다. 많은 성병 포스터에서는 시선을 끌기 위해 여성의 이미지가 다음과 같이 명확한 메시지와 함께 이용됐다.

"그녀가 깨끗해 보일지 모릅니다. 그러나…… 처음 만난 상대, 바람둥이, 매춘부는 매독과 임질을 옮깁니다."

물론 이러한 노력이 미국에서만 있었던 것은 아니다. 예를 들면 소련에서는 뛰어난 영화 제작자인 알렉산드르 메드베드킨(Aleksandr Ivanovich Medvedkin)이 1927년에 발표한 보건 영화 「건강 조심하세요」를 포함한 다수의 영화가 적군(赤軍, 러시아 군대)을 위해 제작됐다.

감염률은 여전히 고질적으로 높았지만, 페니실린의 등장으로 치료 시간이 놀랄 만큼 줄어들었다. 환자의 조속한 전선 복귀가 가능하다면, 성병의 경우는 다른 질병보다 우선적으로 약이 처방됐다. 그래서 1944년경에는 성병 때문에 업무 수행이 불가능한 군인이 하루 평균 600명으로 줄어들었고, 이 숫자는 이전의 30분의 1 수준에 불과했다. 이렇게 숫자가 감소한 것은 한편으론 미군이 열악한 성 위생 때문에 군인들이 직면하게 되는 위험에 대해 경각심을 일깨운 덕분이기도 하다. 그리고 전쟁부(War Department)는 입대하는 모든 신병에게 『성 위생과 성병(Sex Hygiene and Venereal Diseases)』이라는 제목의 16쪽짜리

COUGHS AND SNEEZES SPREAD DISEASES
He's a
PUBLIC ENEMY
TRAP YOUR GERMS
IN A HANDKERCHIEF
C.S. 03
Prepared for the MINISTRY OF HEALTH by the Central Office of Information
C.P. Ltd.

소책자를 나누어 주었다. 또 다른 중요한 요소는 의학의 발달이다. 1943년 후반에 임질 치료는 30일이 걸렸고, 매독 치료는 6개월이 걸렸다. 그러던 것이 1944년 중반에는 임질 치료 기간이 평균 5일로 줄어들었으며, 대부분의 환자들이 치료를 받으면서 임무를 계속 수행할 수 있었다.

제2차 세계대전 중에 모든 교전국들은 자국의 군인과 시민들에게 성 접촉으로 전염되는 병의 위험성에 대해 경고하는 선전을 실시했다. 1943년 영국에서 그래픽 디자이너 레지널드 마운트(Reginald Mount)가 제작한 컬러 성병 포스터에서는 밝은 핑크색 보닛 모자를 쓴 해골이 다음과 같은 반어적 문구로 유혹하고 있다.

"이봐, 자기, 나랑 같이 할래?"(그림 89)

1942년 12월 신문 광고를 통해 영국 국민들에게 성병에 대해 질문하는 여론 조사가 실시됐다. 응답자의 절반 정도는 성병에 대해 전혀 모르는 것 같았고, 10퍼센트 정도는 이러한 질문에 당황했으며, 일부 남성들은 자기 집안의 여자들이 신문에서 이 여론 조사를 읽을까 봐 걱정하기도 했다. 일부 응답에서 '매독'과 '임질'이 언급되고, 한 응답에서 '성'병이 언급되기도 했지만, 다양한 종류의 성병에 대해 정확하게 아는 사람은 거의 없었다.

40년 후인 1980년대에 에이즈의 급속한 확산으로 야기된 새로운 전 세계적 위험 때문에 각국 정부는 주로 텔레비전과 홍보 포스터를 이용해, 콘돔을 사용하지 않는 성 접촉의 위험성을 경고하는 선전을 시작했다. 이러한 캠페인에서 대체로 성행위에 대해 직접적으로 언급했다는 점과 자국의 에이즈 규모를 솔직히 밝혔다는 점에서 과거와 대조를 이뤘다.

1987년에 영국 정부는 "에이즈: 무지함 때문에 죽지 마세요"라는 구호 아래 대규모 캠페인을 벌였다. 국민들이 행동에 나서도록 충격을 주기 위한 이 캠페인을 주도한 것은, 보건부의 의뢰로 중앙정보국이 제작한 살벌한 텔레비전 광고였다. 이 광고에는 불길한 느낌의 하늘을 배경으로 화산이 폭발한다. 피어오르는 연기와 굴러 떨어지는 바위 사이로 글자가 새겨지고 있는 묘비가 보인다. 배우 존 허트(John Hurt)가 굵직한 목소리로 경고한다.

"지금 우리 모두에게 닥친 위험이 있습니다. 그것은 치명적인 질병이며, 알려진 치료법도 없습니다."

그런 다음 시청자들은 검은 화강암에 새겨지는 글자를 본다.

"에이즈"

이어서 다음과 같은 구호로 마무리된다.

"무지함 때문에 죽지 마세요!"

이 광고는(그리고 빙하를 등장시킨 똑같이 충격적인 광고도) 명확한 경고와 직설적인 메시지로 시청자들을 충격에 빠뜨렸고, 공포를 불러일으킨다는 이유로 비난을 받았다. 어떤 사람

89 전시에(1943년경) 영국에서 발행된 성병 예방 포스터는 '헤픈' 여자의 외면적인 매력 아래 숨겨져 있는, 장애를 초래하거나 치명적일 수 있는 위험에 대해 섬뜩하게 환기시키고 있다.

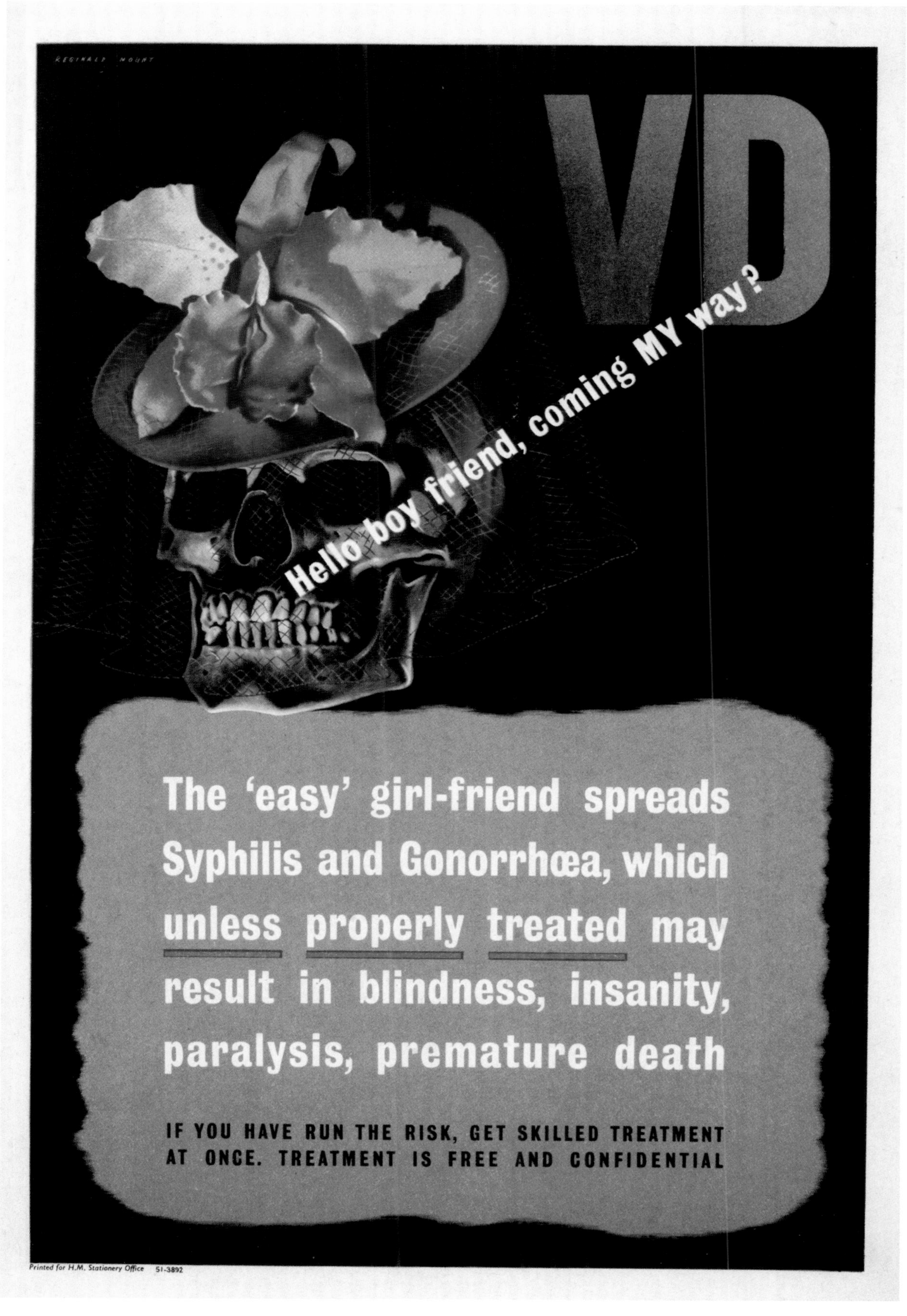
REGINALD MOUNT
VD
Hello boy friend, coming MY way?
The 'easy' girl-friend spreads Syphilis and Gonorrhœa, which unless properly treated may result in blindness, insanity, paralysis, premature death
IF YOU HAVE RUN THE RISK, GET SKILLED TREATMENT AT ONCE. TREATMENT IS FREE AND CONFIDENTIAL
Printed for H.M. Stationery Office 51-3892

GOVERNMENT INFORMATION 1987   N.I.

90 1987년 영국 전역에 배포된, 에이즈의 위험성에 대해 경고하는 전단. 단순하고 극명한 메시지가 음산하고 장례식 분위기가 나는 화강암 묘비 형태 위에 강조되어 있다.

91 "에이즈를 주사하지 마세요." 영국에서 에이즈 감염 퇴치 운동의 일환으로 발행된 포스터(1987, 보관용 사본). 에이즈에 걸리기 쉬운 집단인 정맥 주사 약물 사용자들을 대상으로 하고 있다. 약물 사용을 그만두라고 하기보다는 오염된 주삿바늘을 사용하지 말라는 식의 예방 위생을 강조하고 있다. 이 포스터는 주목할 만한 성공을 거두었다.

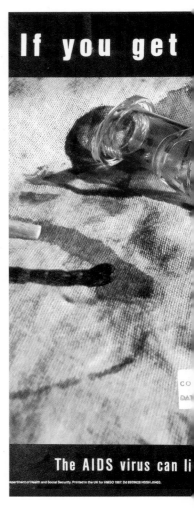

If you get

The AIDS virus can li

들은 이 광고가 텔레비전으로 방송되기에 지극히 부적절하며 아이들을 겁먹게 만든다고 생각했다. 실제로 일부 비평가들은 그 메시지가 너무 절망적이어서 사람들이 텔레비전을 꺼버리거나 듣지 않게 만들기 때문에 이 같은 접근 방법은 비생산적이라고 주장했다(전시의 성병 캠페인에 대해서도 비슷한 우려들이 제기됐었다).

그러나 세계 최초로 정부가 후원한 범국민적 에이즈 각성 운동인 이 캠페인은 나중에 가장 성공적인 것으로 묘사됐다. 이 묘비 광고에 더하여 "누구든 걸릴 수 있습니다, 동성애자건 이성애자건, 남성이건 여성이건. 이미 3만 명이 감염됐습니다"라는 충고를 담은 소책자가 전국의 각 가정으로 배달됐다. 당시의 지상파 텔레비전 4

injecting, what's going to get into you?

dle, syringe or equipment. **Never share, not even once.** **DON'T INJECT AIDS.**

개 회사 모두 황금시간대에 일주일 동안 에이즈 교육 프로그램을 편성했다. 이 캠페인의 규모는 공중보건 영역에서 유례가 없는 것이었다. 이러한 선전과, 정맥 주사 마약 중독자들 간의 에이즈 바이러스 예방을 위한 여러 적극적인 활동 덕분에, 영국 내 정맥 주사 마약 중독자들의 에이즈 감염률은 다른 유럽 국가들에 비해 상대적으로 낮게 유지됐다. 그래서 이후 전 세계가 이 캠페인 방식을 따라하게 됐다. 하지만 이러한 성공은 세계의 에이즈 바이러스 감염 환자 가운데 3분의 2에 해당하는 3400만 명 이상이 사는 사하라 사막 이남 아프리카의 질병 규모와 극명한 대비를 이룬다. 세계 보건 프로그램 중 가장 규모가 크고 복합적인 것은 에이즈 퇴치 캠페인이다.

2012년 7월에 UNAIDS(UN이 참여하는 HIV/AIDS 프로그램)는 최신 보고서를 발표하고 "우리 함께 에이즈를 끝냅시다"라는 선전 캠페인을 시작했다.

● 10센트 행진

20세기에 커다란 성공을 거둔 선전 캠페인 가운데 하나는 미국에서 시작된 '소아마비 퇴치 모금 운동'이다. 비록 미국 대통령 프랭클린 D. 루스벨트(재임 기간 1933~45)에 의해 시작됐지만, 당시 이 캠페인은 정부뿐 아니라 그 어떤 정부 기관의 후원도 받지 않았다. 1921년 39세에 루스벨트는 소아마비에 걸려 하반신이 마비됐다. 그 뒤 죽을 때까지 그는 자신을 비롯한 '불구자(crippler)'라 불리는 소아마비 환자들의 재활 치료를 돕는 데 헌신했다. 1934년부터 그는 매년 자신의 생일에, 그가 소아마비 환자들의 재활을 도우려고 1927년에 설립한 조지아 웜 스프링스 재단(Georgia Warm Springs Foundation)을 위한 기금 마련 무도회를 개최하자고 미국인들에게 권유했다.

1938년에 루스벨트는 전국의 소아마비 환자들을 돕고 관련 시설을 지원하기 위해 국립소아마비재단(National Foundation for Infantile Paralysis: NFIP)을 설립했다. 이 재단에서 실시하는 캠페인의 인지도를 높이기 위해 라디오 진행자인 에디 캔터(Eddie Cantor)는 방송에서 모든 미국 국민에게 "10센트 행진이 길게 이어져 백악관까지 가 닿을 수 있도록" 루스벨트 대통령에게 동전을 보내자고 촉구했다. '10센트 행진(March of Dimes)'이라는 이름은 나중에 국립소아마비재단의 명칭을 대신하게 됐고, 이것은 재단에 새로운 활력을 불어넣었다.

첫 번째 '행진'에서 250만 개의 10센트 동전이 모였다. 국립소아마비재단은 즉시 관련 연구에 보조금을 지급하고, 의사와 간호사들에게 장학금을 주고, 병원과 연구소에 장비를 제공하기 시작했다. 의료 연구를 위한 정부 예산이 거의 없었고, 국민건강보험도 없었고, 민간 건강보험도 거의 없었으므로 이와 같은 비영리 재단의 필요성이 절실했다. 이 재단은 소아마비가 발생한 지역에 필요한 모든 것들을 즉시 지원할 수 있도록 철폐(철제 호흡 보조 장치)와 목발 그리고 실험 장비 등을 실어 나를 수 있는 트럭도 구입했다.

국립소아마비재단은 할리우드 유명 배우들의 공개적인 지지와 개인적 호소를 통해 기금을 마련하고, 도움이 필요한 사람들을 원조하기 위해 지역 지부 체계를 갖추었다. 그런데 지역 지부들은 유명 배우들의 도움 없이도 효과적으로 모금을 할 수 있었다. '10센트 행진' 캠페인은 평범한 사람들에게 단지 적은 금액을 기부할 것을 촉구했다. 그들의 전략 중 하나는 영화관에 가서 상영 도중에 영화를 중단시킨 다음 불을 켜고 모금함을 돌리는 것이었다. 또한 '10센트 행진' 모금함은 가게 계산대 위에도 놓였고, 사람들은 그 모금함에 잔돈을 넣었다. 한편 아이들은 특별한 카드를 써서 우편 봉투에 10센트 동전과 함께 넣어 보내오기도 했다. '10센트 행진'은 기금 마련 방식을 효과적으로 변화시켰다. 이 행진은 소수의 부자들이 많은 금액을 기부하기보다 수백만 명의 평범한 사람들이 적은 액수를 기부하길 원했다. 엄청난 성공을 거둔 이 모금 캠페인은 적십자(Red Cross)를 제외한 당시 미국 내

92 소아마비 퇴치 선전. 메릴린 먼로(Marilyn Monroe)도 소아마비 퇴치 운동에 자신의 이름과 이미지를 빌려준 수많은 저명 인사 중 한 명이다. 뉴욕의 월도프아스토리아 호텔에서 열린 연례 패션쇼(1958)에 메릴린 먼로가 '10센트 행진' 포스터 주인공인 6세 쌍둥이 린디 & 샌디 수 솔로몬과 함께 무대에 올랐다.

모든 자선 단체들의 모금액을 합한 것보다 많은 수억 달러를 모금했다.

당시까지는 소아마비에 대해 알려진 사실이 거의 없었다. 그런데 국립소아마비재단이 바이러스 연구에 기금을 지원하기 위해 설립한 과학위원회들이 제2차 세계대전 중에 군인들에게 영향을 미치는 질병을 연구하기 시작했다. 그리하여 1943년 국립소아마비재단은 '미국 육군 신경 친화성 바이러스 위원회(Neurotropic Virus Commission)'가 북아프리카에서 소아마비를 연구하도록 보조금을 지원했다. 나중에 경구용 소아마비 백신을 개발한 앨버트 세이빈(Albert

Sabin)도 당시 이 연구의 일부분을 담당했다.

루스벨트 대통령은 사후인 1946년에 10센트 동전에 얼굴이 새겨져, '10센트 행진'에 기여한 공로가 기억되고 있다. 제2차 세계대전이 끝날 무렵에는 수백만 개의 10센트 동전들이 백악관으로 밀려들었다. 그래서 국립소아마비재단을 위한 1945년 연례 '10센트 행진'에서 1890만 달러가 모금됐다. 소아마비가 엄청나게 창궐한 1949년에는 가능한 모든 방법을 동원해 환자지원 프로그램을 실시함에 따라, '10센트 행진'으로부터 기금을 지원받는 의료 연구도 가속화됐다(1944년에 창궐한 소아마비는 필립 로스(Phillip Roth)의 소설 『네메시스(Nemesis)』에 생생하게 묘사되어 있다).

비록 유명 영화배우와 가수들이 이 캠페인을 후원하긴 했지만, 1950년대 초에 국립소아마비재단의 3,100개 지부들은 자원봉사자들에 의해 거의 완벽하게 운영됐다. 1954년에는 '10센트 행진' 캠페인을 지원하기 위해 미키, 도널드, 플루토 같은 디즈니 캐릭터들이 일곱 난쟁이 노래를 각색해 부르며 행진했다("영차, 영차, 모든 소아마비를 없애 버리자. 10센트 동전과 25센트 동전 그리고 1달러 동전으로…… 영차, 영차").

1955년까지 '10센트 행진'은 2550만 달러를 연구에 투자했는데, 그중 가장 중요한 것은 조너스 소크(Jonas Salk)가 진행한 소아마비 백신 연구와 개발이다. 1954년에 이 백신은 '소아마비 백신 개척자들'이라고 알려진 180만 명의 어린이들에게 시험적으로 투여됐다. 1955년 4월 12일 뉴스 매체들을 통해 이 백신은 "안전하고, 효과적이며 강력하다"고 발표됐다. 매년 수십만 명씩 발생하던 새로운 소아마비 환자가 소수에 불과할 정도로 급속히 줄어들어, 1961년에는 미국 내에서 환자가 161명밖에 발생하지 않았다. 대규모 선전과 그에 동반된 모금 활동이 없었다면 소아마비 백신의 개발은 훨씬 나중에 이루어졌을 것이다.

● 백신과 역선전

그래서 바야흐로 소아마비의 예처럼 백신 개발로 많은 종류의 질병을 근본적으로 예방할 수 있는 세상에 대한 새로운 꿈과 희망이 생겨났다. 백신 덕분에 질병에 대한 강력하고 즉각적인 대규모 방어가 가능해짐에 따라, 백신은 특히 제1, 2차 세계대전과 최근의 걸프 전쟁 같은 군사적 충돌에서 중요한 의료 수단 중 하나가 됐다. 21세기 들어 빌 게이츠 재단(Bill Gates Foundation) 같은 모금 기구들은 매체들의 주목을 많이 받는 말라리아와 에이즈 바이러스 백신 연구에 막대한 투자를 해 다시 한 번 파스퇴르의 꿈을 이루려 하고 있다. 물론 이로 인해 세계의 기아와 질병을 퇴치하는 데 필요한 인력과 자원이 줄어들거나 전용되는 부작용이 있다는 것도 사실이다.

지금까지 언급한 것들을 포함한 대중매체 캠페인은 '건강 유지'와 '국가와 국민의 관계'에 대한 논쟁을 불러일으켰는데, 여기서 '국가와 국민의 관계'는 '의사와 환자의 관계'와는 다른 일종의 '계약' 관계를 의미했다. 즉 국가는 과학적인 정보를 제공하고 행동의 변화를 촉구한 반면, 시민들은 그 충고에 무비판적으로 순종해야 했다는 것이다. 백신은 이러한 관계를 강화하고 검증했으며, 또한 선진국과 개발도상국의 정부 뿐 아니라 국제 기구나 자선 단체도 의학적 중재를 확대할 수 있는 과학적 근거와 합법성을 부여했다. 그런데 건강을 증진하고 유지하는 데 있어 정부가 계속 국민이 '순종적'이기를 바라도 되는 것일까? 과거에 백신과 백신 연구는 그 생산과 임상시험 과정에서 심각한 도덕적 문제를 야기했으며, 국민의 항의나 의료에 대한 저항을 유발하기도 했다. 프랑스나 독일 같은 일부 국가에서는 아이들이 학교에 입학하기 전에 백신 접종 기록을 제출해야 한다. 다른 국가들에서는 국가와 국민 간의 '계약'이 덜 엄격해서, 국가가 제공하는 충고에 이의를 제기하는 역선전 캠페인을 벌이는 것도 가능하다. 최근의 예로는 영국에서 펼쳐진 홍역·볼거리·풍진(MMR) 혼합 백신, 자궁경부암, 돼지독감 캠페인을 들 수 있다.

MMR 백신 논쟁은 흥미로운 사례 연구이다. MMR 백신은 홍역, 볼거리 그리고 풍진을 하나의 백신으로 동시에 예방접종하는 것인데, 1960년대 후반에 처음 개발됐다. 대체로 한 살 전후의 어린이들에게 접종하고, 학교에 입학하기 전에 두 번째 접종을 해야 한다. 이 백신은 전 세계에서 널리 이용됐으며, 1970년대에 도입된 이후 60여 개 국가에서 5억 명분이 넘게 접종됐다. 모든 백신이 그러하듯 장기 효과와 약효는 지속적으로 연구되어야 한다. 예방 백신이 사용되기 전에는 홍역 발생률이 너무 높아서 "세상에 죽음과 세금처럼 확실한 것은 없다"라는 벤저민 프랭클린의 유명한 말처럼 홍역에 감염되는 것은 피할 수 없는 것으로 여겨졌다. 오늘날 규정된 방식대로 어린이 예방접종을 실시하는 나라에서 홍역 발병률은 30세 이하 인구 중 1퍼센트 미만으로 줄었다. 1999년과 2004년 사이에 세계보건기구(World Health Organization: WHO)와 유엔아동기금(UNICEF)이 주도적으로 노력한 결과, 홍역 백신이 더 많은 사람들에게 사용되어 세계적으로 140만 명이 홍역으로 인한 죽음에서 벗어난 것으로 추산된다. MMR 백신은 세 종류의 백신을 따로따로 접종하는 번거로움을 피하기 위해 도입됐다.

그런데 영국에서 자폐증이나 다른 장애를 동반하는 과민성 장증후군(bowel symptom)을 앓는 12명의 어린이에 대한 연구가 발표되고 이들 중 일부 아이들의 부모가 MMR 백신이 발병의 원인이라고 주장한 후 1998년에 MMR 백신은 논란의 중심에 서게 됐다. 이러한 주장에 대해 영국의사회(General Medical Council)와 의학 전문지《랜싯(The Lancet)》의 반박이 이어졌지만, 그럼에도 불구하고 부모들에게 MMR 백신을 접종하지 말고 따로따로 접종하거나 다른 대안 치료법을 찾을 것을 권고하는 역선전이 인터넷을 뜨겁게 달구었다. 보건 전문가들은 MMR 백신-자폐증 논란을 보도한 매체와 인터넷 상의 캠페인 때문에 접종률이 낮아지는 사태가 발생했다고 보았다. 신빙성 없는 그 주장이 제기되기 전에는 영국의 MMR 백신 접종률이 92퍼센트였으나, 그 주장이 제기된 후에는 80퍼센트 아래로 떨어졌다. 2012년 11월경에는 MMR 백신 접종률이 14년 만에 최고치를 회복했지만, 보건 전문가들이 홍역의 확산을 차단하는 데 필요하다고 믿는 95퍼센트에는 여전히 미치지 못했다.

■ 선전, 천사의 편일까?

가끔 보건과 위생 선전은 사람들의 반발을 불러
일으키기도 한다. MMR 백신의 경우는 '어린아
이들에게 발생하는 예상치 못한 결과'에 대한
두려움이 문제였다. 또 어떤 경우에는 그 반발이
단순히 권위에 대한 도전 행위일 수도 있다. 제
2차 세계대전 종전 무렵 미국이 이탈리아의 람
페두사 섬을 점령하고 있었을 때, 일부 주민들은
미군이 공공 장소에서 배변하지 말라는 새로운
규정과 경고를 미군 선전 신문에 실어 보도하자
이에 격분했다. 한 무리의 람페두사 남성들이 중
앙 광장에 모여 "단체 행동(집단 배변)으로 자유
를 위한 일격을 날렸다."

그러나 '사회의 조직적 노력을 통해 질병과
장애를 예방하고, 수명을 연장하는 과학과 기술'
로 정의되는 공중보건에 대한 선전 캠페인은 전
시가 아니라 평시에 더 큰 규모로 진행된다. 정
부는 국민에 대한 공중보건 책임이 있으며, 매체
는 공중보건 정보를 전달할 수 있는 확실한 수단
이다. 그 방법은 앞에서 본 바와 같이 충격요법
부터 유머까지 실로 다양하며, 선전 매체는 성냥
갑부터 음악까지 매우 광범위하다. 소련과 나치
의 경우처럼, 이따금 국가의 의도는 그들이 내세
우는 보건상의 이익이라는 명분보다 훨씬 더 복
잡하고 은밀하다. 그리고 때로는 시민 단체나 이
익 단체들이 연대해서 (특히 인터넷과 사회관계
망 시대에) 공공 정보의 신뢰성에 이의를 제기
하기도 한다. 그래도 공중보건 문제를 다루게 되
면 선전이라는 말에서 연상되는 경멸적 어감이
사라져 대체로 훨씬 우호적으로 보인다.

녀의
적을 알라

부정적 선전

5

선전의 윤리 기준에서 보면, 유용한 공공 정보 선전의 대척점에는 아마도 차이를 만들어내거나 이용하려는 선전이 있을 것이다.

"외국인 증오와 혐오를 추종하는 것은 모든 정치적 실책이나 사회적 불운을 외국인들의 탓으로 돌리는 무지하고 야만적인 애국심을 대중들로부터 이끌어내는 가장 천박하고도 확실한 방법이다."

출판인 레너드 울프(Leonard Woolf)는 그의 저서 『정치학 원리: 공유 지식에 관한 연구(Principia Politica: A Study of Communal Knowledge)』(1953)에서 이렇게 말했다. 선전의 관점에서는 분명 대조를 이용하면 확실한 구분을 지을 수 있다. 강렬한 대조는 미묘한 뉘앙스에 비해 감정적 강도가 높을 뿐만 아니라 표적청중들의 동조도 확실히 이끌어 낼 수 있다.

대조에 기초한 선전은 선과 악, 미녀와 야수, 질서와 혼란 간의 대립으로 채워져 있으며, 각각의 경우마다 대조는 개인들로 하여금 특정한 견해를 추종하고 싶게 만드는 역할을 한다. 이러한 극단적인 목적에 있어 선전은 단순하게 흑백논리로 가치 판단을 내리려 하는 우리 내부의 심리적 욕구를 이용한다. 국가가 위기나 전쟁 상황에 놓여 문제를 단순화해야 할 필요성이 큰 경우에는 더욱 그러하다. 이러한 경우 '상대편'은 완전히 사악한 존재가 되고 우리의 명분은 명백히 정정당당하므로 모든 사람이 단합의 상징물을 중심으로 모여들게 된다.

그러므로 정치적 선전은 불확실한 시대에 번성하며, 일반적으로 증오에 불을 붙이는 것이 가장 효과적인 방법이다. 어느 사회에서건 어떤 명분을 지지하는 사람들의 추종과 확신이 절정의 상태로 오래 지속되지는 않는다. 그래서 독일 제3제국이나 같은 시기의 소련처럼 맹목적인 추종이 필요한 정권조차도 일종의 국면 전환이 필요했다. 이러한 필요를 충족시키자면 적에 대한 증오를 조작해야 할 수도 있다. 단순하고 때로는 폭력적 감정인 증오의 즉각적이고 자발적인 속성은 가장 원초적인 방법으로 깨울 수 있다. 본질적으로 그 방법이란 자신의 불운을 외부인의 탓으로 돌리는 것이다. 다른 사람과 함께 느끼는 증오는 모든 감정 중에서 가장 강력하며, 좌절한 사람은 외부인을 미워하려고 한다. 시인 하인리히 하이네(Heinrich Heine)가 19세기에 적은 것처럼 "다 같이 증오하면 하느님의 사랑으로도 어찌할 수 없다." 증오의 대상이 볼셰비키이든, 유대인이든, 이슬람교도든, 혹은 앵글로색슨족이

73

THE PRUSSIAN BUTCHER

98

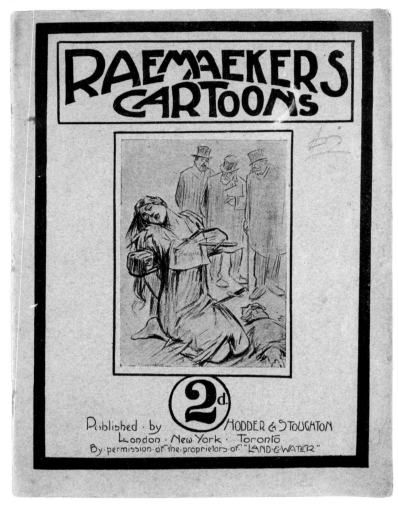

98 네덜란드 만화가 라우이스 라에
마에커르스의 만화집(1916년경)에
실린 훈족의 잔학성. 여기서도 십자
가에 못 박힌 희생자는 자비의 천사
를 상징한다. "왜 말을 안 듣지? 돈
을 듬뿍 받을 수 있었을 텐데"라는
냉소적인 설명이 붙어 있다.

99 간호사 루이자 이디스 캐벌의 처
형을, 바흐와 베토벤의 나라에서 죽
음의 음악이 울려퍼지는 저급한 독
일 문화의 극단적인 야만 행위로 묘
사한 영국의 우편엽서(1915). 캐벌
이 처형당하자 이와 비슷한 이미지
가 영국의 신문, 만화, 우표, 그리고
포스터를 뒤덮었다.

다. 설리번의 전쟁 만화는 독일인들을 거만한 반
인반수의 군국주의 괴물로 희화했으며, 독일인
들이 저지른 것으로 전해진 잔혹 행위를 극화했
다. '프로이센 도살자(Prussian Butcher)'는 원숭이
가 됐고, '점잖은 독일인(Gentle German)'은 자비
의 천사를 총검으로 찔렀다.

　영화를 이용한 선전에서는 「훈족의 수중에
서(In the Clutches of the Hun)」, 「독일의 굴레 아래

(Under the German Yoke)」 같은 작품을 통해 독일
군의 잔혹 행위를 계속해서 알렸다. 마찬가지로
1914년 9월에는 전쟁 잡지 《워 일러스트레이티
드(The War Illustrated)》도 독일의 잔혹 행위를 주제
로 하여 "어떻게 벨기에 광부들이 독일군을 위
한 인간 방패가 됐는가?: 독일군의 교활한 책략
이며, 연합국은 상상도 못할 야만적인 방법"이
라는 제목의 사진과, 독일 황제가 적십자 표시로

THE MURDER OF MISS CAVELL
INSPIRES GERMAN "KULTUR„

위장한 기관총 탑재 차량을 운전하는 "독일의 최신 발명: 적십자 기관총"이라는 제목의 그림을 실었다. 적의 야만성을 묘사하기 위해, 강간당하고 고문당한 처녀들, 죄 없는 어린이들, 방어 능력이 없는 노인들을 끊임없이 주제로 등장시켰다. 시인 러디야드 키플링은 "오늘날 세계에는 인간과 독일인이라는 오직 두 부류만이 존재한다"라고 적었다.

영국 정부는 선전전에 주목하는 한편, 점령지 벨기에에서 독일이 저지른 잔혹 행위를 재빨리 모병 목적으로 이용했다. 1914년 10월 당시 여당 원내총무였던 퍼시 일링워스(Percy Illingworth)는 모병회의 연설을 통해 참석자들에게, 벨기에에서 벌어지고 있는 끔찍한 잔혹 행위를 조사하고 있으며, 그 전모가 밝혀지면 "모든 인류가 경악할 것이다"라고 밝혔다. 몇 달 뒤 애스퀴스(Herbert Henry Asquith) 총리는 그 잔혹 행위 혐의를 조사하기 위해 전(前) 주미대사인 브라이스(James Bryce) 경을 책임자로 임명했다. 「브라이스 보고서」(공식적으로는 "독일 잔혹 행위 혐의 위원회 보고서")는 조사 결과를 1915년 5월에 30개 언어로 발표됐으며, 독일 주둔군은 의도적인 공포 정책에 따라 벨기에 국민들에게 잔혹 행위를 자행했다고 결론지었다. 체펠린 비행선의 영국 폭격, 서부전선에서의 독가스 사용, 1915년 5월에 발생한 여객선 루시타니아(Lusitania) 호 폭침 사건, 1915년 10월 브뤼셀에서 발생한 영국 간호사 루이자 이디스 캐벌(Louisa Edith Cavell) 사건 등이 포함된 「브라이스 보고서」의 내용은 사실로 받아들여졌고, 이 보고서는 독일의 전쟁 범죄에 대한 준엄하고 영향력 있는 고발을 통해 정부의 모병 운동에 일조했다.

독일 유보트의 공격으로 여객선 루시타니아 호가 침몰하고 128명의 미국인 탑승객이 사망하자 뒤이어 미국 내에 배포된 포스터 중 가장 효과적이고 반독일 정서를 자극하는 포스터가 등장했다. 이 포스터는 미국이 중립을 지키도록 독일이 최선을 다해 역선전 공세를 펼친 1915년에 보스턴치안위원회(Boston Committee of Public Safety)가 발행했다. 당시 무고한 여성과 어린이들(특히 미국인들)이 희생된 이 여객선 침몰 사건은 독일의 야만적 행위로 여겨졌으며, 프레드 스피어(Fred Spear)의 포스터는 가해자보다 희생자에 초점을 맞추어, 미국인 어머니가 아기를 안고 바다 아래로 가라앉는 모습을 떠올리게 했다.

사실 루시타니아 호 침몰 사건은 영국과 독일 양측 모두가 선전에 널리 이용했다. 독일은 그 배가 여객선이 아니라 폭탄 운반선이었다고 주장하며 이 사건을 기념하기 위한 대형 메달을 주조했다. 그러자 영국은 이 메달의 모양을 바꿔서 대량으로 배포했다. 영국 국민은 이 여객선의 침몰을 여성과 아이들에 대한 계획된 공격으

100 바다 속에 가라앉아 익사하는 엄마와 아기를 그린 프레드 스피어의 강렬한 포스터 「입대하시오(Enlist)」(1915). 미국이 아직 참전하지 않고 있을 때, 이 포스터는 루시타니아 호의 침몰을 상기시켰다. 당시 영국과 독일은 중립국인 미국의 여론을 선점하려고 선전전을 펼치고 있었다.

로 받아들였으며, 이 사건을 통해「브라이스 보고서」에 실린 독일의 잔혹 행위에 대한 많은 이야기들이 사실임을 재차 확인했다.

'훈족'에 대한 영국의 고정관념이나 독일인을 악당(Boche)으로 떠올리는 프랑스의 이미지는 모두 연합국 선전의 기반이 됐다. 연합국의 선전은 이런 기반을 이용해, 독일은 군국주의 가치를 바탕으로 세워졌기 때문에 자국민들에게 예상치 못한 패배를 안겨줄 수밖에 없다고 주장하면서 도덕적 공격을 가하기 시작했다. 따라서 잔혹 행위 선전은 전쟁 초기에 유럽을 애국심의 물결로 뒤덮는 데 매우 큰 역할을 했다. 적을 묘사한 이미지와 '훈족'이라는 별칭은 영국 선전의 핵심 요소였으며, 전쟁을 정당화하고 자원입대와 전시 공채 판매를 늘리고 군인들의 사기를 강화하고 전쟁 기간 내내 국민의 사기를 북돋우는 등 다양한 목표를 달성하는 데 기여했다. 하지만 잔혹 행위 이야기와 소문을 잘 받아들이는 영국 국민의 수용성 때문에 전쟁 중인 사회에서 사건들에 대한 균형 잡힌 시각이 사라져 버렸다. 그들은 이제 거의 무엇이든 믿을 수 있게 됐다. 영국 국민 대부분의 결의가 전쟁이 끝날 때까지 전쟁 시작 때와 똑같이 유지됐다는 것은 매우 놀라운 일이다. '훈족'을 물리치겠다는 그들의 결심은 전쟁을 시작한 1914년 8월보다 더 굳건해지고 더 확고해졌다. 더욱이 '프로이센 군국주의'라는 말에 내포돼 있는 게르만족의 야만성과 무자비한 비인도적 행위에 대한 고정관념은 종전 직후 독일에 대한 영국인의 여론이 형성되는 데 크나큰 영향을 끼쳤다.

1917년 미국이 참전하게 되자 할리우드 영화는 애국심과 독일에 대한 증오를 고취하는 수단이 됐다. 찰리 채플린(Charlie Chaplin)과 릴리언 기쉬(Lillian Gish) 같은 영화배우들도 전쟁 활동에 참여했다. 대표적인 영화는 찰리 채플린이 출연한 단편 영화「공채(The Bond)」(1918)이다. 미국인들에게 자유 공채(Liberty Bonds)에 투자하여 전쟁 활동을 돕자고 호소하는 이 영화 속에서, 전형적인 프로이센 불량배의 모습을 한 독일군이 채플린이 휘두르는 큰 나무망치에 맞아 말 그대로 납작해진다. 독일군의 기만성은 흔히 성적 타락과 동일시됐다. 세실 B. 드밀(Cecil B. DeMille)이 감독한「연약한 미국인(The Little American)」(1917)에서 순진한 여주인공 메리 픽퍼드(Mary Pickford)는 프로이센 장교의 손아귀에서 죽음보다 못한 운명에 직면하는데, 그 장교는 경멸적으로 "내 병사들이 기분전환을 좀 해야겠는데 말이야"라고 내뱉는다.

양 대전 사이에 전시 선전에 대한 불신이 만연했는데, 이에 더하여 잔혹 행위 이야기의 대부분이 종전 후에 허위로 드러나자, 영국과 미국의 대중들은 제2차 세계대전 중 나치 독일 내에서 흘러나오기 시작한 '죽음의 수용소'에 관한 '사실'조차 믿으려 하지 않았다.

■ 탐욕스러운 부농들

'훈족'이라는 표현이 외부의 적에 대한 비난의 적절한 예라면, 소련에서 경멸적 표현인 '부농(富農, kulak)'은 마르크스-레닌주의 계획을 '파괴하려는' 명백한 내부의 적을 의미한다. 부농은 과거에 소작농이었으나 1906년 제정 러시아의 총리인 표트르 스톨리핀(Pyotr Stolypin)이 도입한 개혁의 결과로 중간 규모의 농장을 소유하게 된 사람들이다. 그러나 소련의 선전에서는 이 농부들에게, 집단화 때문에 자신의 땅과 가축, 생산물이 몰수될까 봐 두려워 '이상적인' 집단화를 방해하는 탐욕스러운 존재라는 오명을 씌웠다. 볼셰비키가 그들을 '인민의 적'으로 선언하자, 그들은 자신의 집에서 쫓겨났고, 심지어 그릇과 냄비를 포함한 모든 것을 빼앗겨 완전히 빈털터리가 됐다. 또한 재산을 몰수당한 부농 가족을 돕는 것도 법으로 엄격히 금지됐다.

소위 '전시 공산주의(War Communism)' 기간(1918~21)에 소련 정부는 가난한 소작농들이 위원회를 조직해 마을을 관리하게 만들고, 부농들에게 곡식을 징발하도록 유도함으로써, 부농들의 입지를 약화시켰다. 그런데 1921년 도입된 신경제정책(New Economic Policy)은 부농들에게 유리하게 작용했다. 비록 부농들을 사회주의의 적인 자본주의자로 여기긴 했지만, 소련 정부는 소작농들이 농업 생산성을 높여서 잘살도록 만들기 위해 다양한 장려 정책을 채택했다. 그래서 4퍼센트 이하의 성공한 소작농들은 부농이 됐고, 마을의 사회적 구조에 필요한 전통적 역할을 맡게 됐으며, 마을 일 때문에 새로운 소련의 관리들과 대립하는 일도 자주 빚어졌다.

1927년 소련 정부는 농업 정책을 바꾸어 부농들의 세금을 올리고 그들의 토지 임대권을 제한했으며, 1929년에는 신속한 농업 집단화를 추진했다. 그러자 부농들은, 소작농들에게 부농의 작은 사유 농장에서 일하지 말고 큰 협동 농업 시설에 합류할 것을 강제하는 정책에 맹렬히 반대했다. 하지만 1929년 말에 정부 주도로 '부농 계급을 없애자(dekulakisation)'는 캠페인(탈쿨라크화 운동)이 시작됐다. 소련 농장의 약 75퍼센트가 집단화된 1934년까지 대부분의 부농들뿐만 아니라 집단화에 반대한 수백만 명의 소작농들도 소련의 변방 지역으로 추방되거나 체포됐고, 그들의 땅과 재산도 몰수됐다.

강제 집단화의 배경 논리는 소작농들이 부치는 소규모 농지를 큰 집단농장(kolkhoz)을 만들기 위해 통합해야 한다는 것이었다. 스탈린은 이 목표를 달성하자면 부농들을 말살해야 한다고 생각했다. 왜냐하면 일부 부농들이 이러한 변화를 거부하면서, 정부가 곡식과 가축, 재산을 몰수하기도 전에, 스스로 그 모든 것을 불태우고 파괴했기 때문이다. 그래서 스탈린은 부농들을 없애기 위해 가난한 소작농들의 협조를 구했다. 그는 부농을 표적으로 하여, 그들을 농업 집단화를 위해 제거해야 하는 속물적인 소자본가로 비난하는 합동 선전 캠페인을 펼쳤다. 부농 계층은 자본가와 성직자 같은 전통적 '반혁명주의자(counter-revolutionary)'와 더불어 내부의 적으로 그려졌다.

정부의 선전은 부농들을 노동자 운동에 적대적인 존재로 묘사함으로써 그들을 악마로 만들었다. 1930년의 유명한 구호에서는 "우리는 부농들을 집단농장에서 쫓아낼 것이다"라고 선언했다. 영화 제작자 세르게이 예이젠시테인(Sergei Eisenstein)은 「낡은 것과 새로운 것(The Old and the New)」(1929)에서 마을 협동조합을 이상적으로 그리고, 이를 통해 부농들을 비난했다. 그는 「종합 노선(The General Line)」이라는 가제의 농

Главлит № А 59.235 от 31.I—30 г. Тираж 200.000 экз.

ХУДОЖЕСТВЕННОЕ ИЗДАТЕЛЬСКОЕ АКЦ. О-ВО АХР. Москва 6, Цветн

Цена 25 коп.

КУЛАКИ САМЫЕ ЗВЕРСКИЕ, САМЫЕ ГРУБЫЕ, САМЫЕ ДИКИЕ, ЭКСПЛОАТАТОРЫ, НЕ РАЗ ВОССТАНАВЛИВАВШИЕ В ИСТОРИИ ДРУГИХ СТРАН ВЛАСТЬ ПОМЕЩИКОВ, ЦАРЕЙ, ПОПОВ И КАПИТАЛИСТОВ.
ЛЕНИН.

ОЛОЙ КУЛАКА ИЗ КОЛХОЗА

101 부농(kulak) 추방 캠페인 포스터. 소련에서 명백한 '적'인 살찐(그래서 탐욕스럽고 이기적으로 보이는) 부농이 집단농장에서 쫓겨나고 있다. "부농을 타도하자. 부농을 집단농장에서 몰아내자"라는 글귀가 적혀 있다. 불끈 쥔 주먹 오른쪽에는 레닌의 말이 인용되어 있다. "부농은 가장 무도하고 잔인하고 야만적인 착취자들이며 다른 나라들의 역사에서는 시간이 흐른 뒤에 다시 지주, 독재자, 성직자, 그리고 자본가의 위치를 회복했다."

업 영화를 제작하고 있을 때, 정부로부터 10월 혁명 10주기를 맞아 「10월(October)」(1927)이라는 영화를 만들라는 명령을 받았다. 그런데 이후 그가 원래 만들던 영화 「종합 노선」의 제작에 다시 착수했을 무렵, 공산당의 종합 노선이 바뀌었다. 그래서 영화의 일부분이 수정돼야 했으며, 제목도 「낡은 것과 새로운 것」으로 바뀌었다. 이제 예이젠시테인은 소련 사회를 괴롭히는 병폐들을 일소하기 위해 희생양을 정하는 현대적인 영화 제작에 착수했다. 부농은 소련 내에서의 부정적 고정관념과 딱 맞아떨어졌다. 성직자와 부르주아 같은 일부 계층은 이념적 이유 때문에 태생적으로 혁명에 적대적인 것으로 여겨졌다(교활한 성직자에 대한 묘사는 1925년에 발표된 그의 영화 「전함 포템킨(Battleship Potemkin)」을 보라). 반면 부농 같은 부류들은 혁명 이후에 등장한 위협 요소로 여겨졌다. 이 부류들 모두는 통틀어 '인민의 적'으로 매도당했다.

대상이 부농이건 성직자건 스파이건 간에 부정적 고정관념에는 일정한 공통점이 있었다. 소련의 포스터에서처럼 소련의 영화에서도 그들은 노동자, 농민, 군인들의 정직한 노력을 착취하여 아주 호화롭게 생활했다. 알렉산드르 도브젠코(Aleksandr Dovzhenko)의 영화 「땅(Earth)」(1930)은 집단화에 대한 부농들의 적개심에 중점을 두었고, 알렉산드르 메드베드킨(Aleksandr Medvedkin)의 「행복(Happiness)」(1934)은 농장 시스템을 작동하는 데 필요한 기술과 기계 다루는 법을 익힘으로써 농장 생활에 적응한 아내가 게으른 소작농 남편을 행복으로 인도하는 과정을 보여준다. 부정적 고정관념이 만들어진 계층들은

혁명 영웅들과 대조적으로 살찌고, 무자비하고, 냉혹하고, 잔인하게 표현됐다. 그리고 그들은 기생충 같은 삶을 사는 것으로 그려졌다.

욕심 많은 부농의 부정적 이미지는 혁명 '영웅들'과 나란히 비교됐다. 스탈린주의 선전은 노동 생산성의 윤리를 강조했으며, 5개년 계획과 공장 그리고 농업 목표를 설득시키는 것에 중점을 두었다. 이러한 맥락에서 가장 눈에 띄는 것은 노동윤리 선전 캠페인을 대표한 새로운 인민의 표상 '알렉세이 스타하노프'다. 귀감이 되는 이 인물을 인민의 영웅으로 그려서 정권을 위한 동기 유발 수단으로 만들기 위한 수많은 영화와 포스터, 그림과 전단이 제작됐다. 알렉산드르 게라시모프(Aleksandr Gerasimov) 같은 예술가는 집단농장의 장점과 트랙터 생산량 및 곡출량 증진을 홍보하는 단조로운 그림을 그려야 했다.

더욱이 1920년대 후반과 1930년대 대부분의 기간 동안 스탈린에 대한 개인숭배는 대중의 정치 활동을 통합하는 구심점이자, '훼방꾼들과 파괴자들' 그리고 여타 '인민의 적들'을 심판하는 집회의 핵심이었다. 이 개인숭배는 1928~32년 제1차 5개년 계획의 특징인 급속한 산업화와 강제 집단화 캠페인의 여파로 목숨을 잃은 수많은 희생을 방조했을 뿐만 아니라 심지어 그것을 정당화하기까지 했다. 또한 그 후 '대공포' 기간에 일어난 대량 추방, 투옥, 광범위한 강제 노역 배치 같은 희생도 정당화했다.

'예전에 부농이었던 사람들'에 대한 새로운 박해의 물결이 1937년에 시작됐다. 이것은 니콜라이 예조프(Nikolai Yezhov)와 비밀경찰인 NKVD에 의해 자행된 '대공포'의 일환이었다. 과거에

The BATTLE for CIVILISATION

적 인기를 얻었으며, 그 뒤를 이은 「증오의 기록: 독일의 과거와 현재(Black Record: German Past and Present)」라는 소책자도 그러했다. '밴시타트주의(Vansittartism)'로 알려진 이 현상은 "훈족이 문 앞에 있다. 그는 광란하며 모든 것을 파괴할 것이다. 그는 여성과 아이들을 학살할 것이다"라고 선전하는 정보부의 분노 캠페인과 잘 맞아떨어졌다. 주로 정치 망명객들이 작성한, 독일 야만성의 역사적 뿌리와 전례들을 설명하는 많은 소책자를 보면서 일부 정치인들은 전쟁이 끝난 후 독일과의 공식 합의를 어렵게 만들 수 있다는 이유로 그런 선전에 내포된 강한 복수심에 우려를 표명하기도 했다. 작가 겸 작곡가인 노엘 카워드(Noel Coward)는 자신의 애국적인 노래 「독일인들을 잔인하게 대하지 마세요(Don't Let's Be Beastly to the Germans)」에서 이런 식으로 비판하는 사람들을 풍자적으로 묘사했다.

마지막에 우리가 승리했을 때
독일인들을 잔인하게 대하지 마세요
그들을 싸우게 부추긴 것은 그 역겨운 나치들이니까요
그리고 그들의 베토벤과 바흐도 본성은 착해요
그들을 온화하게 대합시다
그리고 다른 쪽 뺨을 그들에게 내밉시다
그러곤 잠재해 있는 유머 감각을 발휘하도록 노력합시다
그들에게 완전한 동등함을 느끼게 합시다
그리고 쥐새끼같이 비열한 자들을 자비로 대합시다
훈족을 잔인하게 대하지 마세요

1941년 6월 나치가 소련을 침략한 후 국민들에게 방송된 라디오 연설에서 윈스턴 처칠 총리는 소련을 도울 것을 약속하고, 다시 한 번 영국이 독일에 맞서 싸울 것이라고 강조했다.

…… 나치의 전쟁 기계, 군화 뒤꿈치로 딸깍거리는 소리를 내며 한껏 멋을 부린 게르만족 장교들, 이제 막 십여 개국을 위협해서 속박하고 돌아온 그들의 교활하고 노련한 공작원들이 보입니다. 또 나는 둔하면서 정예하고, 유순하면서 야만적인 훈족 무리들이 기어가는 메뚜기 떼처럼 터벅터벅 행진하는 것도 보입니다.

같은 해에 영화 제작자인 찰스 리들리(Charles Ridley)는 영국 정보부의 의뢰를 받아, 레니 리펜슈탈의 다큐멘터리 영화 「의지의 승리」에서 다리를 곧게 뻗은 채 뉘른베르크를 행진하는 나치 병사들의 모습을 발췌해 '람베드 워크(Lambeth Walk, 1930년대 후반 영국에서 유행한 경쾌한 사교 댄스)' 곡에 맞춰 우스꽝스럽게 편집한 현실영화(actuality film, 논픽션 영화의 일종)를 제작했다. (뉴스영화로도 상영된) 「독일인의 소명(Germany Calling)」이라는 이 영화의 도입부에서 해설자는 "이제부터 우리 모두가 증오하는 광대를 보여드리겠습니다…… 이것은 발레, 기갑 발레의 형식입니다. 그 제목은 '모스크바에서의 퇴각'이며, 람베드 워크 곡에 맞춰 진행됩니다"라고 소개한다. 리들리가 이 음악을 선택한 것은 나치 당원들이 이 곡을 "유대인적인 장난질이며 동물처럼 깡충거린다"고 평가했기 때문이다. 필름을 빠르게 돌려 화면을 구성했기 때문에 히틀러 친위대의 위협적인

105 1943년 프랑스에 뿌려진 영국 정보부의 소책자 『BBC의 노래』 중 일부. 패배가 임박했음을 느끼는 독일군과 이탈리아군을 조롱하는 프랑스어 노래 악보가 실려 있다.

모습이 희석됐고, 무성영화에서 으레 그렇듯, 엉뚱한 모습의 히틀러가 지휘하는 그들의 대형도 우스꽝스럽게 변했다.

히틀러와 그의 군대에 대한 이러한 풍자처럼, 무시무시한 적을 이렇게 볼거리와 조롱거리로 전락시키는 것은 심리학적으로 그 적을 능가하는 힘을 과시하는 방법이다. 영국인들은 무솔리니의 명성을 훼손하고 모욕하는 데도 유사한 방법을 구사했다. 예를 들면 알베르토 카발칸티(Alberto Cavalcanti)의 1940년 다큐멘터리 영화 「겁쟁이 카이사르(Yellow Caesar)」는 매우 효과적인 선전이었는데, 이를 통해 '무솔리니는 어릿광대에 불과하다'는 인상을 더욱 강하게 만들었다.

■ 황화와 지배 민족

제2차 세계대전 동안 미국은 진정한 미국적 가치를 상징적으로 보여주기 위해 월트 디즈니 스튜디오와 이곳에서 만들어진 도널드덕 같은 인기 있는 만화영화 주인공들을 통해 유머를 활용했다. 예를 들면 「총통의 얼굴(Der Fuehrer's Face)」 (1943)은 제3제국(나치 독일)에서 생활하는 사람들의 삶이 어떤지를 단순한 소재들, 즉 총통의 영광을 찬양하기 위해 만(卍)자 십자를 그려넣은 벽지, 만자 십자 모양의 나무들, 커피 대체품, 휴일 없는 조직화된 노동 풍경을 통해 그려내고 있다. 으스대며 행진하는 나치의 '취주(oompah)' 악대와 한술 더 떠서 일본 악단원이 함께 연주하는 개막 노래에는 교묘하게 아첨과 모욕이 뒤섞여 있다.

> 총통께서 "우리는 지배 민족이다"라고 말씀하실 때
> 우리는 총통 앞에서 만세! 만세!
> 총통을 사랑하지 않는 것은 엄청난 수치다.……

그런데 다행히 나치 지배 하의 억압된 삶이 (현실이 아닌) 악몽이다. 마지막 장면에서 도널드는 꿈에서 깨어나 침실 벽에 자유의 여신상의 그림자가 드리운 것을 본다. 이것은 미국 국민들이 왜 이 전쟁에서 싸워야 하는지를 상징적으로 보여주기 위한 것이다. 이 영화는 전형적인 희극들처럼, 총통의 얼굴에 커스터드 파이를 던지는 장면으로 끝이 난다. 「총통의 얼굴」은 시종일관 극명한 대조를 부각시킨다. 프랭크 카프라(Frank Capra) 감독은 1942년에 만든 「전쟁의 서곡(Prelude to War)」을 통해 "이것은 자유 세계와 노예 세계의 싸움이다"라고 말했는데, 이 주제는 냉전 기간 내내 지속됐다.

「전쟁의 서곡」은 7편의 다큐멘터리 영화 (1942~45)로 구성된 카프라의 「왜 우리는 싸우는가(Why We Fight)」 시리즈 가운데 첫 번째 작품이

며, 이 시리즈는 미군을 위해 제작됐다. 나중에 이 시리즈에 「너의 동지를 알라(Know Your Ally)」와 「너의 적을 알라(Know Your Enemy)」 시리즈가 더해졌으며, 이후 미국인들이 자국의 전쟁 개입을 지지하도록 설득하기 위해 대중들에게도 상영됐다. 전시정보국(OWI)은 처음에는 일반 시민들을 설득하는 데 중점을 두었으나, 미국 정치가 고립주의를 견지해온 기간을 고려하면 군 복무 경험이 있는 미국인들에게 전쟁 지지를 설득할 필요가 있었다. 이러한 목적을 위해 미국 전쟁부는 매년 5000만 달러를 들여 군인들에게 전쟁에 대의명분을 부여하는 영화를 제작했다.

「전쟁의 서곡」은 "지금껏 만들어진 가장 훌륭한 갱 영화"라는 평가를 받았다. 이 영화는 1931년과 1939년 사이의 파시즘과 나치즘 그리고 일본 군국주의에 대해 기록했다. '자유 세계'를 대표해서는 종교적 인물인 모세와 모하메드, 공자와 예수, 그리고 정치적 해방자인 조지 워싱턴과 에이브러햄 링컨, 주세페 가리발디와 마르키스 라파예트가 등장했다. 이와 대조적으로 추축국 세계에서는 "사람들이 자신의 자유를 포기하고 지도자를 숭배했다." 독일인과 이탈리아인, 일본인은 획일화 경향이 있고 그것을 위해 자신의 자유를 기꺼이 희생하는 것으로 표현됐다. 파괴된 교회와 유대교회당의 이미지, 그리고 십자가를 대체한 만(卍)자 십자의 모습을 통해, 독일은 반(反)기독교적이고 속물적인 사회로 묘사됐다. 파시스트 지도자들은 대중들에게 광신적인 숭배를 받는 대상으로 표현됐다. '노예' 국가를 묘사하는 부분에서는 히틀러, (항상 히틀러의 꼭두각시로 표현되는) 무솔리니, 히로히토

106 이탈리아의 파시즘, 독일의 나치즘, 그리고 일본의 군국주의가 1931년과 1938년 사이에 출현했음을 밝힌 프랭크 카프라의 「우리는 왜 싸우는가」 시리즈의 첫 번째 영화인 「전쟁의 서곡」(1942) 가운데 한 장면. (왼쪽부터) 히로히토, 히틀러, 무솔리니는 단결을 통해 '노예 세계'를 구현했다.

가 말하는 장면이 주로 비춰졌다.

한 장면에서는 스테인드글라스가 여러 개의 벽돌에 맞아 산산조각이 나자 그 뒤로 "히틀러 만세!"라고 적힌 포스터가 나타난다. 그러고 나서 히틀러가 반(反)기독교적 인물임을 강조하는 장면이 이어지는데, 한 학급의 독일 학생들이 다음과 같이 노래한다.

아돌프 히틀러는 우리의 구세주, 우리의 영웅
그분은 이 넓은 온 세상에서 가장 고결한 존재이시다.

우리는 히틀러를 위해 살고 히틀러를 위해 죽는다.
우리의 히틀러는 용감한 새 세상을
다스리는 우리의 주님이시다.

미군은 군인들에게 사상 교육을 하기 위해 「전쟁의 서곡」을 훈련용 영화로 이용했다. 모든 군인들은 배치를 받기 전에 의무적으로 이 영화(나중에는 시리즈 전체)를 시청해야 했다. 루스벨트 대통령은 이 영화가 미국 내에 남아 있는 고립주의 정서를 (부정적으로) 다룬 방식에 매우 흡족해하며 이 영화 시리즈를 미국 국민들

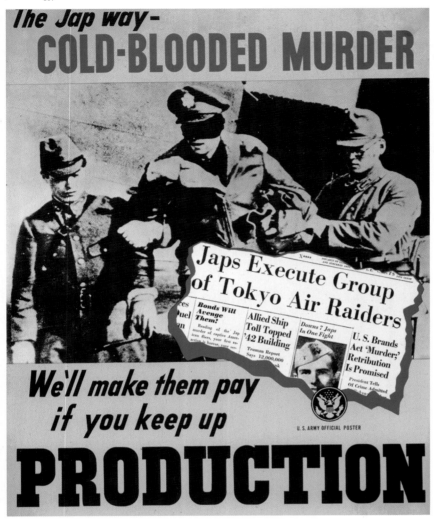

The Jap way—
COLD-BLOODED MURDER

Japs Execute Group
of Tokyo Air Raiders

Bonds Will
Avenge
Them!

Allied Ship
Toll Topped
'42 Building

Downs 7 Japs
In One Fight

U. S. Brands
Act 'Murder',
Retribution
Is Promised

We'll make them pay
if you keep up
PRODUCTION

U. S. ARMY OFFICIAL POSTER

107 "잔혹한 살인". 일본군들이 자기네가 생포한 미군을 처형했다고 주장하자 미국은 일본인을 쥐나 원숭이 혹은 위협적인 괴물로 묘사한 캐리커처를 폭넓게 활용했다. 냉혹하고 잔인한 적을 군사적으로 쳐부수기 위해 더 열심히 일하고 무단결근을 하지 말라는 메시지를 미국 시민과 군인들에게 전하고 있다.

108 "도쿄 악동(The Tokio Kid)". 미국의 항공기 제조사 더글러스 에어크래프트(Douglas Aircraft Company)가 직원들의 작업 능률을 높이고 시간 낭비를 막기 위한 방법의 일환으로, 근시에 뻐드렁니가 난 '도쿄 악동'을 캠페인 포스터에 등장시켰다. 피 묻은 칼에서 보이듯, 위험과 두려움의 감정이 우스꽝스러운 만화적 상상력과 뒤섞여 기괴한 인종적 고정관념을 만들어냈다. 자신의 교대 근무를 서둘러 마치는 근로자는 은연중에 적을 돕고 있다는 것이 이 포스터의 메시지이다.

에게 상업적으로 상영하라고 지시했다. 이에 따라 세 편의 영화가 대중에게 상영됐다. 처칠도 영국 국민들에게 보여주기 위한 전쟁 교육 영화를 만들었다. 스탈린은 「러시아 전투(The Battle of Russia)」의 소련 내 상영을 허용했다. 「전쟁의 서곡」은 미국 대중들의 열렬한 호응에 힘입어, 1942년 최고의 다큐멘터리 영화로 아카데미상

을 수상했다. 전쟁이 끝날 무렵 적어도 5400만 명의 미국인들이 이 영화 시리즈를 보았으며, 이 영화의 영향력을 평가하기 위한 연구들이 진행됐다. 그러나 그 결과가 어떤 결론에 도달하지는 못했다.

「전쟁의 서곡」에서는 1931년 일본의 만주 침략을 제2차 세계대전의 시발점으로 보았다.

TOKIO KID Say—

WASH UP EARLY
RUSH OUT DOOR
GIVE JAP TIME
FOR WIN WAR

JACK CAMPBELL

"기억하라 그 날을: 1931년 9월 18일은 1941년 12월 7일과 함께 기억해야 할 날. 1931년 그 날에 우리가 지금 싸우고 있는 전쟁이 시작됐다."

일본의 진주만 기습 공격은 1915년의 루시타니아 호 침몰이 반독일 입장을 확고하게 한 것보다 더 확고하게 전쟁에 대한 단결의 함성이 됐다. 미국은 유럽에 있는 적은 그 사악한 정권만 적이라고 묘사한 반면, 아시아에 있는 적은 인종 전체를 싸잡아 적으로 묘사했다. 유럽에서 미국은 인종차별주의적인 망상에 사로잡힌 나치 팽창주의 정권으로부터 연합국을 수호하기 위해 싸웠다. 태평양전쟁에서 일본의 팽창주의 역시 인종차별주의적 우월감에서 비롯된 것이긴 하지만, 미국의 선전 자체는 '원숭이 같은 일본 놈(sub-human Jap)'에 대한 증오 때문에 실시됐다. (오스트레일리아 정부의 정보부(Department of Information)도 매우 감정적인 호소와 일본인들을 악마 취급하는 노골적인 인종적 고정관념을 특징으로 하는 '너의 적을 알라'와 유사한 캠페인을 시작했다.) 이 증오의 감정은 단순히 진주만 공격에 대한 복수심에서 비롯된 것이 아니다. 그것은 기존의 인종차별주의가 반영된 것이며, 일본의 진주만 공격 때문에 더욱 강화됐다. 이러한 적대감은 비이성적이고 위헌적으로 일본계 미국인들을 그들의 집에서 쫓아내 태평양 연안의 수용소에 억류한 행위에서 잘 드러났다. 이러한 행위는 일본인들을 외부의 적이자 동시에 내부의 적으로 보고 있음을 의미했다.

흥미롭게도 전시정보국은 대체로 이러한 극단적인 행위를 권장하기보다 억제하려고 노력했는데, 여기에는 그럴 만한 이유가 있었다. 한편으로는 인종주의에 기초한 선전이 미국 흑인들의 전쟁 지지에 부정적 영향을 미칠 것을 우려했기 때문이며, 또한 그같이 노골적인 인종차별주의가 일본의 선전에 이용될 것을 걱정했기 때문이다. 그럼에도 불구하고 일본인들을 비하하는 말인 '누렁이(yellow)'가 동물 관련 표현과 함께 사용됐다. 일본인들은 '황화(黃禍, yellow peril)'이자 '누렁 원숭이(yellow monkey)'였다. 미국의 전시 공채 포스터에서 일본인들은 쥐나 원숭이처럼 생긴 괴물로 묘사되거나 뱀 따위로 다양하게 그려졌다. 정부가 유도하지 않아도 영화나 만화에서 자발적으로 이 같은 주제들이 다루어졌고, 그 결과 '광신적인 일본군'은 익숙하고 지속적인 고정관념이 됐다. 여러 포스터와 시사 만화들(특히 아르투르 시크(Arthur Szyk)가 노골적으로 일본인들을 냉혹한 야수로 묘사한 작품)에서 일본인들은 나무에 매달린 원숭이거나 혹은 느릿느릿하게 걷는 거대한 고릴라로 그려졌다. 인간 이하의 영장류라는 이미지는 적의 인간성을 깎아내리는 데 핵심 역할을 했다.

'황화'를 주제로 한 할리우드 영화 시리즈인 「웨이크 섬(Wake Island)」(1942), 「과달카날 일기(Guadalcanal Diary)」(1943), 「코레히도르(Corregidor)」(1943)와 「공격 목표 동경(Destination Tokyo)」(1943)을 제작했다. 1944년에 벅스 버니(Bugs Bunny, 미국 만화영화의 주인공인 토끼)는 워너 브러더스의 「즐거운 선율(Merrie Melodies)」 시리즈 중 한 편인 「벅스 버니 일본 놈들을 꼬집다(Bugs Bunny Nips the Nips)」에 등장했는데, 여기서 일본군은 '원숭이 얼굴', '쪽 찢어진 눈', '굽은 다리'로 불렸다.

선전 문구를 새긴 장신구나 비품들도 넘쳐 났다. "저 일본 놈들을 후려치자. 4대 자유를 위해 싸우자" 같은 애국적인 구호가 새겨진 단추들, 쥐의 몸을 한 일본군의 얼굴 위에 "이 쥐새끼에게 담배꽁초를 쑤셔 넣자"라는 구호가 적힌 재떨이, 미국 해병대원이 일본군을 가격하는 장면과 함께 "일본에게 일격을 가하자"고 부추기는 구호가 적힌 성냥갑 등이 등장했는가 하면, 1945년에는 히로시마와 나가사키라고 적힌 두 구멍에 게임 판을 기울여 동시에 폭탄을 집어넣는 많은 종류의 '원자폭탄 게임'이 만들어지기도 했다.

전쟁 기간 내내 일본은 미국의 인종차별주의적인 과거를 들춰내어 미국이 저지른 인종적 불평등 사례를 보여주는 한편, 이와 대비하여 일본의 영적, 인종적 우월성에 대한 자신들의 믿음을 강조했다. 그렇게 양측이 인종에 바탕을 둔 선전에 몰두한 결과, 치열하게 전개된 태평양 섬 전투에서 서로를 전멸시키려는 증오심이 불타올랐다. 이론의 여지는 있지만, 이처럼 격렬한 선전은 1945년 8월에 미국이 일본을 상대로 원자폭탄을 사용하게 된 배경이 됐다.

■ 나약한 영국인

반유대인과 반볼셰비키는 나치 세계관의 중심 주제다. 나치 운동은 유대인과 공산주의자들을 폭력과 비난의 대상으로 삼은 투쟁에서 잉태되고 출현했다. 실제로 나치 선전은 때때로 '마르크스의 영향을 받은 유대인과 볼셰비키의 음모'를 내세워 이 두 적들을 하나로 연결시켰다. 그

런데 1940년 프랑스에 승리를 거둔 직후 얼마 동안 독일 선전가들은 대상을 영국으로 바꾸었다. 1939년 9월 영국이 독일에 대한 전쟁을 선언하자, 나치 선전에서 영국은 명확한 적이자 증오의 대상으로 바뀌었다. 1940년 초여름에 영국 상공을 장악하기 위한 전투가 벌어지자, 영국의 운명이 결정되는 것은 시간문제라는 주장과 함께 독일의 반(反)영국 선전이 최고조에 이르렀다. 선전은 영국의 위선과 '금권정치(plutocracy)'를 부각시켰다. 특히 처칠을 사정없이 풍자했다. 한 유명한 포스터에서 그는 기관총을 휘두르는 미국 스타일의 갱('저격병')으로 묘사됐다. 공안 비밀경찰의 보안 보고서에는 끊임없는 선전으로 조장된, 영국에 대한 독일의 증오심이 이제 널리 확산됐다고 기록됐다.

그런데 놀라운 것은, 비록 드물긴 하지만 나치가 적의 사기를 저하시키기 위해 유머를 구사하기도 했다는 사실이다. 1941년 나치는 반영국 다큐멘터리 영화 「내일의 병사(Soldaten von Morgen)」를 개봉했다. 이것은 독일 청소년단이 단원들을 위해 만든 영화인데, 제3제국 전역에서 상영됐다. 이 영화는 영국의 공립학교 제도와 그 교육의 결과로 나타난 나약하고 타락한 모습을 영화적인 촌극의 형태로 구성한 것이다. 처칠과 전·현직 외무부 장관인 핼리팩스 경과 앤서니 이든(Anthony Eden) 같은 영국의 주요 정치인들이 그런 모습의 예로 등장했다. 영국의 젊은이들은 매우 노골적인 조롱을 받았다. 이 영화는 부스스한 모습의 영국 병사들이 됭케르크에서 사로잡히는 장면으로 끝난다. 영화가 가르치려고 하는 바는 명확하다. 나약하고 미성숙한 영국

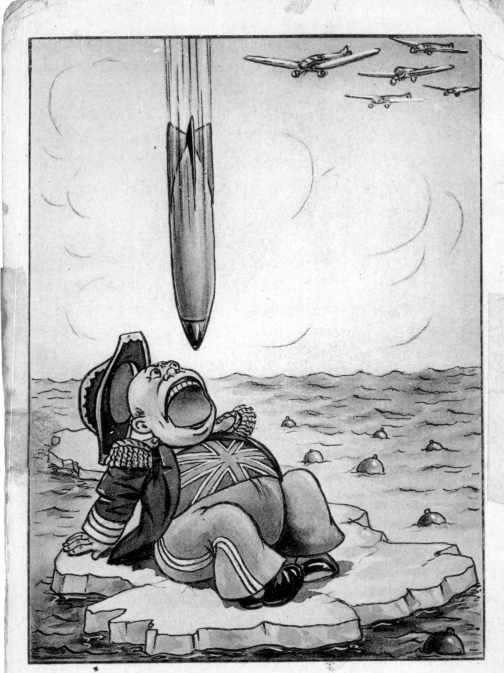

학생들은 자라서 쉽게 패하는 군인가 된다는 것이다. 이 영화의 후반부에서는 나약한 영국 젊은이들을, 체육 활동을 하는 남성적인 모습의 독일 젊은이들과 악의적으로 비교하는데, 펜싱, 글라이딩, 낙하산 강하, 승마 그리고 열병식과 '모의' 전투를 하는 독일 젊은이들의 모습을 보여준다.

「내일의 병사」는 이 기간에 실시된 독일 선전에서 전반적으로 나타나는 자아도취적인 특성을 담고 있다. 괴벨스는 영국인을 '아리아인들 중의 유대인'(고로 유대인이 지배하는 썩어빠진 사회)이라고 불렀다. 이러한 선전에도 불구하고 브리튼 전투(영국 본토 항공전)는 독일 공군의 패배로 끝났을 뿐만 아니라, 공중전에서 영국 방어력의 승리를 인정할 준비가 되어 있지 않았던 나치 선전의 패배로 막을 내렸다. 1941년 5월에 나치의 고위 지도자 루돌프 헤스(Rudolf Hess)가 필사적으로 영국을 설득하기 위해 스코틀랜드로 날아갔다가 치욕스럽게 체포당하자, 괴벨스의 반영국 선전은 더 큰 차질을 빚게 됐다.

■ 쥐새끼 같은 유대인

영국은 독일이 전쟁터에서 실제로 싸워야 하는 확실한 외부의 적으로, 유대인은 내부의 적으로 규정됐다. 반유대주의는 나치 사상의 핵심일 뿐

만 아니라, 그로부터 비롯된 유대인에 대한 고정관념은 나치 사상에 내재한 공격성의 중심이 됐다. 1939년 이전에는 반유대주의가 주로 교육 제도와 언론을 통해 확산됐으며, 세 가지 주요 사건이 벌어졌다. 1933년에 전개된 유대인 상점에 대한 불매 운동, 1935년에 제정된 반유대주의적 뉘른베르크 법(Nuremberg Laws), 1938년 '깨진 유리의 밤(Reichskristallnacht)' 사건으로 촉발된 유대인 재산에 대한 파괴 행위.

따라서 나치 선전의 중요한 역할은 나치의 인종주의 사상을 전파하는 것이었다. 언론에 명령을 내려 일간 신문에서 인종 문제를 반드시 크게 다루도록 했으며, 심지어 괴벨스는 한 주(週)도 인종적, 정치적 문제를 다루지 않고 지나가서는 안 된다고 권고하기까지도 했다. 독일의 이익에 반하는 유대인들의 '범죄 행위'가 자주 강조됐다. 예를 들면 뉘른베르크 법이 공포되기 직전에 '국민 계몽' 사업들을 실행해 유대인들의 '범죄'와 '음모'의 역사를 알리도록 했다. 유대교회당이 불타고 파괴된 '깨진 유리의 밤' 사건 이후에도 유사한 선전이 펼쳐졌다.

나치가 이용한 영화들은 이러한 캠페인을 가장 실증적이고도 명확하게 드러냈다. 나치는 유대인이 독일인에게 야기한 '위험'을 환기시키고, 아울러 정권에 의해 공개적으로 혹은 은밀하

109 처칠을 닮은 해군 제독이 기뢰로 둘러싸인 영국 땅에 앉아 독일이 투하한 폭탄을 집어삼키려고 하는 모습을 담은 나치의 우편엽서. 엽서 하단에 발음이 비슷한 말을 이용한 재담이 적혀 있다. "당신은 완전히 썩었어.…… 우리의 폭격기(Stuka)가 당신의 탐욕스러운 큰 입을 닫아 버릴 거야!" 이 우편엽서는 1942년 독일 카셀에서 발송됐는데, 아이러니하게도 그 뒤 카셀은 연합군의 폭격으로 도시의 대부분이 파괴됐다.

게 취해졌거나 취해질 조치들을 합리화하기 위해 여타 매체들의 선전과 공조하여 많은 영화를 만들어냈다.

그래서 1940년에 국민들에게 '해결해야'만 하는 유대인 문제가 있음을 알리는 나치의 조치를 정당화하기 위한 세 편의 반유대주의 영화 「유대인 쥐스(Jud Suss)」, 「로스차일드 가문(Die Rothschilds)」, 「영원한 유대인(Der Ewige Jude)」가 상영됐다. 모든 반유대주의 영화 중 가장 악명 높고 악의적인 것은 「영원한 유대인」인데, 이 영화를 통해 나치는 유대인에 대해 온갖 혐의를 제기하고 독일인들에게 최종 해결책인 집단 학살에 대비할 마음의 준비를 시켰다. 이 영화는 창조적인 노동을 꺼려하는 유대인들의 모습을 보여주기 위해 바르샤바의 유대인 거주 지역에서 시작되며, 이어서 유대인들의 방랑과 그들이 유럽인들과 동화되려고 애쓰는 모습을 보여준다. 만화 지도를 통해서는 유대인들이 어떻게 '세계 유대인들의 정신적 중심지'인 팔레스타인에서 나와 전 세계로 퍼져나갔는지 보여준다. 더욱이 영화의 해설에 따르면, "유대인들의 이주는 19세기에 퍼진 인간의 평등과 자유라는 모호한 사상에 자극을 받아 더욱 적극적으로 추진됐다." 이러한 유대인의 확산은 만화 지도에 곪은 상처 같은 촘촘한 연결망으로 그려진다. 그러고 나서 화면 가득 무리를 지어 움직이며 곡식을 먹어치우는 쥐떼로 장면이 바뀌는데, 이것은 유대인을 쥐에 비유한 것이다. 이 비유는 히틀러가 『나의 투쟁』에서 처음 표현했다. 영화 해설은 다음과 같이 계속된다.

유사 이래 계속된 유대인의 방랑은 잠시도 가만있지 못하는 동물인 쥐의 집단 이주에 비견된다.…… 쥐가 나타나는 곳마다 재앙이 뒤따르고, 쥐는 인간의 재산과 식량을 파괴한다. 이러한 방식으로 그것들은 역병, 나병, 장티푸스, 콜레라, 이질 같은 질병을 퍼뜨린다. 그것들은 야비하고, 비열하고, 잔인하며, 대부분 떼를 지어 다닌다. 동물의 세계에서 그것들은 교활함과 은밀한 파괴를 의미한다. 인간 세계에서는 유대인이 이와 다르지 않다.

나치는 유대인의 개인주의와 자기중심주의를 국가사회주의의 '민족 공동체' 이념과 대비함으로써, 그리고 유대인은 오직 돈에 의해서만 움직인다고 주장함으로써, 유대교가 나치 사상에 의해 해석된 독일 전통문화의 소중한 가치와 전적으로 배치된다는 것을 보여줄 수 있었다. 이보다 중요한 것은, 끊임없이 유대인을 쥐와 기생충에 비유함으로써 유대인들이 아리아인들과 신체적으로 다를 뿐 아니라 그들은 영혼이 없으므로 아리아인과 영적으로도 매우 다르다는 것을 암시했다는 점이다. 이것은 곧 '맞서 싸워야' 할 위협이 존재한다는 것을 의미했다. 그리하여 이러한 영화들을 관람함으로써 내리게 되는 결론은 유대인들을 죽이는 것은 범죄가 아니라 필요한 일이며, 유대인은 결국 사람이 아니라 박멸되어야 할 해충이라는 것이다. 「영원한 유대인」은 나치의 인종차별주의 선입견에 맞춰 현실보다는 당위성을 묘사하는 국가사회주의식 '사실주의'의 전형이다. 이 영화가 상영되기 전에 사전 관람을 한 괴벨스는 그 "노골적인 장면들이 너무나 끔찍하고 잔인해서, 그것을 본 사람들은 간담이 서늘해질 것이다. 사람들은 그 같은 야만성에 치를 떨 것이다. 이런 유대인들은 모두 사라져야만 한다"고 적었다.

이러한 반유대주의 선동에도 불구하고 나치 정권은 여러 문제에 봉착했다. 1941년 가을 유대인 박해가 강화되고 유대인 말살 계획이 하나하나 진행되고 있던 바로 그때, 공안 비밀경찰의 보안 보고서는 국민들이 '유대인 문제'에 대해 지루해 하거나 무관심하다고 보고했다. 얄궂게도 이런 무관심이 유대인들에게는 치명적이었다. 사실 유대인들의 운명에 대한 관심이 '깨진 유리의 밤' 이후 급속히 사라져버렸다. 역사가인 이언 커쇼(Ian Kershaw)는 "아우슈비츠(Auschwitz)로 가는 길을 만든 것은 증오지만, 그 길을 닦은 것은 무관심이다"라고 적었다. 1941년 이후 제3제국에서 유대인이 야기한 '위협'은 더 이상 알릴 필요가 없었으며, 여론 형성에 있어 유대인 문제의 중요성은 미미한 것이 됐다. 나치는 선전을 통해 사람들에게 자신의 안전한 개인생활에만 관심을 가지고 이러한 '문제'의 해결은 정부에 맡기라고 설득함으로써 이같이 무관심하고 냉담한 분위기를 만들어냈다. 유대인과 여타 '저급한' 인종들에 대한 몰살 계획이 이미 널리 알려졌으나, 안타깝게도 그 계획에 대해 독일 국민들이 도덕적으로 애매모호하게 반응했다. 그래서 나치 정권은 상상을 초월하는 일을 저지를 수 있었다.

역사학자 조지 모스(George Mosse)에 따르면, "통념은 집단이 갖는 가장 강한 신념이며, 그 신봉자들은 스스로를 악의 군대에 맞서 싸우는 진리의 군대로 여긴다." 괴벨스는 선전의 목적은 '표적청중들이 선전가가 제시하는 관점을 믿도록 설득하는 것'이라고 주장했다. 그런데 선전이 효과적이려면 이미 생각이 일부 넘어온 사람들에게 설파되어야 한다. 나치의 유대인에 관한 선전은 이러한 특성을 보여주는 단적인 예이다. 반유대주의가 국가사회주의의 결과라거나 혹은 괴벨스의 선전이 독일인들을 반유대주의적으로 만들었다는 주장은 논리적으로 입증할 수가 없다. 그러나 전대미문의 규모로 잔인하게 인종 학살을 자행한 책임이 제3제국에 있다는 사실은 변함이 없다. 이런 상황이 빚어진 것은 선전 자체의 효과 때문이기도 하고, 선전이 효과를 발휘할 수밖에 없는 폐쇄된 정치 환경 때문이기도 하다. 그래서 히틀러가 집권했을 때, 그는 나치 운동에 참가한 사람들이 분노를 표출할 수 있는 영원한 희생양으로 유대인을 필요로 했다. 유대인은 이러한 심리적 필요를 충족시키기 데 조종당했다. 나치 선전은 그저 문화적, 경제적, 정치적 불만의 원인을 유대인의 잘못으로 돌리려는 독일인들의 역사적인 성향을 이용했을 뿐이다. 민족주의 사상에 호소하는 것은 고정관념, 즉 '자신의 이미지'와 '자신의 정책에 반대하거나 자신과 인종적 견해가 다른 사람들에 대해 만들어낸 이미지'를 투영하는 것과 깊은 관련이 있다. 유대인의 이미지가 나치에게 중요했던 이유는 나치 사상의 반대편에 있었기 때문이다. 그런 까닭에 유대인에 대한 고정관념은 나치 사상에 내재되어 있는 공격성을 결집시켰다.

반유대주의 선전의 전체적인 목적은 그러한 믿음과 편견을 강화하는 것이었으며, 또한 국민

WUCHER UND HEHLEREI WAREN VON JEHER IHR PRIVILEG

VOR RASSENSCHANDE WARNTE DIE JUDENTRACHT

110 1937년 11월부터 1938년 1월 31일까지 뮌헨에서 개최된 독일의 「영원한 유대인」 전시회를 찾은 방문객들. 이 기간 중 412,300명이 관람을 했는데, 하루 평균으로는 5,000명이 넘는 인원이었다. 나치 경찰이 작성한 보고서에 따르면 이 전시회의 결과로 반(反)유대주의 정서가 급격히 퍼져나갔으며, 유대인 지역에 대한 폭력 행위가 발생하기도 했다.

111 '세계 유대교에 관한 다큐멘터리'라 일컬어지는 전형적인 반(反)유대주의 영화 「영원한 유대인」 포스터(1940). 포스터에 그려진 유대인들의 얼굴 곳곳에 인종적 고정관념이 드러나 있다.

들을 정권이 원하는 대로 생각하고 행동하도록 획일화하는 것이었다. 유대인은 독일인에게 심각한 사회적, 정치적 문제로부터 벗어날 수 있는 도피처를 제공한 셈이 됐다. 대중매체에 의해 묘사된 유대인의 '이미지'는 합리적인 지적 분석의 범주를 벗어나 있었으며, 그것이 바로 대중매체의 힘이었다. 이런 방식으로 반유대주의 선전은 제기될 만한 어떠한 의심도 넘어섰으며, 아울러 국가적 문제를 전체주의 방식으로 해결할 수 있는 정서적 기반을 제공했다.

■ 반역자 투치족

홀로코스트(Holocaust, 나치 독일의 유대인 대학살) 같은 인종 학살은 예외 없이 적으로 인식된 사람들에 대한 극한 증오의 산물이며, 또한 예외 없이 선전에 의해 조장된다. 이러한 현상이 1994년에 대량 학살의 형태로 르완다에서 발생했다. 이것은 오랫동안 권력을 누려온 소수 투치족(Tutsi族)과 비교적 최근인 1962년에 반란으로 권력을 잡은 다수 후투족(Hutu族) 간에 벌어진 인종 갈등의 극치였다. 1990년 르완다애국전선(Rwanda Patriotic Front)이라는 투치족 망명자들이 후투족이 이끄는 정부를 전복시키기 위해 르완다 북부에 침입하여, 후투족이 투치족을 위협적인 내부의 적으로 규정한 격렬한 내전이 발생했다.

인종 학살은 정부 내 많은 요직을 차지한 후투족 권력 집단 아쿠자(Akuza)에 의해 계획됐으며, 정부뿐만 아니라 지역 군벌과 공무원 그리고 대중매체들의 도움과 협조를 받아 실행됐다. 실제로 중앙 뉴스 매체가 인종 학살에 결정적인 역할을 했고, 지역 인쇄 매체와 라디오가 학

한편 영국군이 북아일랜드에서의 평화 유지라는 본래의 역할에 대해 거의 언급하지 않았다는 사실도 주목할 만하다. 영국군이 비무장 시위자들에게 발포한 1972년 1월 30일 '피의 일요일' 이후 도덕적, 정치적 우위를 상실함에 따라, 어떤 경우에도 그러한 평화 유지 메시지가 먹히기 어렵게 됐다. 실제로 영국군과 그들의 역할에 대한 이미지는 이때 이후로 공식 선전에서 거의 사라졌다.

그런데 1990년대 초반에 변화하는 정치적, 경제적 환경 때문에 선전의 전세가 역전됐다. 전쟁에 지친 지역(북아일랜드)은 이제 점차 발전하는 아일랜드공화국의 정치적 자신감과 경제적 번영을 선망의 눈초리로 바라보게 됐다. 1985년 영국-아일랜드 합의에 따라 북아일랜드와 아일랜드공화국 간에 대화의 초석이 마련됐다. 영국이 아일랜드공화국의 북아일랜드 통치 관여를 인정하는 대신, 아일랜드공화국은 북아일랜드가 영국에 충성하는 것에 이의를 제기하지 않기로 합의했다. 1993년 영국-아일랜드 선언을 계기로 폭력 노선을 버리길 원하는 모든 관련 단체들이 협상을 벌인 결과, 1944년에 아일랜드공화국군과 신교 무장단체가 연이어 휴전을 선언했다. 1996년 아일랜드공화국군이 맨체스터 폭파 사건을 일으켜 폭력 노선이 재개되어 평화로 가는 길이 위협받기도 했지만, 몇 년 뒤 정치적 해결을 모색하는 협상이 진전을 보여 1998년 성(聖)금요일 평화협정(Good Friday Agreement)이라는 획기적 합의가 이루어졌다.

1990년대 초 북아일랜드국(NIO)은 비밀 전화 캠페인을 지원하는 일련의 텔레비전 광고 제작을 외부에 의뢰했다. 이 선전들은 광고 회사인 매캔에릭슨(McCann-Erickson)이 제작했는데, 비록 이 선전의 대부분이 지금까지 영국 본토에서는 방영되지 않았지만, 광고업계 내부에서 큰 관심을 끌었다. 정교한 기교를 동원해 제작한 그 텔레비전 광고들은 구시대적인 포스터 캠페인을 대체해 설득의 기술을 새로운 차원으로 끌어올렸다. 이 광고들은 북아일랜드 주민들도 평화를 원하기 때문에 새로운 계획을 기꺼이 받아들일 것이라는 확신 아래 만들어졌다. 그래서 북아일랜드 주민들에게 "이제 더 이상 고통 받지 맙시다. 바꿉시다.…… 당신이 아는 모든 것이 도움이 될 수 있습니다"라고 호소했다.

이것들은 잠재의식 기법과 대중음악을 이용해 만든 뛰어난 광고였다. 「부인(Lady)」, 「당신처럼 되고 싶어요(I Wanna Be Like You)」 그리고 「세차(Carwash)」 같은 개별 제작물들은 특정한 계층이나 개인들을 대상으로 했다. 예를 들면 「부인」은 얼스터 내의 두 명의 여인과 두 가지의 전통과 두 개의 비극에 대한 이야기를 전한다.

"한 여인은 폭력에 희생된 사람과 결혼을 했고, 한 여인은 폭력을 저지른 죄인과 결혼을 했습니다. 두 사람 모두 상처를 입고, 두 사람 모두 고통을 받고, 두 사람 모두 이러한 일이 멈춰지기를 간절히 바랍니다."

이 광고는 불법 무장 단체 파벌들이 자행한 무분별한 폭력을 세세하고 생생하게 묘사했을 뿐만 아니라, 이제 변화해야 할 시간이라는 메시지를 각인시켰다.

매우 흥미로운 사실은 이 광고들에 군대나 치안 부대가 거의 등장하지 않으며, 등장하더라

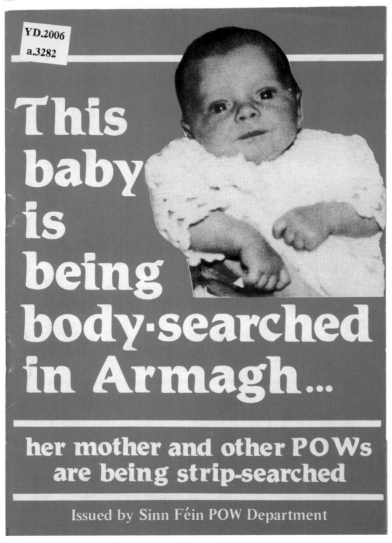

This
baby
is
being
body·searched
in Armagh...

her mother and other POWs
are being strip-searched

Issued by Sinn Féin POW Department

113 아일랜드공화국의 신페인당 (Sinn Fein黨)이 발행한 공화국군 지지 전단(1984년경). 재소자들을 '전쟁 포로'라고 표현함으로써 무장 투쟁의 합법성을 내세우는 한편, 아기와 엄마 같은 약자들을 부각시키고 있다.

114 상징과 반(反)상징. 이 소련 포스터는 자유의 여신상이라는 전통적 상징성을 파괴하고 있다. 시카고 민주당 전당대회(1968)에서 벌어진 '경찰 폭동'을 소재로 한 것으로 추정되는 이 포스터에서 경찰이 자유의 여신상의 눈이 됐고, 곤봉이 여신상의 눈물이 되어 '미국식 자유'(포스터 제목)를 애도하고 있다.

도 잠깐 스쳐 지나갈 뿐이라는 것이다(예를 들면 「세차」에서 무차별적인 살인을 막기 위해 등장하는 인물은 군인이 아니라 왕립 얼스터 경찰이다). 이 광고들은 영국의 정치, 군사 당국자들이 '폭력적인 사람들'을 적으로 규정하여 분리하고 주민들에게 충격을 주어 원하는 행동을 이

끌어내려고 한 중요한 선전이었다.

■ 그들과 우리

적을 묘사하는 이미지는 매우 다양한 모습과 형태로 나타난다. 어떤 것은 적의 힘과 권위를 약

СВОБОДА ПО-АМЕРИКАНСКИ

화시키기 위해 우스꽝스럽게 표현되고, 어떤 것은 증오를 불러일으키기 위해 잔인하게 그려진다. 선전가들은 실로 다양한 기법들을 이용해, 오랜 기간에 걸쳐 변해온 통념과 고정관념에 부합하는 몽타주 이미지를 만들어낸다. 그런데 적에 대한 선전 이미지는 정형화되고 단순해야 한다. 그 메시지는 이론의 여지가 없도록 표현돼야 한다. 호소하는 바는 본질적으로 감정적이어야 하며, 다른 여지를 남겨서는 안 된다. 이러한 선전은 국민 혹은 인종 정체성을 강화하고, 널리 공유된 일체감의 상징에 힘을 불어넣는다.

중요한 것은 지금까지 살펴본 '적의 이미지'들이 외따로 형성된 것이 아니라는 점이다. 영화, 포스터, 전단, 만화, 라디오와 텔레비전 방송(그리고 오늘날에는 인터넷 화면)으로 전달되는 것을 단절된 시각으로 보거나 들어서는 안 된다. 그것들 각각은 가능한 모든 통신 수단이 다 동원되는 광범위하고 통일된 선전 행위의 한 단면일 뿐이다. 이 책에 실린 사례 연구들은 과거의 '역사적인' 것들이며, 고정관념들은 대체로 당시에는 효과적이었지만 시간이 지나면서 (비록 사라지진 않았지만) 많이 약화됐다. 오늘날의 많은 사람들은 '과거의 표적청중들이 어쩌면 그렇게 어리석게 그런 선전을 받아들이고 그에 따라 행동했을까' 의아할 수도 있다. 그러나 선전 원리는 변함이 없으며 실제든 가상이든 '적'을 만드는 일은 영원히 계속될 것이다. 2001년 이후 서구에서 '테러와의 전쟁'이라 불리는 분쟁의 양측에 의해 수많은 적의 화신이 만들어졌다. '그들'과 '우리'를 구분하여 생각하는 인간의 본성은 항상 수단과 권력을 가진 자들에게 이용당하기 마련이다.

지금
우리는 모두
미국인인가?

21세기의 선전

6

지금까지 우리는 주로 20세기의 맥락에서 선전의 주요한 네 가지 주제에 대해 살펴보았다. 즉 국민의식과 지도력을 끌어올리는 방식, 국가가 국민의 건강을 유지하고 증진해 온 방식, 전쟁이 정당화되는 방식, 대중의 지지를 이끌어내기 위해 공격 목표인 '적'을 확정하는 방식이 그것들이다. 이 책에 실린 예과 사례 연구들은 선전가의 관점에서 보면 대체로 당시의 역사적 맥락에서 '성공적'이라 할 수 있는 것들이다. 그러나 놀라운 기술 발전으로 인해 새로운 세기에는 새로운 문제가 제기되고 있으며, 이러한 기술 발전은 정치와 선전과 여론의 관계를 새롭게 정립해가고 있다.

20세기에 '전면전'이 등장해서 매체와 구시대 외교술과 기밀 유지 필요성 간의 관계가 완전히 바뀌었다. 새로운 매체는 여론을 형성할 수 있는 힘을 가졌고, 정치인들은 그 힘을 두려워했다. 냉전이 끝난 뒤에는 변화무쌍한 국제적 위기와 급변하는 기술 때문에 전쟁과 보도의 성격도 바뀌었다. 소수에 불과한 헌신적인 광신도들이 초강대국에 그토록 큰 피해를 입힌 9·11 테러의 엄청난 충격 때문에 새로운 분쟁 용어인 '비대칭전(asymmetrical warfare)'이 집중 조명을 받았다. 약한 나라나 집단이 군사 자원의 질적, 양적 불리함을 벌충하기 위해 적응유연성(resilience)과 테러 전술을 이용하는 것으로 정의되는 '비대칭'이라는 개념은 21세기 초의 선전 방식에 심대한 영향을 미쳤다.

■ '구식' 뉴스와 '신식' 뉴스

베트남 전쟁은 전쟁이 특히 텔레비전에 보도되는 방식에 있어 분명 하나의 분수령이 됐다. BBC의 정치 해설자 로빈 데이(Robin Day)는 이러한 맥락에서 "전쟁의 잔혹함이 있는 그대로 가까이에서 확대되어 컬러로 방송될 것이며, 텔레비전 화면에서 피가 붉게 보일 것이다"라고 말했다. 1980년대가 끝날 무렵 냉전이 막을 내리면서 '정보전'이라는 개념이 확산되기 시작했다. 이어진 '국지적'이고 '비대칭적'인 전쟁과 '테러와의 전쟁'에서는 논의의 중점이 '연성권력(soft power, 정보 작전)', '심리전', '공공 외교(public diplomacy)', 그리고 홍보 및 전략 통신 전담군을 전투에 활용하는 쪽으로 옮아갔다.

그러나 그 길이 곧게 뻗은 도로는 아니었다. 미국이 베트남 전쟁에서 패배함으로써 심리전은 쇠퇴와 불신의 시기를 겪었다. 1980년대에 미국의 '심리전'을 되살린 사람은 레이건 대통령이었다. 특히 위성 텔레비전과 비디오테이프, 팩스, 이동전화 같은 새로운 통신 기술이 등장한 후에 미국은 전략적인 차원에서 소비에트 블록에 서방의 선전을 쏟아부었다. 1990년 8월 이라크가 쿠웨이트를 침공하자, 조지 H. W. 부시(George H. W. Bush) 대통령은 심리전을 1990~91년에 벌어진 제1차 걸프 전쟁(일명 '사막의 폭풍 작전')의 일부로 통합했다. 그리하여 심리전이 발전하게 됐다. '사막의 폭풍 작전'은 현대 매체 기술과 결합하여 '매체 전쟁(media war)'이 됐다. 그런데 가장 오래된 형태의 선전 도구 중 하

나인 보잘것없는 전단이 심리전에 폭넓게 활용됐다. 무게가 약 29톤에 달하는 2900만 장 이상의 전단이 1990년 12월 30일과 1991년 2월 28일 사이에 뿌려졌다. 전쟁 중에 실제 사망자보다 훨씬 많은 69,000명의 이라크군이 항복하거나 탈영했는데, 그들은 하나같이 (제1, 2차 세계대전 때 이용된 전단 선전과 심리전의 한 요소인) '안전통행증(safe conduct pass, 전단에 인쇄된 '투항 시 인도적 대우 보증서')'을 지니고 있었다. 걸프 전쟁은 표면적으로는 최첨단이었지만, 배포된 전단은 제1차 세계대전 때 사용된 것과 비슷하게 조악

115a-b '사막의 폭풍 작전' 중에 미국 심리전 부대가 이라크군에게 뿌린 선전 전단. "보급선이 끊겨 당신들은 더 이상 아무런 지원도 받을 수 없습니다. 사담 후세인은 당신들의 최후를 신경 쓰지 않으며, 당신들을 버렸습니다. 무기를 내려놓고 평화를 사랑하는 다른 아랍 친구들과 합류하십시오"라고 적혀 있다.

115a

115b

أنتم عزل !!
فقد إنقطعت خطوط امداداتكم ولن يصل اليكم ابدا
التموين والتعزيز فلا يهم صدام مصيركم وهو
تركّكم للقاء مصيركم. ألقوا اسلحتكم،
وانضموا مع اخوانكم العرب في حب وسلام !!!

했다.

　　드러난 바대로 심리전의 개념에서 보면 2003년의 (제2차 걸프 전쟁으로 불리기도 하는) 이라크 전쟁은 '사막의 폭풍 작전'이 멈춘 곳에서 다시 계속됐다. 미국과 영국 '연합군'은 심리전 이용을 더욱 강화했다. 미국은 베트남 전쟁으로 거슬러올라가는 오래된 전통의 라디오 심리전을 이용했다. 9·11 테러 이후 아프가니스탄에서는 주민들에게 탈레반과 알카에다 일당을 신고하도록 설득하기 위해 방송을 이용했다. 이라크 전쟁에서 미국은 적을 약화시키고 고국에 있는 국민들을 안심시키기 위해 종합적인 방송 캠페인을 전개했다. 전자 장비를 이용한 선전 캠페인의 선봉에 선 것은 코만도 솔로(Commando Solo) 편대를 개조한 C-130 미국 화물 수송기였는데, 이 비행기들은 아랍 음악과 서구 음악을 함께 방송하고, 이라크 군인과 국민들에게 전투 참여 중지를 촉구하는 한편, 항복하는 방법을 설명하는 방송도 내보냈다. 이 비행기들은 대중을 설득하는 연합군의 무기였다. 전단 살포 선전에 박차를 가하면서 라디오 방송도 더욱 강화됐다. 공격해오는 연합군에게 항복 의사를 전달하

117a

116 스페이드 에이스 사담 후세인. 2003년 이라크 전쟁 중 미군은 사담 후세인을 우두머리로 하는 이라크 지도자들을 지명 수배자로 그려 넣은 카드를 만들었다. 이런 카드들은 대중들에게 배포되고 상업적으로도 생산됐는데, 여기에 보이는 한 벌의 카드는 미국 정보국에서 만든 것으로 보인다. 여기에는 지명 수배된 이라크 지도자들 중 누가 체포됐는지 표시되어 있다.

117a-b 2003년 이라크 전쟁 때 발행된 미국 심리전 전단. 이라크군의 화생방 무기 사용에 대해 경고하고 있으며, 모든 것을 지켜보는 연합군의 위성이 이에 불응하는 부대장을 찾아낼 것이라고 알리고 있다.

لا تحاولوا إستخدام الأسلحة النووية أو البيولوجية
أو الكيميائية. لدى الإئتلاف أقمار صناعية ذات تكنولوجيا
متفوقة تسمح لقوات الإئتلاف رؤية التحضيرات وعمليات
النقل للأسلحة النووية والبيولوجية والكيميائية.
سيحاسب قادة الوحدات على عدم الإستجابة.

117b

는 방법을 설명하는 전단이 전쟁 시작 1주일 만에 1700만 장이나 뿌려졌다. 전단의 경고문에는 "연합군의 비행기를 공격하면 당신의 파멸을 초래하게 됩니다. 당신과 동료들의 생명을 위태롭게 하지 마십시오. 이곳을 떠나 집으로 돌아가십시오. 당신의 자녀들이 공부하고 성장하고 행복하게 사는 것을 곁에서 지켜보십시오"라는 내용이 포함되어 있었다. 이러한 설득 덕분에 선전 효과가 더욱 강해졌다.

만약 코소보 전쟁(1998~99) 때 일반 공중파 방송, 대판(broadsheet) 신문, 시사 잡지로 전달되는 '구식' 뉴스 대신 위성 방송, 케이블 방송, 타블로이드(tabloid) 신문, 라디오와 텔레비전의 토크쇼로 전달되는 '신식' 뉴스가 활성화됐다면, 군대가 이미지 관리와 '정보 통제'에 더욱 많은 신경을 썼을 것이다. 요즘은 기술의 발달 덕분에 매체들이 과거 종군기자들에게 힘겨웠던 물리적 제약으로부터 자유로워졌을 뿐만 아니라, (한때는 아랍어로, 지금은 다국어로 방송하는) 알자지라(Al-Jazeera) 같은 국제적 통신사와 '24시간 연속 뉴스' 방송사가 많이 설립되어 전쟁터에는 항상 세계의 수많은 언론 매체들이 몰려들기 때문에, 이러한 상황을 전략적으로 고려해야 한다는 사실을 이제 군(軍) 커뮤니케이션 전문가들도 인식하게 됐다. 최근에는 뉴스 환경이 더욱 급변하면서 외교와 언론과 선전에 큰 영향을 미치고 있다.

이라크 전쟁에서는 전쟁 보도 방식에 있어 많은 기술적 변화가 나타났으며, 특히 인쇄 매체 기자와 방송 기자들이 실제 공격군의 일원으로 투입되기도 했다. 전쟁터의 이미지를 끊임없이 쏟아내는 수많은 뉴스 채널들은 두 종류의 서로 다른 비판을 초래했다. 어떤 비평가들은 24시간 연속 뉴스 채널은 전쟁의 무자비한 이미지를 아무런 맥락도 설명도 없이 방송하는 '전쟁 포르노(war porn)' 장사꾼에 지나지 않는다고 주장했다. 다른 비평가들은 전쟁 상황을 너무 있는 그대로 보여주면 사기에 심각한 영향을 미치게 된다고 두려움을 표시하기도 했다. 이러한 두려움은 역사적 맥락에서 생각해볼 수도 있다. 만약 1916년의 '솜므'와 1917년 '파스샹달'(두 곳 모두 제1차 세계대전 격전지) 전투를 영국 국민들이 생방송으로 지켜보았다면 애스퀴스와 로이드 조지(두 사람 모두 제1차 세계대전 당시 영국 총리)가 국민의 전쟁 의지를 얼마나 오래 유지할 수 있었을지 알 수가 없다. 이어진 제2차 세계대전에서는 과연 '24시간 연속 뉴스'가 상세히 보도되는 가운데 30만 명의 군대가 됭케르크로부터 철수하는 것이 가능했을까?

오늘날의 분쟁에서 각국 정부는 미국 국방부가 규정한, 선전을 완곡하게 표현한 개념인 '인지 관리(perception management)'를 통해 매체에 영향을 미치려 하고 있다. 군대와 매체의 관계라는 측면에서 보면, 베트남 전쟁의 여파로 군대의 매체 작전이 보다 정교해져서 생겨난 현상 중 하나는 '조작'이나 왜곡을 이유로 매체들을 비난하는 경우가 많아졌다는 것이다. 2001년에 군 커뮤니케이션 전문가들이 등장하면서 군의 입장에서는 매체가 해결책이 아니라 오히려 골칫거리라는 분위기가 조성됐다. 1991년 걸프 전쟁 때는 군이 매체를 엄격하게 통제했으나, 2003년 이라크 침공 때는 매체 통제권이 국가-매체 간 관계와 정보 환경(information environment)을 관리하는 정치인들에게 넘어갔다. 아프가니스탄에서의 성과 없는 10년 전쟁과, 논란의 소지가 많은 이라크 전쟁 때문에 유례없이 '커뮤니케이션 권력'이 정치 엘리트들에게 집중됐다. 게다가 언제나 진행 중인 '테러와의 전쟁'은 미국 내에서 대중과 정치권에 만성적인 불안감을 안겨주었다

■ 비대칭의 시대

미국의 경우 21세기 국제 문제는 '테러와의 전쟁'이라는 말에 가장 큰 영향을 받아왔다. 이 말은 심각하긴 하지만 뭔가 예측 가능하거나 쓸모가 있지는 않다. 9·11 테러가 있고 나서 조지 W. 부시(George W. Bush) 행정부는 '테러와의 지구적 전쟁(GWOT)'을 발표함으로써 미국의 군사적 대응을 정당화했다. 이를 통해 미국은 알카에다와 그들의 지도자인 오사마 빈 라덴을 돕는 그 어떤 국가나 단체라도 추적할 권리와 능력이 있다고 주장했다. 테러와의 전쟁을 선언함에 있어 서구는 '자위권(right to self-defense)'이라는 「유엔

118 성전을 촉구하는 오사마 빈 라 덴(2001. 11. 3). 알카에다 지도자는 비디오를 이용해 공개 선언문을 대 중에게 전파할 수 있었는데, 주로 서 구의 대중매체 지배에 맞선 새로운 아랍어 방송인 알자지라에 '독점'으 로 제공했다.

헌장」 제51조를 적용했는데, 그 과정에서 테러 리스트들에게 '전사(warrior)'라는 지위를 부여하 고 말았다. 그리고 이것은 알카에다 같은 단체들 이 서구에 맞서 교묘하게 역선전하는 행위를 합 법화한 것이나 다름없었다.

그로부터 한참이 지난 후 서구는 테러와의 전쟁이 군사적 대치를 넘어 대중의 전폭적 지 지를 얻기 위한 세계적인 투쟁, 즉 장기적인 사 상 정보전이자 무한히 지속될 전쟁이라는 사 실을 깨달았다. 그 시발점이 된 9·11은 알카에 다와 그 지지자들에게는 비대칭전의 교과서적 인 작전으로서, '다윗과 골리앗의 대결(David-versus-Goliath)' 같은 엄청난 선전적 성공을 의미 했다. 이 사건 이후 아프가니스탄과 이라크에 서 미국이 즉각적으로 펼친 대응 작전에는 '무 한 정의 작전(Operation Infinite Justice)', '항구적 자 유 작전(Operation Enduring Freedom)' 같은 이름들 이 붙었다. 미국은 전 세계에서 사회적 약자와 현혹된 사람들을 희생자로 삼는 위험하고 호전 적인 사상을 정의하기 위해 '이슬람전체주의 (Islamofascism)'라는 개념을 도입했는데, 이는 냉 전 시대에 공산주의를 표현한 것과 다르지 않다.

전쟁을 아프가니스탄에서 이라크로 확대하 기로 한 결정은 도덕적, 전술적 논쟁은 차치하더 라도 부시 행정부의 중요한 선전 작전 실패였다. 9·11 테러 직후 미국은, 대표적으로《르 몽드(Le Monde)》의 1면에 게재된 "지금 우리는 모두 미 국인이다(We are All Americans Now)"라는 제목처 럼 급증하는 세계인들의 협조적인 여론을 이용 할 수 있는 기회가 있었다. 그러나 미국은 사담 후세인이 대량 살상 무기를 소유하고 있고 지하 드 단체들과 연결되어 있다는 잘못된 주장을 하면서 미국 주도로 이라크를 침공했다. 그래서 오히려 '미국의 목표는 자유를 가져오는 해방이 아니라 이슬람 세계를 점령하고 파괴하려는 것'이라는 알카에다의 주장에 힘을 실어주고 말았다. 따라서 이 침공은 알카에다 입장에서는 더없이 좋은 기회를 의미했다. 빈 라덴은 바그다드를 중동 지역에 이슬람의 순수성을 가져다 줄 새로운 칼리프 통치의 중심지로 선언했으며, 외국의 이슬람 전사들도 이에 호응했다. 그리하여 테러와의 전쟁에 새로운 전선이 펼쳐졌으며, 아울러 아프가니스탄의 탈레반들도 더욱 과감해졌다.

문제는 미국 내에서 이 전쟁과 전쟁의 정당성에 대한 진지한 논의가 거의 이루어지지 않았다는 데 있다. 9·11 이후의 사회적 분위기 때문에 대중들은 대체로 이라크의 상황을 제대로 알지 못했으며, 매체들도 논란을 제기하지 않았다. 당시에는 의문을 제기하거나 면밀하게 조사하는 것이 비애국적인 행위로 여겨졌기 때문이다. 애국심이라는 몽둥이가, 민주 사회에 요구되는 정치 지도자들과 대중 간의 건강한 역학 관계를 방해했던 것이다. 따라서 미국 매체가 이라크 전쟁을 다루지 않은 큰 실수를 저지른 것은 공모 행위라고 말할 수 있다(이에 비해 영국과 유럽 대부분의 국가에서는 이라크 전쟁 준비가 강력하고 분열된 감정을 불러일으켰다).

미군이 바그다드를 점령했을 때 사담 후세인 동상을 쓰러뜨리는 장면은 '충격과 공포 작전'('항구적 평화'라는 구호와는 조화롭지 않은 표현)의 조속한 마무리를 뜻하는 상징적인 것이었다. 이것은 이오지마에 세워진 성조기나 베를린의 불타는 독일 의회에 내걸린 적기처럼 유명한 제2차 세계대전 승리의 상징적 순간들을 모방한 것이다. 서방 매체들은 많은 이라크인들이 후세인에 대한 경멸을 나타내기 위해 신발로 그 동상을 때리며 열광적으로 축하했다고 전했지만, 이제는 미군이 개입해서 연출한 상황이었음을 모두가 알고 있다. 요컨대, 이 장면의 이미지와 거기에 동반된 미사여구는 전쟁이 단기간에 끝났음을 시사했지만, 실제로는 이제 막 기나긴 전쟁이 시작됐음을 알린 것이었다.

'후세인 동상' 보도에서 알 수 있는 바는 '24시간 연속 뉴스' 방송이 일종의 전제정치(시간에 대한 전제정치)를 하는 데 필수 요소가 됐다는 것이다. 이 전제정치는 멀찍이서 조작하고 개입하며, 시각적 속임수에만 몰두하고 넓은 맥락에는 거의 관심을 두지 않는다. 이 때문에 (종종 '정보오락(infotainment)'으로 불리는) 오늘날의 전쟁 저널리즘은 과거보다 덜 상세하고 덜 분석적인 정보를 양산한다는 비난을 받는다.

전쟁의 성격이 본질적으로 변함에 따라 전쟁을 취재하는 능력과 보도 방식도 큰 영향을 받았다. 일부 지정학 전략가들은 군사 분야에서의 중국의 부상을 우려하지만, 실제로 미국과 주요 산업국가들에 맞서 재래식 전쟁을 수행할 능력을 갖춘 적이 없기 때문에 현대에는 비대칭전이 분쟁의 보편적 형태가 될 공산이 크다. 힘이 약한 나라나 조직들이 재래식 무기밖에 없음에도 불구하고 다양한 전투력을 발휘하고 있다. 21세기에 들어 알카에다는 처음으로 물리적 공간에서 가상공간으로 옮겨가 전 세계에서 추종자들을 결집하는 게릴라 운동을 펼치고 있다.

간단히 정의하면 테러는 '현 상황(status quo)'

119 자발적 축하인가 언론의 조작
인가? 2003년 4월 바그다드의 피르
도스 광장에서 사담 후세인 동상을
쓰러뜨리는 장면이 전 세계에 생방
송으로 전해졌다. 시청자들은 기쁨
에 겨워 사담 후세인에게 증오의 말
을 퍼부으며 미군에게 환호하는 이
라크인들의 모습을 지켜보았다. 그
러나 나중에 그들의 자발성과 군중
의 규모 그리고 이 사건의 의미에 대
한 의문이 제기됐다.

을 타개하고 싶지만 재래식 전쟁으로는 그럴 수
없다고 생각하는 불만 집단이 채택하는 약자의
무기이다. 전쟁에 관한 국제법에 개의치 않는 이
러한 집단들은 충격을 극대화하기 위해 상징적
인 대상을 정확히 찾아낸다. 그 목적은 엄청난
위협을 가하고 충분한 공포를 조성하여 지도자
들이(혹은 여론이 그들의 지도자를 압박하여)
그들의 요구에 응하도록 만드는 것이다. 명확한
국가적 지원 없이 움직이는 21세기의 소규모 집
단들은 '열린' 사회의 취약성을 이용할 수 있다.

알카에다와 그들로부터 영감을 받은 집단들은 새롭고 매우 위험한 종류의 조직, 즉 국경이 없고 잠재적으로 지구적 규모인 '가상 국가(virtual state)'나 다름없다. 그리고 인터넷이나 여타 사회관계망(social network)을 통해 통신 수단에 접근할 수 있게 되면서 선전전의 역학 구도도 바뀌고 있다. 인터넷은 테러리스트들에게 무한한 가상의 모병 무대를 제공했다. 인터넷 토론방은 회교사원, 시민 회관, 커피숍을 보조하거나 대체하고 있다. 알카에다의 선전은 주로 '아사하브(As-Sahab)'라는 매체 제작소에서 만들어지는데, 이들의 최우선 목표는 전 세계적인 이슬람 성전(jihad)을 조장하는 것이다. 아사하브는 자기네가 제작한 '순교 비디오'를 알자지라나 알아라비아(Al-Arabia) 같은 아랍 텔레비전 방송과 파키스탄 지역 방송을 통해 유포하고 나서 그것을 젊은 표적청중들이 좋아하는 유튜브(YouTube)에 업로드한다. 2005년 이후로 이와 같은 비디오의 숫자가 많이 증가했을 뿐만 아니라 품질 또한 매우 좋아졌다. 요컨대, 이제 가상공간은 중요한 전쟁터이며, '전쟁'은 추종되는 많은 사상 중 하나가 됐다.

2009년 초반 이후로 '테러와의 전쟁'이라는 말이 테러리스트들에게 이슬람에 대한 서구의 십자군 전쟁이라는 비난의 구실을 제공한다는 사실을 깨닫고, 미국과 영국은 공식 문서에서 '테러와의 전쟁'이라는 말의 중요도를 낮추었다. 2009년 3월에 미국 국방부는 공식적으로 '테러와의 지구적 전쟁'이라는 작전의 이름을 '해외 비상 작전(Overseas Contingency Operation)'으로 바꾸었으며, 오바마 대통령도 첫 번째 재임기간 중에 '테러와의 전쟁'이라는 말을 연설에서 거의 사용하지 않았다. 2011년 5월 미국 특수부대에 의한 오사마 빈 라덴 살해는 오바마에게 커다란 선전적 성공을 안겨주었다. 한동안 선전전에서 고전을 면치 못한 서방에게는 참으로 시의적절한 사건이었다. 오랫동안 억눌려온 대중의 불만이 '아랍의 봄'에 분출된 것과 더불어 빈 라덴의 죽음은 이슬람 집단들에 대한 알카에다 근본주의자들의 호소력을 약화시켰다(적어도 단기적으로는). 2010년 12월 이후 뿌리 깊은 독재 정권들이 무너진 것을 포함해 튀니지, 이집트, 리비아에서 벌어진 일련의 사건들은 블로그, 실시간 뉴스 방송, (온라인에서의) 단체 대화 같은 새로운 사회적 매체(social media)가 국가의 간섭으로부터 시민을 '해방시키고' 자발적 군중 시위를 촉발하는 위력적인 모습을 잘 보여주었다.

■ 지금 우리는 모두 선전가인가?

과거에는 대체로 정부가 보도를 통제하고 보도 내용을 결정할 수 있었다. 그러나 21세기에는 새로운 매체들 때문에 많은 새로운 의문이 제기되고 있다. 인터넷과 '사회적 매체', 광고와 언론이 활성화된 사회에서 과연 선전을 어떻게 변할까? 새로운 매체들이 과연 강압적인 정부의 폭정으로부터 시민들을 해방시킨 것일까? 통신 수단이 다양해지고 원시정보가 왜곡되는 상황에서 선전이 제대로 전파될 수 있을까? 페이스북(Facebook)과 트위터(Twitter)의 시대에 모든 사람은 선전가일까? 21세기에 국가가 실시하는 선전의 역할은 무엇이고 앞으로 어떻게 달라질

까? 민주주의가 가상공간으로 옮겨가서 인터넷이 민주주의에 기여하게 될까? 최근에는 페이스북과 트위터를 통한 가상 캠페인에서 초(超)법적 마녀 사냥이 이루어지기도 했는데, 이것은 이런 새로운 매체들이 단지 세계적인 소문의 확성기에 지나지 않는다는 의미일까? 소위 '인터넷'이라는 무법 공간인 온라인에서 일어나는 일과, 법의 적용을 받는 주류 언론에서 일어나는 일의 경계가 모호해서 이제는 위험할 수준에 이르렀다.

백악관과 여타 정부 기관에는 전 세계의 '사회적 매체'를 감시하는 전담 조직이 있다. 이제는 뉴스 제공자로부터 독자, 청취자, 시청자에게 전달되던 전통적인 정보의 흐름이 뒤바뀌었다. 그렇다면 실제로 매체 권력이 신중한 주류 언론에서, 문자 메시지를 주고받는 '군중(mob)'에게로 넘어가고 있는 것일까? 어떻게 보면 이러한 '가상 민주주의(virtual democracy)'에 순수성이 존재한다. 그것은 실시간으로 대중의 정서를 반영하고, 조작하기가 힘들며, 그리고 때로는 '진실'이 밀려나기도 한다.

그러나 페이스북에서 형성되는 정치적 견해들이 깊이 있고 이성적인 논의로 이어지는 일은 드물다. 이것은 감정적이고 집단적인 반응이며, 그래서 정부는 이러한 반응들을 매우 두려워하게 됐다. 한 방에 앉아 여론 조사 설문에 답하는 과거의 초점집단(focus group)과, 갑자기 무엇엔가 분노하는 수천 명의 '고음 스피커(tweeter)' 같은 요즘 사람들은 완전히 다르다. 사회적 매체상에서 정치적 견해들이 논의되지만 법적인 통제를 받지 않기 때문에, 현실에서의 교양 있는 행동을 가능하게 해주는 그런 기준과 가치가 적

용되지 않는 것은 어쩔 수 없는 일이다. 이제는 개인이나 정부, 기업에 대한 어떠한 비난도 사실 여부가 확인되지 않은 상태로 인터넷에서 검색하는 것이 가능하게 됐다.

걱정스러운 일들이 한둘이 아니다. 그러나 한편으로 우리는 새로운 매체의 긍정적인 측면도 봐왔다. '아랍의 봄'에 새로운 매체, 특히 이동전화가 각국 정권에 대한 시민들의 불만을 증폭시키는 데 일익을 담당했다. 타도 당한 독재자들은 그저 정보의 속도와 흐름을 통제할 수 없었을 뿐이다. 마찬가지로 자연재해에 대응하기 위한 원조 제공이나 보건 문제에 있어 비(非)국가 단체나 개인들이 정부의 결정에 이의를 제기하거나 정부 차원의 결단이 부족하다고 비난할 수도 있다. 따라서 '사회적 매체'는 직접적인 행동을 이끌어내는 자발적 참여를 유도할 수도 있다. 또한 (4장에서 본 바와 같이) 인터넷과 사회관계망은 개인이나 집단이 의학 정설에 이의를 제기하고 '대체'요법이나 조언을 제시하는 것도 가능하게 만들었다. 다양한 층위의 정보를 제공한다는 면에서 이러한 일들은 대체로 긍정적인 발전이다.

그러나 가상공간에서는 정보의 출처가 너무 다양하고 정보의 양이 지나치게 많다는 데에서 문제가 발생한다. 이렇게 방대한 정보의 바다를 항해하여 어떻게 그 진위를 확인할 수 있을까? 아직은 전문적이고 도덕적인 우려 때문에 주류 언론이 '사회적 매체' 환경과 거리를 두고 있지만, 과연 얼마나 오랫동안 그런 거부감이 지속될 수 있을까? 만약 민주주의가 가상공간으로의 여정을 완수하는 데에 많은 불협화음이 불가피하

120 이집트 카이로의 타흐리르 광장에서 저항하는 군중에게 경찰이 최루탄을 발사한 뒤 벌어진 상황을 촬영하고 있는 젊은이들(2011. 11.

23). 한때 공식 주류 매체의 지원 하에 공공연히 자행되던 정부 탄압이 21세기에는 대중의 눈을 피하기 어려워졌다.

다면, 앞으로 과연 어떤 형태의 민주주의가 나타나게 될까?

■ 마음과 정신: 선전의 영원한 목표

이 정보화 시대에도 전시든 평시든 정부나 관련 단체들은 합리적 이유에서 선전과 검열을 실시할 수 있다. (예를 들면 부시 행정부가 아프가니스탄과 이라크에서 작전 중 사망한 군인의 시신이 담긴 관이 미국에 도착하는 장면을 촬영하지 못하게 금지한 것에는 타당한 이유가 있었다.) 그렇다면 이와 동등한 차원에서, 시민과 소비자들이 다양하고 개방적인 통신 수단으로 전파되는 여론에 대해 세계적인 주류 매체들에다 책임

121 '아랍의 봄'에 대한 기록. 이 집트 젊은이들이 자신의 이동전화 를 이용해 독재자 무바라크(Hosni Mubarak) 대통령이 사임한 후 열린 축하 행사를 촬영하고 있다(2011. 2. 12). 제1세계부터 제3세계에 이르기까지 전 세계적으로 보급된 이동전화 덕분에 모든 사람들이 메시지 혹은 반(反)메시지를 전파할 수 있는 수단을 갖게 됐다.

을 물을 수 있게 해야 한다.

확실히 선전은 감지되지 않을수록 효과적이다. 전체주의 정권처럼 '닫힌 사회'에서는 선전이 명확하고 가시적이며, 후한을 두려워하는 대중은 선전을 쉽게 받아들인다. 소위 '열린 사회'에서는 선전이 숨겨지고 정치와 엮일수록 더 큰 문제가 된다. 일단 선전의 전모가 드러나면 대중은 속고 배신당했다고 느끼게 되고, 이는 선전 행위를 열린 사회에 어울리지 않는 경멸적인 것으로 여기는 시각을 강화한다. '효과적인' 선전은 대체로 정보 흐름의 통제나 모호함 또는 허위와 결부되어 있다. 그래도 선전은 건설적인 목적에 기여할 수 있는 잠재력을 지니고 있다.

현대 광고의 기틀을 세우는 데 크게 공헌한

에드워드 버네이스는 1928년에 쓴 글에서 "선전은 결코 사라지지 않을 것이다. 지식인들은 선전이 생산적인 목적을 달성하는 데 필요하고 혼돈에 질서를 가져다주는 현대적 도구라는 사실을 알고 있다"고 했다. 민주주의에서 정치가 선전을 두려워할 아무런 이유가 없다는 주장은 백번 옳다. 선전은 단지 정치 역학의 한 부분을 이루는 설득의 과정일 뿐이다. 따라서 우리는 선전을 덜 필요한 것이 아니라 더 필요한 것이라고 주장할 수 있다.

바로 그렇다! 선전은 윤리적으로 중립적이다. 그것은 선일 수도 있고 악일 수도 있다. 시민들은 더 많이 알아야 하고, 정보화 시대의 본질과 흐름에 대한 깊은 이해로 무장해야 한다.

그런데 여기서 중요한 것은 아마도 목소리의 다양성일 것이다. 1937년 9월 1일자《뉴욕타임스》사설은 "사악한 것은 선전이 아니라, 그것을 독점하는 것이다"라고 논평했다. 선전 그 자체가 아니라 그 이면의 의도에 보다 많은 관심을 기울여야 할 것이다. 선전 메시지를 제대로 파악하자면 신뢰할 만한 여론을 형성할 수 있을 만큼 광범위한 정보를 접해야 한다.

우리가 선전을 어떻게 정의하든, 우리가 선전을 어느 정도로 필요로 하든, 우리는 선전의 시대를 살아가고 있다. 정치와 선전과 여론 간의 관계는 복잡하고 논란의 소지가 많다. 그 관계는 새로운 기술과 전쟁의 다양한 유형에 따라 변해왔다. 하지만 언제나 선전은 그 힘과 설득력으로 대중의 마음과 정신을 사로잡는 것이 목표다. 과거에 늘 그러했고, 오늘날에도 역시 그러하다.

바꾸는 것은 선전이 아니며, 억지로 당근을 들이대는 것도 선전이 아니다. 그러나 만약 당나귀 주인이 위협하듯이 소리치거나 듣기 좋은 말이나 소리로 구슬린다면, 그것이 바로 선전이다.

대중이 지닌 감정의 미지근한 온기를 한데 모아서 그 온기가 열기가 되게 하고 다시 재건, 봉기, 폭동, 혁명의 불길로 타오를 수 있게 하는 특별한 문제에 대중의 감정을 집중시키는 볼록렌즈를 선전이라 말하는 것이 보다 적절한 비유일 것이다.

린들리 프레이저(Lindley Fraser) _ Propaganda, Oxford: Oxford University Press, 1957.

정책이나 사실에 대한 성명, 주로 정치적 성명은 겉으로 보이는 목적과 실제 목적이 다르다.…… 정부나 정당이 발표하는 성명은 진지하지 않으며 진실하지도 않다. 그리고 그것은 서로 반목하는 정부나 정당 간에 참된 이해를 구하거나 진실을 밝히기 위해서가 아니라, 그저 대중들에게 좋은 인상을 주기 위해 발표된다.

플로렌스 엘리엇 & 마이클 서머스킬(Florence Elliott & Michael Summerskill) _ Definition of 'Propaganda', in The Penguin Dictionary of Politics, London: Penguin, 1957.

1960년대

선전은 특정 개인이나 집단이 어떤 상황 속에서 의사소통 도구를 이용하여 의도적으로 다른 집단의 태도를 형성하고, 조종하고, 변경하려는 행위로 정의할 수 있다. 이러한 행위를 하는 개인이나 집단이 바로 선전가이다.

테런스 H. 퀄터(Terrence H. Qualter) _ Propaganda and Psychological Warfare, New York: Random House, 1965.

선전은 언어, 몸짓, 국기, 이미지, 기념물, 음악 같은 상징물을 이용하거나, 논란이 될 만한 믿음, 가치, 행동에 대한 다른 사람들의 생각이나 행동을 이용하는 의도적인 조종 행위이다.

브루스 L. 스미스(Bruce L. Smith) _ 'Propaganda', in International Encyclopedia of the Social Sciences, Vol. 12, New York: Macmillan, 1968.

무엇보다 선전은 정책을 효과적으로 강화하고, 그 정책에 대해 거부할 수 없는 권위를 부여하려는 의지 때문에 만들어진다.…… 효과적이지 않은 선전은 선전이 아니다.

선전은 개인이나 단체가 심리적인 조종을 통해 모종의 목적을 달성하고자 의도적으로 하는 의견이나 행동의 표출이다.

선전가는 타자기로 교향곡을 작곡한다.

현대 선전의 목적은 생각을 바꾸는 것이 아니라, 행동을 유발하는 것이다. 그것은 특정 신념에 대한 집착을 바꾸는 것이 아니라, 개인들을 행동의 과정에 비이성적으로 집착하게 만드는 것이다. 그것은 선택하게 만드는 것이 아니라, 반사행동을 느슨하게 만드는 것이다. 그것은 의견을 변화시키는 것이 아니라, 열정적인 가짜 믿음을 불러일으키는 것이다.

선전은 조직화된 단체가, 심리적 조종에 의해 심리적으로 일체화되고 하나의 조직으로 통합된 대중을, 자기네 행동에 능동적이거나 수동적으로 참여토록 만들기 위해 사용하는 일련의 방법이다.

자크 엘륄(Jacques Ellul) _ *Propaganda: The Formation of Men's Attitudes*, New York: Knopf, 1965.

1980년대

선전은 이해관계가 있는 집단이, 특정한 태도 또는 반응을 조장하거나 주입하기 위해, 편향된 방식으로 정보나 사상을 조직적으로 전파하는 일이다.

테런스 H. 퀄터 _ *Opinion Control in the Democracies*, London: Macmillan, 1985.

편향된 정보.

사전 정의 _ in the *Pocket Oxford Dictionary*, Oxford and New York: Oxford University Press, 1984.

1990년대 이후

어떤 신조나 대의명분을 조직적으로 전파하거나, 혹은 그런 신조나 대의명분을 옹호하는 사람들의 이익과 관점을 반영한 정보를 조직적으로 전파하는 일.

사전 정의 _ in the *American Heritage Dictionary of the English Language*, 3rd edition, Boston: Houghton Mifflin, 1992.

선전은 선전가가 목적에 부합하는 반응을 얻기 위해, 지각을 형성하고, 인지를 조종하고, 행동을 유도하는 의도적이고 조직적인 행위이다.

가스 조엣 & 빅토리아 오도넬(Garth Jowett & Victoria O'Donnell) _ *Propaganda and Persuasion*, Santa Barbara, CA: Sage, 1992.

자신이 원하는 대로 사람들을 생각하고 행동하게 만들려는 의도적 행위.

필립 테일러(Phillip Taylor) _ *Munitions of the Mind: A History of Propaganda from the Ancient World to the Present Day*, Manchester: Manchester University Press, 1995.

선전은 이념적, 정치적, 상업적 목적으로 대중적이고 직·접적인 매체를 통해 (사실일 수도 있고, 사실이 아닐 수도 있는) 일방적인 메시지를 계획적으로 전파해서 상대의 감정, 태도, 의견, 행

동에 영향을 미치려는 의도적인 설득의 조직적 형태라고 다소 모호하게 정의할 수 있다.

리처드 앨런 넬슨(Richard Alan Nelson) _ A Chronology and Glossary of Propaganda in the United States, New York: Greenwood Press, 1996.

현대 정치 선전은 직·간접적으로 선전가나 정치 지도자들의 이익에 맞추어 계획된 특정한 설득 목적을 이루기 위해 생각이나 가치를 확산시켜 표적청중의 의견에 영향을 미치려는 의도적인 행위로 정의할 수 있다.

데이비드 웰치(David Welch) _ 'Powers of Persuasion' in History Today, Vol. 49 (August 1999).

선전은 사람들을 정보 제공자가 원하는 대로 생각하고 행동하게 만들려는 의도적인 행위이다. 선전의 한 분야인 홍보는 조직과 대중과의 관계를 향상시키기 위한 일련의 과정이다. 이 둘은 다시 광고와 연결된다. 빌 배커(Bill Backer)는 그의 책(The Care and Feeding of Ideas, 1993)에서 광고와 선전은 이복형제라고 언급했다. 광고는 뭔가를 인간의 욕구와 연결시키고, 선전은 막연한 것에 구체적 이미지를 부여한다.

데이비드 컬버트(David Culbert) _ 'Government, Propaganda and Public Relations', in John Whiteclay Chambers II (ed.), Oxford Companion to American Military History, New York and Oxford: Oxford University Press, 1999.

전체주의는 폭력을 휘두르고, 민주주의는 선전을 휘두른다.

에이브럼 놈 촘스키(Avram Noam Chomsky) _ Media Control, 2nd edition, New York: Seven Stories Press, 2002.

정치적 신념이나 관점을 고취시키기 위해 사용되는, 특히 편향되고 오해의 소지가 있는 정보.

사전 정의 _ in Oxford Dictionaries, oxfordictionaries.com (accessed February 2013).

방송국 다큐멘터리 PD로 30여 년간 세계 40여 개국을 다니며 취재 활동을 했습니다. 세상의 온갖 일들에 많이도 익숙해져 있다고 생각했지만, 1999년 겨울 10일 동안의 북한 취재 경험은 결코 잊히지 않는 충격이었습니다. 인류 역사상 가장 지속적이고, 가장 효율적이며, 가장 악랄한 형태의 선전이 만들어낸 기묘한 형태의 세상을 지켜보면서, 처음에는 당혹스러웠습니다. 그러다 점차 남과 북은 몇 십 년의 시간 동안 신체적, 언어적, 사상적으로 서로 한민족이라고 하기엔 너무나 이질화되어 있음에 경악을 금할 수 없었습니다. 뒤 이어 땔감으로 죄다 베어져 나무 한 그루, 풀 한 포기 없이 피폐해진 산과 들, 그 위에서 굶주림으로 목숨까지 위협받는 사람들을 보며 분노를 느꼈지만, 한편으로는 스스로 생각하는 능력조차 빼앗겨버린 그들에게서 허탈함과 좌절을 맛볼 수밖에 없었습니다.

그 경험에 대한 보상심리 때문이었는지 자연스레 국내에서 탈북자들을 돕는 일을 시작한 지 10년이 지났습니다. 내가 후원하는 탈북자 방과후 학교인 '큰샘'(www.kuensaem.net)에서 매주 많은 탈북자들을 만납니다. 다들 남한에 정착한 지 적게는 1년에서 길게는 10년 가까이 지났지만, 그들은 이곳에서도 여전히 북한 선전의 망령에서 완전히 벗어나지 못합니다. 어릴 적부터 동네 공터에 모여 공개처형 장면을 보며 자랐다는 Y는 여전히 그 공포로부터 벗어날 수 없습니다. 내년에 명문대학 진학을 목표로 열심히 공부하는 S는 언뜻언뜻 어릴 적 몸에 배인 꽃제비 생활 습관이 되살아나 생활에 어려움을 겪습니다. 출신 성분이 좋지 않으면 대학에 진학할 수 없는 현실에 좌절해 수재 아들을 데리고 평안도에서 목숨을 걸고 탈북한 H는 북한에서 걸린 영양실조 때문에 아들 뒷바라지는커녕 자신의 몸도 건사하기가 쉽지 않습니다. 북한에 두고 온 부모님을 탈북시킬 비용을 마련하기 위해 궂은일 마다 않고 돈벌이에 열심인 늦깎이 여대생 K는 잠 한번 실컷 자는 것이 소원입니다.

이처럼 남과 북에서 잘못된 선전으로 인해 고통 받는 사람들을 지켜보면서, 어떤 형태로든 선전으로부터 자유로울 수 없는 현대인의 한 사람으로서 선전의 폐해를 최소화하고, 그 장점을 최대화하기 위해 선전에 대한 올바른 이해가 시급하다는 생각에 에드워드 버네이스, 자크 엘륄, 데이비드 웰치가 저술한 관련 서적을 읽었습니다. 그중 데이비드 웰치의 이 책이 선전에 대한 일반인들의 이해에 큰 도움이 되리라는 생각에 번역을 하기에 이르렀습니다.

영국인인 저자 데이비드 웰치는 역사학자로서 30여 년간 축적된 과거에 대한 방대한 자료와 통찰력 있는 현실 인식을 기반으로 미래를 정확하게 예측하는 능력이 탁월한 것으로 알려져 있습니다. 특히 이 책의 마지막 장에서 미래에는 테러 집단들이 SNS나 인터넷을 통해 공개적으로 테러리스트들을 모집할 것이라고 한 그의 예측은 오늘날 인터넷상에서 현실이 되어 나타나고 있습니다.

선전을 '사람들을 자신이 원하는 대로 생각하고 행동하게 만들려는 의도적 행위'라고 정의한다면 유사 이래 모든 통치자들의 행위는 선전과 분리해 생각할 수 없습니다. 그러나 문명의 모든 이기가 그러하듯 선전 역시 양날의 칼입니다. 위기의 상황에서 선전은 외부의 적에 대항하여 내부의 힘을 결속시키는 수단이었을 뿐 아니라, 모든 정책이 전 국민들에게 반드시 설명되어야 하는 현대 민주주의 사회에서 선전은 국민 설득의 필수적인 과정이기도 합니다. 반면 선전은 독일의 나치 정권과 홀로코스트가 일어나게 했으며, 개인숭배의 수단으로서 북한 정권 유지의 원동력이기도 합니다.

통신 권력이 정치 엘리트들에게 집중됐던 과거와 달리, 21세기 정보화 시대가 열리면서 대중들이 인터넷이나 트위터, 페이스북 같은 SNS를 통해 통신 수단에 접근할 수 있게 됐고, 그래서 이제는 개인들도 선전의 주체로 나설 수 있게 됐습니다. 바야흐로 가상공간이 개인 선전의 순기능과 역기능이 교차하는 전쟁터가 되어버린 것입니다. 2010년 '아랍의 봄'에 보았듯이, 일반 대중에 의한 선전이 독재정권을 무너뜨릴 수도 있지만, 반대로 알카에다나 IS 같은 테러리스트들에 의해 모병의 도구로 활용되는 결과로도 이어지고 있습니다.

따라서 선전의 순기능을 최대화하고, 역기능을 최소화하여, 다양한 목소리를 통해 전해지는 수많은 정보들 속에서 사회 구성원 모두의 이익을 대변할 수 있는 선전에 대한 올바른 여론 형성과 규범의 재확립이 시급한 이때 데이비드 웰치의 이 책은 우리 모두가 공유해야 할 소중한 지혜가 아닐 수 없습니다.

인권운동가인 수잔 숄티를 만나면서 내 생각에 큰 변화가 있었습니다. 탈북자를 위한 방과후 학교인 '큰샘'을 방문한 그녀를 몇 차례 만났습니다. 그 후 이메일을 통해 탈북자에 대한 관심을 공유하게 됐고, 작년 겨울에는 그녀가 워싱턴에서 주최한 북한인권회의(North Korean Freedom Coalition)에 초대받아 참석하게 됐습니다. 외국의 인권운동가들과 함께 회의를 하면서 나는 깨달았습니다. 탈북자 문제는 내가 당사자가 아니라, 저들이 당사자라는 사실을 말입니다. 회의에 참석하기 전까지 한반도라는 같은 공간에 거주하고 동일한 언어를 사용하는 내가 탈북자 문제의 당사자이며, 숄티를 비롯한 외국의 인권운동가들은 비록 탈북자 인권 문제에 관심을 갖고 돕고자 하더라도 결국은 국외자일 뿐이라는 나의 생각은 회의가 시작되고 얼마 지나지 않아 잘못된 것임이 명백해졌습니다. 문화적, 인종적 동질성보다는 얼마나 그들의 아픔을 공유하느냐, 그리고 그 아픔을 해결하기 위해 어떻게 행동하느냐가 당사자와 방관자를 가름하는 기준이라면, 하루 종일 일주일 내내, 깨어 있는 모든 순간을 그들을 위해 헌신하는 저들이 당사자이고, 내가 국외자이자 방관자임을 자각하게 된 것입니다. 비록 내 땅에서, 내 이웃에서 일어나고 있는 일일지라도, 내가 그들의 어려움에 귀 기울이지 않고, 그들의 아픔을 외면한다면 나는 결국 방관자일 뿐임을 숄티를 비롯한 외국 인권운동가들이 나에게 다시 한 번 일깨워준 것입니다.

선전은 그 사용 방법과 목적, 대상 등에 따라 백색선전, 회색선전, 흑색선전을 비롯한 많은 종류가 있지만, 크게 보면 우리와 남이 서로 다름을 강조하는 선전과 우리와 남이 서로 다르지 않음을 강조하는 선전으로 대별할 수 있습니다. 데이비드 웰치가 개관하는 선전의 역사를 살펴보면, 우리가 서로 다름을 강조한 선전은 대부분 국가적 폭력으로 변질됐음을 알 수 있습니다. 73억 세계 인구 한 사람 한 사람이 모두 행복한 삶을 살 권리를 가진, 존중받아야 할 똑같은 존재라는 것을 일깨우는 선전으로 세상이 채워지기를 빕니다.

지금 이 순간에도 지구촌 전역에는 타인의 아픔을 외면하지 않고 자신의 것을 타인과 나누며, 내가 남과 다르지 않음을 몸소 실천하는 그런 사람들이 있습니다. 그런 모든 분들에게 경의를 표하며, 많지 않은 번역 인세지만 탈북자들의 교육 사업에 도움이 되기를 바랍니다.

이종현

탈북자 방과후 학교인 사단법인 '큰
샘'의 학생들과 함께한 수잔 숄티(가
운데 태극기 아래).

2014년 워싱턴 북한인권회의에서
수잔 숄티(왼쪽)와 함께한 역자.

2010년 국제에미상(다큐멘터리 부
문)을 대표 수상한 역자. 국제에미상
최종심사위원이기도 하다.

Picture credits

1 Andzrej Krauze; 2 British Museum, London; 3 BL 744.b.19; 4 BL 3906.c.64; 5 British Museum, London; 6 BL E.1052.(2); 7 BL PP.2517.n; 8 Library of Congress, Washington, D.C.; 9 BL 9180.e.6.(30); 10 BL Foster 32; 11 BL 012553.aa.88; 12 Private Collection; 13 akgimages; 14 Goskino/The Kobal Collection; 15 BL Shelley Collection; 16 BL uncatalogued; 17 Bettmann/Corbis; 18 BL Sol.764; 19 Planet News Archive/SSPL/Getty Images; 20a&b BL BS.51/14; 21 BL UPU Collection; 22 incamera stock/Alamy; 23 BLTab.11748.a.; 24 BL Crown Agents Archive; 25a Private Collection; 25b BL Philatelic; 26 Library of Congress, Washington, D.C.; 27 NASA; 28 BL Cup.645.a.6; 29 akgimages/De Agostini Pict. Library; 30 Alain Noguès/akgimages; 31 BL PP.4842. cee; 32 Manchester City Art Gallery/Bridgeman Art Library; 33 RogerViollet/Topfoto; 34 BL C.132.b.2; 35 Rolls Press/ Popperfoto/Getty Images; 36 BL L.45/1458; 37 Lebrecht Picture Library; 38 BL 10711.d.20; 39 Imperial War Museum, London; 40 BL 17075.dd.1; 41 David King; 42 BL OR.5896; 43 James Farley; 44 Anthony d'Offay; 45 BL 16126.d.1; 46 BL 1865.c.2; 47 BL LON LD92A NPL; 48 BL Tab.11748. a.(16); 49 Private Collection; 50 BL WW1.P/5; 51 BL PP Urdu 198; 52 BL Tab.11748.a.; 53 BLTab.11748.a.; 54 BL Tab.1800.b.9; 55 BL CampbellJohnston Collec tion; 56 Anthony d'Offay; 57 BL B.S.14/1004; 58 Private Collection; 59 akgimages; 60 David King; 61 BL Or.15514; 62 Imperial War Museum, London; 63 Anthony d'Offay. Printed by permission of the Norman Rockwell Family Agency © 1943 The Norman Rockwell Family Entities; 64 Imperial War Museum, London; 65 BLVOC/1953/CARR; 66 Keystone-France/GammaKeystone/Getty Images; 67 Anthony d'Offay; 68 BL OR.W1986.a. 3458; 69 News International; 70 BL 1865.c.20.(36); 71 © Barnardo's; 72 Library of Congress, Washington, D.C.; 73 BL Tab.11748.a; 74 BL 8295.dd.10; 75 BL B.S.51/14; 76a&b Private Collection; 77 David Welch © Associated News papers Ltd./Solo Syndication; 78 BL AS 863; 79 © Crown copyright; 80 BL PP.7500; 81 RIA Novosti/Lebrecht Picture Library; 82 RIA Novosti/Lebrecht Picture Library; 83 Jan Barker; 84 BLYC.2000.a.2307; 85 BL Cup.900.s.8; 86 BL Cup.648.k.1; 87 BL BS.81/19; 88 BL BS.81/19; 89 Imperial War Museum, London; 90 BL HSSH/ 1/44/87A © Crown copyright; 91 BL HSSH144 87A © Crown copyright; 92 Bettmann/Corbis; 93 BL 1856.g.8.(15); 94 Copyright Guardian News & Media Ltd 2005; 95 BL G.12101; 96 BL PP.5270.ah; 97 BL 1235. l.28; 98 Private Collection; 99 BL Postcard Collection; 100 Library of Congress, Washington, D.C.; 101 Library of the London School of Economics & Political Science COLL MISC/0660/2/1; 102a MOSFILM/The Kobal Collection; 102b MOSFILM/Ronald Grant Archive/MEPL; 103 Private Collection; 104 BL PP/4/6L; 105 BL B.S.14/1004; 106 U.S. War Department/The Kobal Collection; 107 Library of Congress, Washington, D.C.; 108 The U.S. National Archives and Records Administration; 109 Private Collection; 110 akg images; 111 Imperial War Museum, London; 112 BL LC.37.b.10; 113 BL YD.2006.a.3282; 114 BL uncatalogued; [p. 190] David Furst/AFP/Getty Images; 115 Lee Richards, www.psywar.org; 116 David Welch; 117 Lee Richards, www.psywar.org; 118 Salah Malkawi/Getty Images; 119 Goran Tomasevic/Reuters/Corbis; 120 Peter Macdiarmid/ Getty Images; 121 Mohammed Abed/AFP/GettyImages.

James Aulich, *War Posters: Weapons of Mass Communication*, London: Thames & Hudson, 2007.

N.I. Baburina, *The Soviet Political Poster 1917– 1980, from the USSR Lenin Library Collection*, London: Penguin, 1984.

Susan A. Brewer, *Why America Fights: Patriotism and War Propaganda from the Philippines to Iraq*, Oxford and New York: Oxford University Press, 2009.

James Chapman, *The British at War: Cinema, State and Politics 1939–45*, London: I.B. Tauris, 1998.

Noam Chomsky, *Media Control: The Spectacular Achievements of Propaganda*, New York: Seven Stories Press, 1991; 2nd edition, 2002.

Mark Connelly and David Welch (eds), *War and the Media: Reportage and Propaganda 1900–2003*, London: I.B. Tauris, 2005.

Nicholas J. Cull, *The Cold War and the United States Information Agency: American Propaganda and Public Diplomacy, 1945–1989*, Cambridge and New York: Cambridge University Press, 2008.

Nicholas J. Cull, David Culbert and David Welch, *Propaganda and Mass Persuasion: A Historical Encyclopedia, 1500 to the Present*, Santa Barbara, CA: ABCClio, 2003.

Jacques Ellul, *Propaganda: The Formation of Men's Attitudes*, translated into English, New York: Knopf, 1965.

Jeremy Hawthorn (ed.), *Propaganda, Persuasion and Polemic*, London: Edward Arnold, 1987.

Edward S. Herman, *Beyond Hypocrisy: Decoding the News in an Age of Propaganda; including the DoubleSpeak Dictionary*, Boston: South End Press, 1992.

Edward S. Herman and Noam Chomsky, *Manufacturing Consent: The Political Economy of the Mass Media*, New York: Pantheon, 1988.

Gerd Horten, *Radio Goes to War: The Cultural Politics of Propaganda During World War II*, Berkeley, CA: University of California Press, 2002.

Garth Jowett and Victoria O'Donnell, *Propaganda and Persuasion*, Santa Barbara, CA: Sage, 1992; 5th edition, 2012

Peter Kenez, *The Birth of the Propaganda State: Soviet Methods of Mass Mobilization 1917– 1929*, Cambridge and New York: Cambridge University Press, 1985.

David King, *Russian Revolutionary Posters: From Civil War to Socialist Realism, from Bolshevism to the End of Stalinism*, London: Tate Publishing, 2012.

Randal Marlin, *Propaganda and the Ethics of Persuasion*, Peterborough, Ontario: Broadview Press, 2002.

Peter Paret, Beth Irwin Lewis and Paul Paret, *Persuasive Images: Posters of War and Revolution*, Princeton, NJ: Princeton University Press, 1992.

Anthony Pratkavis and Elliot Aronson, *Age of Propaganda: The Everyday Use and Abuse of Persuasion*, New York: Henry Holt, 1991; revised edition, 2004.

Anthony Rhodes, *Propaganda, the Art of Persuasion: World War II*, New York: Chelsea House, 1975; London: Angus and Robertson, 1975.

Charles Roetter, *The Art of Psychological Warfare 1914–1945*, n.p.: Stein and Day, 1974.

K.R.M. Short (ed.), *Film and Radio Propaganda in World War II*, London: Croom Helm, 1983.

Nancy Snow, *Information War: American Propaganda, Free Speech and Opinion Control Since 9-11*, New York: Seven Stories Press, and London: Turnaround, 2003.

Philip M. Taylor, *Munitions of the Mind: A History of Propaganda from the Ancient World to the Present Day*, Manchester: Manchester University Press, 1995; 3rd edition, 2003.

Oliver Thomson, *Easily Led: A History of Propaganda*, Stroud, Gloucestershire: Sutton, 1999.

David Welch, *The Third Reich: Politics and Propaganda*, London: Routledge, 1993; 2nd edition, 2002.

David Welch, *Germany, Propaganda and Total War, 1914–1918: The Sins of Omission*, London: Athlone, 2000.

Stephen White, *The Bolshevik Poster*, New Haven, CT and London: Yale University Press, 1988.

Marion Yass, *This is Your War: Home Front Propaganda in the Second World War*, London: HMSO, 1983.